国家精品课程优秀教材

全国普通高等院校文秘专业核心课程规划教材

秘书学

Secretarial Science

孟庆荣　主编

暨南大學出版社
JINAN UNIVERSITY PRESS

中国·广州

图书在版编目（CIP）数据

秘书学/孟庆荣主编．—广州：暨南大学出版社，2014.12（2018.2 重印）
（全国普通高等院校文秘专业核心课程规划教材）
ISBN 978－7－5668－1255－1

Ⅰ.①秘…　Ⅱ.①孟…　Ⅲ.①秘书学—教材　Ⅳ.①C931.46

中国版本图书馆 CIP 数据核字(2014)第 252077 号

秘书学

MISHUXUE

主　编：孟庆荣

出 版 人：徐义雄
责任编辑：苏彩桃　陈丽娟　王雅琪
责任校对：焦　婕
责任印制：汤慧君　周一丹

出版发行：暨南大学出版社（510630）
电　　话：总编室（8620）85221601
营销部（8620）85225284　85228291　85228292（邮购）
传　　真：（8620）85221583（办公室）　85223774（营销部）
网　　址：http：//www.jnupress.com
排　　版：广州市天河星辰文化发展部照排中心
印　　刷：湛江日报社印刷厂
开　　本：787mm×1092mm　1/16
印　　张：13.75
字　　数：330 千
版　　次：2014 年 12 月第 1 版
印　　次：2018 年 2 月第 2 次
印　　次：2001—3000 册
定　　价：39.80 元

《秘书学》编委会

前　言

《国家中长期教育改革和发展规划纲要（2010—2020年）》《国家中长期人才发展规划纲要（2010—2020年）》中指出，高等学校本科教材要以服务人才培养为目标，以提高教材质量为核心，以创新教材建设的体制机制为突破口，以实施教材精品战略、加强教材分类指导、完善教材评价选用制度为着力点，为提高高等学校本科教学质量和人才培养质量发挥更大作用。教育部也相继出台了相关文件，要求以高等教育"十二五"国家级规划教材申报为契机，加强高等院校建设。

教材是高等教育的纲，纲举才能目张。2011年经教育部批准，秘书学专业正式列入本科招生目录，目前市场上少有内容与时俱进的"秘书学"专业本科教材，编写一本高质量的"秘书学"本科教材势在必行。为了迎合秘书学本科专业教育教学改革需要，在暨南大学出版社的大力支持下，本教材《秘书学》将为秘书学本科专业的教育教学尽自己的一份绵薄之力。

为了使《秘书学》教材符合教育规律和人才成长规律所具有的科学性、先进性和适用性，编委会做了大量的调研工作：一方面，对部分开设秘书学本科专业的院校进行调研，了解他们专业改革、课程改革、教材建设等方面的情况；另一方面，对企事业单位的领导、一线秘书工作人员等进行了广泛的调研，了解现在企业对秘书工作人员的知识技能要求。

与市场上现有的秘书学方面的教材相比，本书有以下四点创新之处：第一，在编写过程中，增加了秘书专业最新研究成果；第二，在编写体例上进一步创新，真正体现了"理实一体化"要求；第三，邀请长期从事办公室工作的企业一线秘书参加本书部分章节的编写，增加了教材的实用性；第四，根据教育部相关要求，本书在内容选择上，体现了高职与本科教育的衔接。

本书由广州大学华软软件学院孟庆荣教授任主编。参与编写的作者大都是来自全国各地高等院校秘书专业的骨干教师，他们有着丰富的教学与科研经验。同时，秘书业界前辈、学者、教授给予了精心的指导与帮助，本书编写过程中，尤其得到了南京钟山学院吴良勤先生的建议和指导，在此一并表示衷心的感谢和敬意！

本书在编写过程中，参考了大量的文献资料，吸收了秘书学研究的最新成果。因为所引材料众多，为了行文方便，所引成果及材料未能在书中一一注明，因此，笔者将对本书编写有过帮助的方家大作，恭谨地列于书后的参考文献中，并再次表示由衷的尊敬和谢忱！

本书配有教学课件（PPT），欢迎授课老师向出版社或笔者索取。出版社联系电话：（8620）85221601，（8620）85228981。笔者 QQ：1553972086，邮箱：mqrteacher@163. com。

囿于学识疏浅、时间紧迫，书中数据错漏、说法失当、观点偏颇等情况肯定在所难免，诚恳期望秘书学界专家、前辈以及使用本书的广大师生，提出真诚而宝贵的意见和建议（意见请发送至电子邮箱），使之修订时更趋完善。叩谢！

孟庆荣

2014 年 11 月于广州

目　录
CONTENTS

第一章　秘书学概述

第一节　秘书学产生的逻辑根源与历史演进

秘书学即秘书学科。秘书学的产生是20世纪80年代的事情。了解秘书学的产生必须清楚秘书活动、秘书工作、秘书人员、秘书机构、秘书机制等的演进历史。

一、秘书产生的逻辑根源

关于古代秘书的起源，秘书学界对此众说纷纭，主要有殷商说、夏朝说、尧舜说、黄帝说、神农说等。如果从秘书活动产生的客观条件角度看，笔者认为“黄帝说”比较合适，即我国古代秘书活动起源于距今约4 500年的龙山文化晚期。具体理由是：当时管理社会的组织已具有相当规模并得到了发展，氏族—胞族—部落—部落联盟等职能分明的各级组织已经产生，部落联盟是一个区域较大的最高行政组织，内部有相当严密的管理系统。黄帝设置了分管各项工作的官职，组成了部落联盟的权力机构，即“六相”，黄帝就是这一权力机构的核心人物，由此产生了一系列公务活动。据考古发现，当时的人们已开始使用甲骨文字和雏形方块汉字，说明公务文书也已经产生了。据史料记载，《世本》曰：“黄帝之世，始立史官，仓颉、沮诵居其职。”《后汉书·祭祀志》曰：“自五帝始有书契。”舜时就设立了秘书官职纳言，《尚书·尧典》曰：“龙，朕畏忌谗说殄伪，震惊联众。命汝作纳言，夙夜出纳朕命，惟允。”《尚书·孔氏传》曰：“纳言，喉舌之官。听下言纳于上，受上言宣于下。”《汉书·文帝本纪》曰：“古代之治天下，朝有进善之旌，诽谤之木，所以通治道而来谏者。”

说到底，“秘书”是个历史性的概念，每个历史时期都有着不同的内涵。早期“秘书”一词并非指秘书人员，而是指“宫禁中的秘藏之书”、“谶纬图录”，到后来指“官职名称”、“官署名称”，再到现在指“人”。汉代是道“分水岭”，东汉后期的“秘书”由原来的指物演变为指机构、指人，即朝廷中掌管图书秘籍的官职及其官员。

直到1912年南京临时政府成立，办公部门随之设立，其中包括秘书机构，并配备秘书官员和秘书职员。至此，中国才有了名副其实的、具有现代意义的秘书机构和秘书人员。经过数千年的历史沿革，“秘书”发展到今天，已经形成了广泛的社会职业和庞大的群体。

二、新中国成立前历朝历代的秘书活动的历史演进

我国的秘书活动历史悠久，不同的朝代秘书机构变动频繁。但随着时代的发展，秘书制度越来越完备，工作内容增减不一，秘书人员的选拔条件也越来越高。主要摘录如下：

（一）夏朝

约公元前 21 世纪，我国从原始社会进入奴隶社会，建立了第一个奴隶制国家政权——夏。秘书人员的秘书活动从此便上升为国家秘书工作，并带有鲜明的阶级色彩，夏朝的秘书工作是我国秘书史上国家秘书工作产生的标志。夏朝的史官，以文书、档案工作为主要工作，并担负着劝谏帝王，辅助管理国家的重要任务，从而出现了公文文体“誓”，公务文书“典志”。朝廷设置了管理典志的官职——太史令，太史令是辅佐夏王处理国政的“机要秘书长”。《吕氏春秋·先识览》：“夏太史令终古出其图法，执而泣之。”

（二）商朝

到了商朝，产生了我国古代最早的秘书机构——太史寮。太史寮内的史官既有层次又有分工，是一支具有结构性的专业“秘书队伍”。商王朝与各诸侯国已有简单的公文往来，公文文体由夏朝的“誓”，增加了“诰”、“命”、“谟”、“典”、“训”等种类。

（三）西周

到了西周时期，随着国家管理的正规化，秘书工作的内容越来越多，秘书官职和秘书人数也越来越多，秘书机构的设立也就成为历史的必然。出现于商代末年、成型于西周的太史寮，是我国最早的综合性秘书机构，由太史（又称大史）掌管，属下有左史、右史、内史、外史等副手。同时逐步形成了一些秘书工作制度，如副本制度、保密制度、用印制度等。

周朝时期，包括秘书工作、秘书人员、秘书机构、秘书工作制度在内的秘书体制的雏形基本确立。其特点是：工作范围较小，一人负责多事，分工不明确，但已脱离萌芽状态。

（四）春秋战国

春秋战国处在社会大变革时期，秘书史官“御史”和“尚书”的职责、地位发生了重要变化，他们不仅负责草拟文书、宣布命令、对外接访和处理信件，而且还是国君的重要随从，能够参与决策。如屈原为楚怀王的“左徒”，《史记·屈原贾生列传》：“入则与王图议国事，以出号令；出则接遇宾客，应对诸侯。”各诸侯国的秘书新官职也产生了，如令正、掌书、尚书、文书等。这一时期的秘书工作出现了一系列新的变化：新的文书载体出现；文书种类有所发展；政务活动记录已形成制度；在文件保密上形成了封泥制度。

（五）秦朝

秦朝时期，建立起中央集权制的封建社会制度，设立丞相府、太尉府、御史大夫寺等部门。其中，御史大夫既是皇帝的“秘书长”，“受公卿奏章，掌天下文书”，又是国家的监察官，“举劾按章”。从中央到地方的全国范围内统一的秘书机构、秘书工作制度也随之

形成。此时“秘书”的职权大大上升。御史大夫，主要管理记事，其地位相当于副丞相，主要职责是管理图籍、奏章，监察文武百官。御史大夫下设御史中丞，掌管图书秘籍，同时监察文武官吏；侍御史，掌管文书；监御史，被中央派到地方各郡，负责监督郡守。

（六）汉朝

汉朝继承了秦朝的政权建制，但秘书机构发生了变化，御史大夫改为大司空，后来又由尚书台代替。尚书台的地位空前上升，身兼数职。西汉成帝的秘书机构为“尚书台”，尚书台掌管奏章、参与决策；主簿、书佐为中下层秘书，保管文书、拟写公文。到了东汉，尚书台逐渐发展成为皇帝的机要秘书处。秘书职位由高至低设置有：尚书台、尚书令、尚书公、尚书郎、尚书等。

（七）魏晋南北朝

魏晋南北朝时期，曹操首设“秘书令”，“典尚书奏事”，实际就是魏王的“秘书长”；曹丕称帝后，改为中书，设置中书省、中书监、中书令、中书舍人、通事郎；两晋时，设秘书寺，下设秘书卿、秘书少卿、秘书丞、主簿官等，此时已经形成了完整的秘书机构；南北朝时，国家秘书机构设置基本不变，国家政务都由中书省负责，当时的秘书工作机构更为庞大，系统也更加完整了。

（八）隋朝

隋朝时，中央机构中设置三师、三公以及尚书、门下、内史、秘书、内侍五省。为避讳隋文帝杨坚的父亲的名字，中书省改为内史省，中书监、中书令改为内史监、内史令，门下省侍中改为纳言。经隋炀帝改革官制，秘书省机构扩大，且初期接收北周的全部藏书，又增设副职秘书“少监”和“校书郎”两个职位。隋朝立国虽短，秘书事业却达到了空前的繁荣。

（九）唐朝

唐朝时，皇帝更加重用秘书官。用品位低、资历浅的小臣执掌政要，以削弱和限制宰相的权力。此时天子的身边出现了私人秘书——翰林学士，这些私人秘书有的甚至官至宰相。朝廷秘书机构又恢复了原来三省的名称，即分置于中书、门下、尚书三省内，并明确分工，即中书出令，门下审议，尚书执行。唐代的秘书选拔要求更高，要通过科举考试，考试内容涉及书法、思想判断能力、口语表达能力等方面，甚至还重视人的外在形象。

（十）宋朝

宋朝时，中央集权空前集中，机构更繁杂，分工更细致。秘书机构设置为中书省、门下省、枢密院。枢密院负责军机事务；中书省负责行政事务，参与机密，直接取旨于皇帝。秘书选拔采取严格的考选制度。

（十一）元朝

元朝时，中央行政中枢是中书省，中书省内的秘书机构是参议府，参议府内的专职秘书机构有承发司、管勾司、检校所、照磨所、时政科等。此时期的秘书活动呈现出秘书机构设置更加繁杂、分工更加细密的特点。

（十二）明朝

明朝时，朱元璋废除了中书省，设华盖殿、文渊阁。诸殿阁大学士收阅奏章、批发文稿、协助政务，这是“内阁”的开始。内阁之下设六科、通政司、六书房，后期有司礼监。

（十三）清朝

清朝，秘书工作较前代有了较大发展。崇德三年，设“内三院”，即内国史院、内秘书院、内弘院，主要为皇帝办理文书及编撰史籍。康熙时，设立了“南书房”，并将其作为皇帝的机要秘书机构。雍正时，设立了“军机处”，是为皇帝服务的机要秘书处。晚清，为了适应外事工作需要，又增设了“司务厅”和“清档房”，专管文书、档案工作。从清朝开始产生了私人秘书，由地方长官私人聘请，不拿官方俸禄，不占政府机构编制，称为幕客、幕客西席、馆师、宾师等，俗称师爷。1911 年，清政府进行官制改革，实行内阁制，设置了秘书职能机构——承宣厅。该时期的秘书机构还有内阁、翰林院、军机处、通政使司、奏事处等。

（十四）中华民国

1911 年，辛亥革命胜利，建立了中华民国，孙中山在大总统府内设立秘书处，各部设政务厅，各省督府设秘书员；1912 年，中华民国采用内阁制，设立内阁秘书厅；1913 年，袁世凯就任大总统，实行总统制，撤销内阁和秘书处，在总统府内设立政事堂，处理一切军国大事；设立内史监，专理“切身政务机密者”。袁世凯倒台后，北洋军阀黎元洪任总统，段祺瑞任总理，他们效法资本主义国家的政府体制，成立国务院，设置了秘书厅，厅下设秘书长、秘书、佥事、主事等。

1927 年，蒋介石组织成立了国民党中央党部和中央政府，改革了秘书工作，健全了秘书机构，出台了秘书工作制度，秘书人员的称谓有秘书长、秘书、录事、事务员、书记员等。

三、新中国成立后的秘书工作的历史演进

伴随着社会主义新中国的建立，以加强服务意识和转变工作方式为思路，秘书工作走过了不寻常的历程，取得了丰硕的成果。

（一）新中国秘书工作的制度化发展

新中国成立后，国家在吸收秘书工作历史经验的基础上，建立了适应社会主义新中国发展的秘书工作机构。此后中共中央办公厅、国务院办公厅及相关部门相继出台了《中国共产党机关公文处理条例》、《国家行政机关公文处理办法》、《党政机关公文处理工作条例》和《党政机关公文格式》等一系列的制度和政策，指导、规范、推进了秘书工作的开展。

（二）秘书工作的现状

改革开放后，我国经济结构发生变化，催生出多种秘书种类，秘书从业者逐渐增多，呈现出秘书专业化和职业化发展的态势，我国的秘书工作更加规范，秘书工作呈现出欣欣

向荣的新局面。

我国的秘书工作从内容到形式都有很大的发展。从工作内容上突出四个强化：一是辅助决策的强化；二是信息工作的强化；三是督查工作的强化；四是协调工作的强化。从工作方式上突出四个转变：一是从偏重于办文办事转变为既办文办事，又为领导出谋献策和辅助管理；二是从单纯的收发、传递信息，转变为收集、处理、整合信息；三是从被动服务转变为主动服务；四是从手工办公转变为自动化办公，提高了工作质量和效率。

秘书工作虽然是一门古老的职业，已经有了4 000余年的历史，但在我国形成一门系统的学科，还是改革开放以后的事，国家大的发展环境和新的教育政策促进了秘书学的形成。1981年党中央召开第二次全国秘书长、办公厅主任座谈会，1985年党中央召开第三次全国秘书长、办公厅主任座谈会，提出秘书工作的“四转变”、“三服务”。这次会议在我国秘书发展史上树立了新的里程碑，明确了新的历史时期秘书工作的指导思想，从内容到形式都有许多创新，把秘书工作提高到了新高度、新水平。

主要体现在以下方面：

第一，从20世纪下半叶以来，涌现出一大批秘书学研究者和秘书学教育家，现在已经形成了由秘书学界资深奠基人领航、以中生代和新生代为骨干的秘书理论研究和实践者的队伍，秘书学的研究流派异彩纷呈。

第二，秘书学理论专著、教材的数量无以计数。仅秘书理论著作种类就有秘书学、秘书实务、秘书写作、秘书史、办公室事务管理、会议管理、办公自动化、办公设备操作与管理、秘书心理学、秘书美学、秘书礼仪、档案管理、涉外秘书工作、秘书语言学、秘书工作、秘书文化、秘书修养、秘书工作案例等。

第三，作为秘书学研究的重要载体和学术阵地，秘书类期刊几乎与秘书学研究同一时段诞生。可以说，秘书学自创建伊始便有了自己的专业期刊，并相伴相随、快速发展、日臻完善。半个世纪以来，秘书学研究，包括论文、研究报告等成果层出不穷，全国各地开辟了诸多学术阵地——50多种秘书学专业刊物，摘录如下：

上海大学文学院主办的《秘书》；
中共中央办公厅秘书局主办的《秘书工作》；
兰州大学主办的《秘书之友》；
广东省人民政府办公厅主办的《广东秘书工作》（原为《秘书工作》）；
广东省秘书工作质量研究会主办的《秘书工作质量研究》；
天津市企业秘书协会主办的《企业秘书与写作》；
沈阳大学主办的《文秘》；
成都市秘书学会主办的《秘书界》；
鄂尔多斯秘书学会主办的《鄂尔多斯文秘》；
北京市秘书学会主办的《北京秘书工作通讯》；
青岛市办公室工作研究会主办的《办公室工作研究》；
中国矿业大学主办的《文秘风》；
四川乐山市工交秘书学会、乐山师范高等专科学校主办的《厂长与秘书》；
武钢（集团）公司秘书工作研究会和湖北大学行管系等主办的《企业秘书》；

中共云南省委办公厅和云南省秘书学会主办的《秘书之声》；
中共广西壮族自治区党委办公厅和广西秘书工作者协会主办的《文秘工作》；
中共重庆市委办公厅、重庆市人民政府办公厅主办的《办公室工作》；
中共内蒙古自治区党委办公厅主办的《秘书园地》；
中共湖南省委办公厅和湖南省秘书学会主办的《当代秘书论坛》（原为《当代秘书》）；
中国档案出版社主办的《办公室业务》；
中共贵州省委办公厅主办的《秘书世界》；
中共广西壮族自治区党委办公厅和广西秘书工作者协会主办的《秘书工作研究》；
中共石家庄市委办公厅和石家庄市秘书协会主办的《秘书战线》；
河南省秘书协会主办的《河南秘书》；
贵州省毕节市政府办公室主办的《文秘园地》；
河南省秘书学研究会主办的《秘书学刊》；
江汉大学主办的《秘书学研究》；
山东省人民政府办公厅和山东大学合办的《现代文秘》；
河南省现代秘书科学研究院主办的《秘书理论与实践》；
中国仪器仪表协会主办、北京办公自动化杂志社编辑的《办公自动化》。

（这里需说明的是：秘书学的深入研究自20世纪80年代蹒跚起步，走过了一段艰辛、曲折的发展历程，由于办刊主体各方面的原因，以上刊物有的起起落落，或停刊或改刊。）

多年来，秘书专家、学者、教育精英在这些刊物上各抒己见，发表自己的研究成果，刊登的论文不计其数。

第四，全国、地方、行业性秘书学会、协会、研究会、专业委员会等社团学术组织纷纷成立，如上海市秘书学会、重庆市秘书学会、浙江省秘书学会、广东高教学会秘书学专业委员会、北京市秘书学会、广西秘书工作研究会、中国高教学会秘书学会（现为中国高等教育学会秘书学专业委员会）、四川省秘书学会等。教育部、人力资源和社会保障部、商务部都成立了秘书专业委员会。这些组织正在发挥着重要作用。以中国高等教育学会秘书学专业委员会为例，它是中国高等教育学会所属的“学科”专业委员会，是我国秘书界迄今唯一的全国性社团学术组织，积极开展了“全国文秘技能大赛”、“文秘课题申报”、“文秘精品课程立项”、“文秘教科研立项”、“文秘高层论坛”、“文秘教材编写”、“国家级‘十二五’教材申报”、“文秘教育教学成果评奖”、“文秘专业优秀毕业论文（设计）评奖”等活动，推动了秘书事业健康、持续地发展。

秘书学术会议和秘书专业技能竞赛、评奖活动相继在全国各地举办；秘书职业技能鉴定机构的成立，规范了秘书人才上岗资格；秘书科学研究十分活跃；凡此种种都标志着秘书学的诞生与发展。

第五，人力资源和社会保障部（原劳动和社会保障部）是全国鉴定机构，在秘书国家职业标准制定、秘书职业资格鉴定统一管理、秘书专业技能竞赛等方面起到了开拓、引领和规范的作用。1998年在新职业、新技能领域向社会推出试验性、示范性和开拓性的全国统一考试，对考试合格者颁发相应等级的秘书职业资格证书。秘书职业首批从业者参加了全国秘书资格统一鉴定。为规范管理，国家相继出台并调整了一系列政策，如《秘书国家职业资格全国统一鉴定综合评审办法》、《秘书国家职业资格全国统一鉴定考核方案》、《秘书国家职业资格全国统一鉴定时间安排》、《秘书国家职业资格全国统一鉴定工作要求》、《秘书国家职业标准》等。秘书职业资格技能鉴定工作在全国范围内陆续展开，并逐步走上正规化、科学化的轨道，保证了秘书职业资格认证的质量，大大提高了秘书职业准入的含金量。

第六，高等院校秘书专业（文秘专业或××专业的文秘方向）开始兴起，秘书专业教育出现了前所未有的兴旺景象，秘书专业建设出现了崭新的体制、机制、格局和途径。秘书教育先是以中专、高职高专层次为主，在这些学校开设文秘专业（或秘书方向），据不完全统计，截至目前，有近千所大中专院校开设了文秘专业。2011年秘书学正式被列入本科招生专业目录，从而使我国文秘专业教育层次的设置形成了从中专、专科、本科到研究生的完整的教育层次系统，培养了数以万计的秘书人才。这些院校一直是秘书专业办学层次、培养目标、课程设置、教材编写、师资培训、教学改革等成为理论研究以及教学实践中着力探索的问题的教育基地。值得说明的是，由于秘书专业教育层次、培养人才目标以及办学体制等的差异，秘书专业在不同学校的叫法不一，此处不再详述。目前，政府、高校、行业、职场秘书构成了四方联动的秘书人才培养机制。

综上所述，各级党政领导机关、教育院校、行业组织、秘书现职人员等形成了有机的整体合力，开拓、推动了秘书职业的发展，可以说，秘书学基本完成了从一门前科学到一门趋于稳定、自成体系的常规科学的历史演进，这意味着秘书学学科达到了一个新阶段，秘书学开始走向成熟。

四、国际秘书工作的发展

国外的秘书职业比较发达，很早就成立了具有世界影响力的秘书行业组织，有些行业组织甚至成为国际性的行业组织，如国际职业秘书协会，这为进一步推动秘书职业的发展做出了重要的贡献。

（一）国际职业秘书协会

国际职业秘书协会成立于1981年，原名“美国全国秘书协会”（成立于1942年），其总部设于美国密苏里州堪萨斯城。包括4万多名会员，700家分支机构，除美国的在职秘书外，其会员来自欧、亚、拉美各洲的30多个国家和地区，如英国、德国、意大利、瑞士、挪威、比利时、冰岛、澳大利亚、日本、菲律宾、马来西亚、新加坡、印度尼西亚、中国香港、中国台湾、巴西、秘鲁、哥伦比亚、玻利维亚、巴拿马以及南非等。国际职业秘书协会的宗旨是：作为秘书的代言机构，维护秘书的合法利益；通过连续教育，提高秘书人员的素质和水平；介绍最新技术，增强秘书的业务技能，提高秘书的职业地位。1998年，国际职业秘书协会又改名为国际行政管理者协会。

国际职业秘书协会创建了三种刊物：①《秘书》，为国际秘书领域主要刊物，交流介绍秘书工作方面的新思想、新观念、新动态、新技术；②《秘书工作范例》，为协会同各分支机构中的企业经理代表人物合作创办的一种多方面综合论述刊物，反映秘书职责的共同特性；③《职业秘书道德准则》，建立和传播秘书职业行为标准，体现了秘书的职业道德观念。

国际职业秘书协会于每年7月举行国际秘书会议，世界各地会员均可参加。会议内容丰富，有名人演讲、专题报告、专题讨论、专家讨论以及与办公室贡献成果相结合的非正式讨论会等。

每年举办的“特许职业秘书考试”，在世界各地设250个考场同时进行，报考条件十分严格：高中生要有6年秘书工龄，大学生要有共6年的大学学龄与秘书工龄才能报考；有学士学位的人须有一年的工作经验且须经过证明才能报考。考试科目为：企业法、企业行为科学、企业管理、人际学、秘书会计学、秘书技能、办公室秘书工作程序等。考试连续进行12个小时。1980年曾有6 000人报考，1 000人合格。合格者获“特许职业秘书”资格（简称CPS）。在美国，所有秘书都期望获此资格，以求个人未来更好的发展。

（二）欧洲专业秘书协会

1974年，法国的桑尼亚·威纽娜女士发起创立欧洲专业秘书协会，总部设在巴黎，会员国包括绝大多数欧洲国家。

欧洲专业秘书协会的宗旨为：一是成为全欧洲秘书的代言人；二是通过下列方式确立秘书在管理层的主要形象：①提升秘书的地位，②促使秘书接受专业训练，③让秘书成为一种职业；三是激发秘书发挥潜能；四是形成欧洲秘书的核心组织以加速促进秘书工作；五是提供全欧洲相关业务的网络联系；六是通过下列方式促进全欧洲秘书行业的相互了解与合作：①为秘书提供交流与分享的平台，②协助会员前往其他欧洲国家担任秘书工作；③举办商务及文化性的国际级会议。

欧洲专业秘书协会定期出版刊物《欧洲秘书的今日》，面向各国会员发行，使各国会员借此相互了解和沟通。欧洲专业秘书协会会员分为见习会员、会员及荣誉会员三种。

（三）亚洲秘书协会

1974年，菲律宾秘书协会向亚洲诸国秘书协会呼吁筹建亚洲秘书协会，首倡者是菲律宾秘书协会会长琴·阿比尼亚女士，同年，在马尼拉召开了首届大会。1976年，亚洲秘书协会正式成立，第二届亚洲秘书大会召开，决定首任会长琴·阿比尼亚女士为亚洲秘书协会的创会会长，菲律宾秘书协会为亚洲秘书协会的秘书处。亚洲秘书协会的宗旨是：交流情报，报告各国的活动，提高秘书的知识技能等，致力于推动亚洲秘书向前迈进。亚洲秘书协会有年会、月例会和自己的刊物。1998年，亚洲秘书协会改名为亚太行政专业协会。

五、国际秘书节

1952年，美国芝加哥资深秘书哈里·克林福（Harry Klemfuss），认为秘书在组织中的角色和重要地位应该得到重视和提升，就向美国商务部长提议应该建立秘书周计划，这一提议很快被批准，从而促成了世界第一个国际秘书节的诞生，即每年四月的最后一周为国际秘书周，该周的礼拜三即为国际秘书节，国际秘书周与国际秘书节就此共同诞生。自2000年开始，每年的国际秘书周和国际秘书节又改名为“行政专业周”（Administrative Professionals' Week）和“行政专业日”（Administrative Professionals' Day）。

国际秘书节设立的宗旨是为了肯定秘书工作在职场上的贡献，表达对秘书的敬意，借此节日向秘书们道声“辛苦”，并鼓励更多的年轻人投入此专业。为此，每年的秘书节期间，全世界各国都要举行相应的庆祝活动。如新加坡每两年评选一次“最专业的秘书”，表彰最具专业精神、工作效率高和有杰出表现的秘书。

第二节　秘书学的研究对象与研究方法

在秘书学的内涵和架构问题上，秘书学界的观点可以说是“仁者见仁，智者见智”，还未形成一个稳定的、统一的、被广泛认可的共识。

一、秘书学的研究对象

秘书工作、秘书机构、秘书人员等与秘书相关的一切现象，都是秘书学研究的对象范畴。具体包括：

秘书工作的内容、性质、特点、原则、方法、制度规律以及中外秘书工作产生、发展和运动变化的历史、现状和发展前景等。

各国、各级、各类型的秘书机构和秘书机构设置的原则、组织形式、性质、职能以及国别间的区别等。

秘书人员的类别、层次、职业素养、职业能力、社交礼仪、秘书的资格选拔以及古今中外的区别等。

二、秘书学的研究方法

借鉴其他学科的研究方法，秘书学主要采用的研究方法有：

（一）理论联系实际

秘书学既是理论科学，又是应用科学，这就决定了要注意理论联系实际。不但要积极开展调查研究，从大量的秘书工作实践中提炼出理论，而且理论要以指导实践为依归，坚决摒弃空泛而没有实际意义的研究。

（二）运用比较的方法

比较是确定事物异同关系的思维方法，一方面从我国秘书历史的纵向角度，研究前后的不同，尤其是“后”比“前”的进步、发展之处，以便为“更后”的秘书工作有超越式的前进提供参照；另一方面从我国秘书工作与国外发达国家的秘书工作进行的横向比较中，找出优于和劣于外国秘书工作之处，特别是在体制、机制方面进行比较，以便扬长避短。

（三）借助他山之石

注重对其他学科尤其是相关学科的研究，比如管理学和领导科学的研究。秘书是辅助领导做行政管理工作的，因此，秘书工作属于管理学和领导科学的范畴，离开了管理学和领导科学的研究，就等于是无本之木、无源之水。

（四）多方建立联动机制

国家各级秘书领导机构、高校、行业和职场秘书四方合作，形成联动机制，以秘书教育、秘书科研、秘书活动为突破口，促进未来秘书事业的大发展。

第三节　秘书学的学科性质与本质

关于秘书学的学科性质问题，目前秘书学界尚未达成共识。归纳起来，有四种观点：一是应用说，认为秘书学是社会科学中的一门应用学科；二是分支说，认为秘书学是社会科学中管理学或领导学的分支学科；三是交叉说，认为秘书学是由许多相关学科交叉而产生的一门交叉学科；四是综合说，认为秘书学是运用多种学科理论和方法的一门综合性学科。

一、秘书学的学科性质

（一）秘书学是一门新兴学科

秘书学是一门新兴学科，理由很简单，直到20世纪80年代，人们对秘书学科的深入认识和探讨才大张旗鼓地铺展开来，边认识边实践，边探讨边改进，经过近半个世纪的摸索，这一学科才逐渐走向成熟。

（二）秘书学是一门应用学科

一门学科的形成都是以它的实践为基础的，秘书工作实践经历了数千年的漫长历史，不论“秘书学”这个名称是否存在，但作为一门学科，它事实上早已处于潜在的实践状态中，秘书学历经四千多年的萌芽、孕育、成长的演进，逐渐成熟。

（三）秘书学是一门综合学科

秘书学是一门综合学科。能够被称为“综合”，一方面是因为领导须全面负责，综合管理，而秘书部门的工作是全面辅助领导，自然也带有综合性，这是就秘书部门工作的综合性而言；就秘书人员职责的综合性而言，有些基层组织的秘书机构编制基本出于节省人力的考虑，所配备的秘书人员往往身兼数职，因此秘书工作的职责范围比较全面综合。另一方面是因为秘书学综合了行政管理学、心理学、会议实务、行政学、领导科学、行为科学、社会学、文书学、档案、写作、速记（录）、调研、信访、督查、统计、传播、公共关系、信息科学、办公设备、计算机科学等学科的内容。

二、秘书学的学科本质

通过阅览大多秘书学著作可以发现，对于秘书学的学科本质，有的学者主张两分法，即将秘书学划分为理论秘书学、应用秘书学两个模块。例如司徒允昌、陈家桢的《秘书学教程》和陆瑜芳的《秘书学概论》。也有的学者主张三分法，即理论秘书学、工作秘书学和技术秘书学。

笔者认为秘书学既不是单纯的理论秘书学，也不是单纯的应用秘书学，秘书学的学科本质应是将应用秘书学提炼为理论秘书学，反过来理论秘书学又能指导应用秘书学，二者相互兼而有之。本教材将秘书学分为两个模块，即理论篇和应用篇，理论篇涵盖秘书史和秘书理论；应用篇涵盖秘书实务和秘书技术。

第四节 秘书学的结构与知识体系

一、秘书学的结构体系

秘书学的结构体系由两部分组成：秘书理论和秘书实务。

（一）秘书理论

秘书理论阐释静态的问题，核心点在于秘书工作、秘书人员和秘书机构。即有哪些秘书工作（活动），包括秘书工作的内容、性质、特点、原则、作用和规律；应配备怎样的秘书人员，包括秘书人员的类别、层次、职业素养、职业能力；要设置何种秘书机构，包括秘书机构设置的原则、特点、组织形式和地位等。秘书理论是在秘书史的基础上发展起来的，因此秘书史是不可或缺的内容，秘书史解释人们的认知问题，即秘书人员、秘书工作和秘书机构等产生的逻辑根源以及经历了怎样的发展演变，现在状况如何。

（二）秘书实务

秘书实务阐释动态的问题，任何实务都要与理论相匹配，理论落到“地”上才有实际意义。秘书实务阐述秘书的应用问题，即做什么，怎样做，做到何种结果等，本书将分为四个较大的模块：秘书工作的事务管理、会务管理、公文拟制与处理和办公自动化。秘书专业技能是在实践中培养并逐渐完善的，秘书技能是不可或缺的内容，秘书技能提供解决方法，即何种情境中，运用何种方法与手段达到怎样的工作目标。

二、秘书学的知识体系

秘书工作的全面性、多样性和具体性，决定了秘书学不是单一的纯理论学科，也不是单一的纯应用学科，而是一门综合性很强的学科。

关于秘书学的学科体系，秘书学界说法不一，有并列说、分支说、包含说等。笔者认为，从严格意义上来讲，秘书学只是整合了多门学科的部分内容而已，以此构成了秘书学的知识体系，并没有构成学科体系。

秘书学吸收了多种社会科学和自然科学的某些知识与技术，汲取了行政管理学、心理学、会议实务、行政学、领导科学、行为科学、社会学、文书学、档案、写作、速记（录）、调研、信访、督查、统计、传播、公共关系、信息科学、办公设备、计算机科学等学科的内容而构成了自身的知识体系。

本教材按秘书学的内容结构，即秘书史、秘书理论和秘书实务、秘书技术来安排知识体系。

第二章　秘书机构

第一节　秘书机构设置的原则

秘书机构以其不可或缺的重要作用，成为各级党政机关、企事业单位和社会团体等的重要组成部分。然而，秘书机构并非可以随意设置，其规模的大小、承担的职责以及管理的体制等都必须适应本单位秘书工作的实际需要，必须遵循相应的原则。

一、秘书机构的概念

秘书机构即秘书工作部门，指各级党政机关、企事业单位和社会团体等为领导机构、领导者全面处理综合行政事务而设立的辅助机构。社会行政组织分为领导机构、职能机构、辅助机构、咨询机构和派出机构，其中，辅助机构又分为全面辅助机构和局部辅助机构，我国的秘书机构一般属于全面辅助机构。

秘书机构的概念有广义和狭义两种：广义的秘书机构，是指负责综合行政工作的办公厅（室），包括其下属的文书、接待、档案、机要、外联、宣传、信访、调研、警卫等部门；狭义的秘书机构，仅指各级办公厅（室）中的秘书部门。本书介绍的是广义的秘书机构。

目前，在我国，除基层机关或规模较小的单位一般不设专门的秘书机构，只配备适量的秘书人员外，从中共中央、国务院到省、市（地）、县、乡（镇）各级党政领导机关，以及各类大中型企事业单位、社会团体等，普遍设有秘书机构。

二、秘书机构设置的基本原则

进入21世纪，我国的政治、经济体制处于改革实践当中，为发挥各级各类组织的秘书机构的作用，提高组织工作的成效，秘书机构的设置应遵循如下原则：

（一）必要性原则

必要性原则，即所设秘书机构必须符合组织管理和领导工作的实际需要。在我国，从中共中央、国务院到各省、市（地）、县、乡（镇）党政系统都设有秘书机构，凡是具有法人资格的企事业单位、社会团体等必须设置秘书机构，即使是法人资格的小型民营企业，由于外联需要经常行文，也必须设置办公室，只是配备少数秘书人员而已。必要性原则是秘书机构设置的基本原则。具体要求如下：

1. 组织工作的必要

依秘书机构所属组织的高低不同，从辅助领导大政方针政策的研究到服务本组织的“办会”、“办事”、“办文”等，秘书机构设置的组织形式、秘书人员的层次结构及配备数量等，都取决于组织一切工作的实际需要。

2. 领导工作的必要

秘书机构的设置必须从方便领导者的工作需要出发，因领导者是该组织的法人代表，肩负着决策与管理的重要职责。秘书机构的直接服务对象是本组织的领导，任何一个秘书机构，都直接受本组织领导的指挥。秘书机构的设置，还要遵循分级管理的原则，由本组织的领导根据工作需要来设置。这样能够有效地保证秘书机构行使自己的职责，为领导工作提供高效的服务。

3. 综合事务的必要

依秘书机构所属组织的性质和层次不同，在我国，无论是党政系统，还是企事业单位、社会团体，层级越高，秘书机构内部业务越多，分工也越细；反之，层级越低，秘书机构业务越少，分工就越粗。相对来说，我国较高层次的党政机关的秘书机构人员岗位分工较细，而层次较低的党政机关、小型企事业单位和社会团体的秘书机构除了为领导服务外，更多的是协助本组织的职能部门处理综合繁杂的行政事务。

（二）一致性原则

一致性原则指秘书机构设置的各个构成要素及其相互关系要自成体系。应遵循如下原则：

1. 机构名称一致

如我国党政系统自上而下的各级秘书机构的“厅”、“局”、“处”、“科”、“室”、“股”的名称应保持高度一致的体系关系。

2. 设置标准一致

各组织内部所设秘书机构的层次与结构，秘书人员的层次、结构与岗位职责等，应采用统一的标准，可参照中华人民共和国人力资源和社会保障部2014年新出台的《秘书国家职业标准》。

3. 秘书职能一致

秘书职能分为一般职能和深层职能。一般职能是为本组织的领导辅助管理与服务，多数情况下是办理综合事务、办理会议与活动、拟写与处理文书等；深层职能是指按照中华人民共和国人力资源和社会保障部2006年出版的《秘书国家职业标准》的规定，一般职能的秘书没有行政级别，但秘书人员的岗位一旦达到高级别的资格时，即已经走上了领导岗位，随之秘书职能就发生了质的提升，如办公厅（室）主任、领导助理等。

（三）高效性原则

各级各类组织根据自身需要设置秘书机构的层次和秘书人员的结构层次，必要的层次是辅助解决组织的领导管理的问题。

1. 高效率

根据组织与领导的业务量科学设置秘书机构，秘书机构的层次不宜过多，系统内上下要匹配，要克服上下左右难以对口联系的弊端，秘书机构设置的根本要求是达到效能最大化和成本最小化，以使秘书机构轻便灵活、高效运转。

2. 高质量

根据秘书机构的业务量配备秘书人员，人员编制要合理，业务范围、职责权限和隶属关系要明晰，秘书部门内的业务流程和规章制度要规范，防止部门内部互相推诿，人浮于事。

3. 高效益

秘书机构及其秘书人员要从组织系统的整体目标出发，通过一系列行之有效的各种形式的活动与方法手段，辅助组织的领导妥善处理系统内外之间的各种关系，形成高效、高质运转的工作体系，以期实现组织的政治效益、社会效益和经济效益的目标。

第二节　秘书机构的组织形式

凡从事秘书工作的部门都可称为秘书机构。我国目前的秘书机构的名称还没有达到高度统一，有些单位称为“办公室”、“行政部”或“综合办（办公室）”，还有的称为“调研室”、“研究室”、“政务处”、“政工科”、“综合处”，这些秘书机构，虽然未冠有“秘书”一词，但实施的就是秘书工作职能。一般在“秘书”一词后面加上“厅”、“局”、“处”、“科”、“室”、“股”等来命名秘书机构的等级名称，如秘书处、秘书科、秘书室等。

我国各级党政机关、大中型企事业单位、社会团体等，普遍设有秘书机构，有些较低层次的基层机关和规模较小的单位，虽然没有设立专门的秘书机构，但在“办公室”中也配置了少数从事秘书工作的人员。在小型民办企业中，为了节省人力成本，有的秘书人员还要身兼数职。

秘书机构的设置不仅表现在常设的组织中，有时为了完成某项特定任务，还会成立临时性秘书机构，如大型会议、庆典活动、多个组织联合参与的项目等，会有大量的筹备、组织、行政事务需要操办，都会成立临时的“秘书处”、“办公室”以处理相关综合事务，待此特定任务完成后，临时性的秘书机构也随之撤销。

一、各级各类秘书机构

根据我国党政组织系统的级别层次，秘书机构自上而下分别为办公厅、秘书处、秘书科、秘书股等。

（一）国家机关的秘书机构

国家机关如中共中央、国务院均设办公厅。中共中央和国务院的办公厅的区别是：中共中央不设正副秘书长，而是在办公厅设正副主任；国务院则设正副秘书长，不设正副主任，由秘书长直接行使领导职权。

由于党和国家最高领导机关的职责、工作任务的需要，中共中央、国务院办公厅在设置下属机构方面，都采用分理制和综理制这两种形式设置所属机构。

分理制，就是采用分部门办公的形式。中共中央和国务院实行的都是这种形式，办公厅相当于部委一级的机构，内部下设局级机构，局级以下设处、室或科等。

以下列举党、政、企业组织的三种秘书机构，如图 2－1、图 2－2、图 2－3 所示：

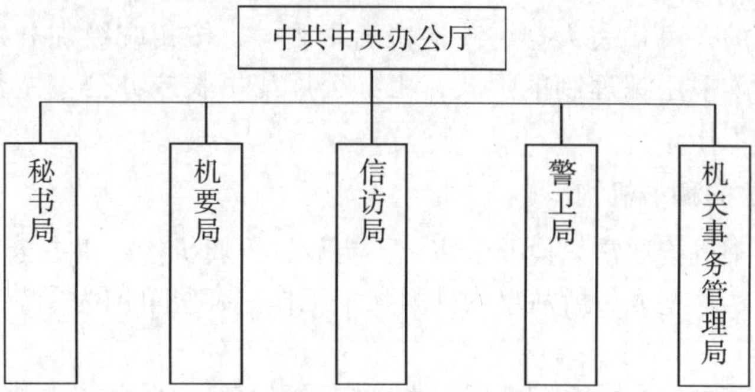

图 2－1　中共中央办公厅秘书机构

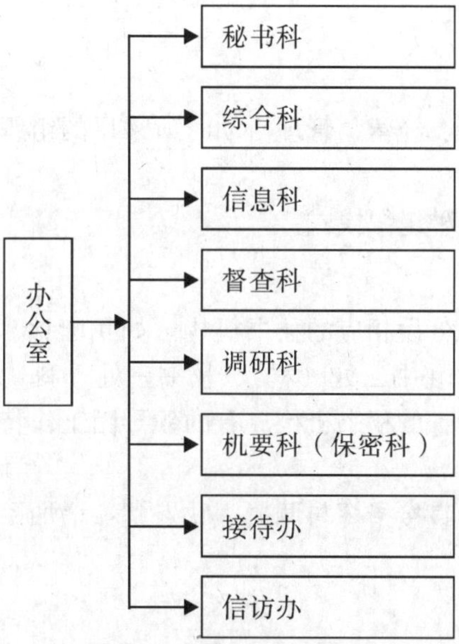

图 2－2　市级秘书机构

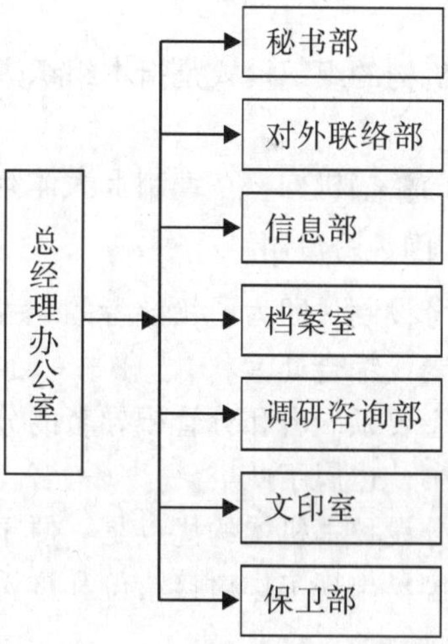

图 2－3　企业（公司）秘书机构

综理制，就是采用不分部门办公的形式，由秘书机构综合管理领导机关的日常工作。全国人大常委会、中央军委和全国政协常委会实行的便是综理制这种机构设置形式，由秘书长领导办公厅负责综合管理，承办日常工作，办公厅下设若干局、处、室等。一般中小型企业中，由“党”、“政”、“群”三个系统组成“三合一”的秘书机构，企业全部的秘书工作均由这一秘书机构负责处理。

（二）省、市（地）、县级的秘书机构

省委和省人民政府均设正副秘书长和办公厅，办公厅设正副主任。办公厅工作由秘书长直接领导。设置下属机构采用分理制的形式，办公厅与省属部、委、局平行，厅下设处、室，再往下设科、组。县委和县人民政府均设办公室，办公室设正副主任，下设科、股、组等。

省、市、县级的人民代表大会、政治协商常委会，按相应级别分别设办公厅或办公室。设置下属机构均采用综理制的形式，由办公厅秘书长或办公室主任统辖下属各处或科，全面负责日常工作。

（三）基层单位的秘书机构

基层单位的秘书机构通常只设办公室，不再设置下属机构，由办公室的人员各自分管某项专职工作，其实这些人员所从事的就是秘书工作。有些单位为了节省人力成本，仅设置兼职秘书。

城市的社区办事处和农村乡镇一般设办公室或秘书股，根据较少的业务量和简单的工作程序，设专职秘书或兼职秘书。该秘书往往要负责收发文件、保管印章、起草公文、安排会议、派遣车辆、接待来访、处理电话等多项行政工作。

二、秘书机构的组织模式

秘书机构的组织模式是指本组织进行生产、经营、管理活动时所采用的组织结构形态或模型。

我国的秘书机构，在编制上大体有以下三种组织模式：

（一）因人分设制

因人分设制，即为了领导者的职务分工而分设相应的秘书机构。如我国党、政机关办公部门，内设综合处（科）、秘书一处（科）、秘书二处（科）、秘书三处（科）等，这大都是根据主要领导者和分管领导者的分工而设置的秘书机构。有的领导因工作特殊需要配备私人秘书，也属于此类。

因人分设秘书机构的优点是：便于领导者直接指挥与调遣。缺点是：增加了单位的管理层次，容易出现工作对接错位和推诿现象。

（二）因事分设制

因事分设制，即为了使秘书工作的业务范围更清晰，并且有利于机关分工明确而细分设置对应的秘书机构。如秘书处（科）、文书处（科）、信息处（科）、督查处（科）、档案处（科）、信访处（科）、调研处（科）、接待处（科）等秘书机构，就分别对应了文字、文书、信息、督查、档案、信访、调研、接待等秘书工作。通过各自的业务活动，辅助领导工作和机关工作。

因事分设制的优点是：便于秘书机构的科学化分工管理，有利于秘书工作的规范化建设，有助于秘书工作的责任到位和质量的提高。缺点是：不便于直接为领导工作服务，如果协调出现问题，就会发生工作失调、运行不畅的现象，最终影响工作的进展。

（三）混合分设制

混合分设制，即因人分设制和因事分设制两者兼有的组织模式。如某些办公部门中，设有秘书一处（科）、秘书二处（科）、秘书三处（科）等，同时设有信息处（科）、信访处（科）、调研处（科）、接待处（科）等。

混合分设制的优点是：既便于秘书机构为领导工作服务，又便于为机关工作服务。缺点是：辅助服务的重点不突出，业务范畴容易相互交叉或重复，令秘书人员无所适从。

第三节　秘书机构的性质

秘书机构有其特殊的地位和性质，不同于一般的职能部门，它是直接辅助单位领导者和协助处理各项日常工作的部门，目的是使领导者能够集中时间和精力，考量和处理重大问题。

一、辅助功能的综合性

秘书机构所承担的工作涉及的范围和内容都十分广泛。首先，秘书人员充当的是领导的参谋助手，领导工作的全局化的特点决定了秘书工作具有很强的综合性。因为任何一级领导都处于不同层次系统的管理位置上，他必须总揽全局，预测发展，统筹规划，综合协调，秘书人员作为领导的参谋和助手，也必须具有全局观念，站在领导者的角度观察，要保持与领导同步思维来分析问题，提出参谋建议，以适应领导者驾驭全局的需要；其次，秘书人员是为组织的综合工作服务的，其综合协调、公关形象职能等都是通过办文、办会和办事等业务来实现的。

二、机构地位的中枢性

在组织管理系统中，领导者起着主导决策的作用，秘书机构正是辅佐领导者完成决策管理运行过程的行使职权的中枢部门。整个运行过程既承上启下，又沟通内外，协调左右，对本系统来说，秘书部门需要与上级单位和下属单位进行信息联络与业务处理，在本单位内协助领导与职能部门之间沟通联络、分管专项业务；对系统外来说，秘书部门充当桥梁角色，需要保持与社会、兄弟合作单位的联络畅通无阻，确保合作目标的实现。

三、组织关系的封闭性

秘书部门的人员的编制在本组织，受本组织领导管辖，为整个领导群体服务。秘书部门与其他职能部门的地位是平行的。秘书机构只接受本级组织的领导，直接对本级组织的领导负责。秘书机构即便在其公务活动中，与上级、同级或下属单位（当然也包括与上级秘书机构）或下级秘书机构产生了组织间的工作配合关系，也仅仅是业务范畴内的指导与被指导关系，并不属于隶属关系。如图 2 -4 所示：

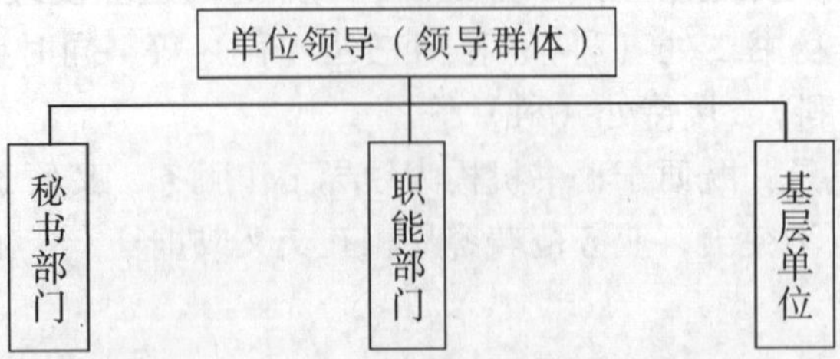

图 2 -4　组织机构

第四节　秘书机构的职能

在我国，秘书机构主要指党政机关、企事业单位、社会团体等组织的一种综合服务和辅助管理的部门。其职能主要有参谋助手职能、枢纽桥梁职能、管理协调职能和公关形象职能。

一、参谋助手职能

作为一个单位唯一的综合服务部门，秘书机构的工作与其他职能部门的工作有着明显的差异。秘书机构的参谋助手职能主要是围绕领导者的管理目标、决策思想，随时有效地为领导者进行决策管理提供真实准确的信息，及时针对领导者的咨询给予明确的回应，应提出通过周密思索论证而形成的建设性方案，以及进行决策实施中的某些协调和督察辅助，乃至为领导者拾遗补阙，甚至是提醒和劝谏。

二、枢纽桥梁职能

协调作用对于一个有机组织体系的正常运转的意义是不言而喻的。秘书机构正处于中心地位，发挥着沟通连接纵向关系与横向关系的桥梁职能，例如，以单位名义向上级部门呈报本单位的书面请示、报告；向上级部门汇报下级的工作情况、工作建议；向下级单位传达领导机关的书面指示、计划、批示以及口头指令；与有关单位进行业务联系，包括公文、电话以及人员往来；与新闻媒体、顾客、群众进行沟通联络；特别是为本单位的领导者与职能部门之间、领导者与员工之间提供的沟通联络等工作更为频繁和实际。

三、管理协调职能

任何一个党政机构、企事业单位、社会团体，为了实现自己的目标，都要建立不同层次的领导和指挥关系，并建立完善的管理制度。管理部门必然要领导和控制系统内的全部资源，并指挥完成工作目标。秘书部门辅助领导者进行系统内部的运作管理，当系统内一旦出现不和谐的因素时，秘书部门就要通过协商和调解，减少和化解各类错综复杂的矛盾，消除隔阂，使各相关方面达成共识，有序配合，推进工作，实现共同目标。

四、公关形象职能

秘书机构是单位联系社会的“门脸”和“窗口”，是各阶层的窗口。秘书人员在协助领导者处理事务和沟通内外的过程中，自觉或不自觉地会把单位的服务意识、精神风貌、文化特征、礼仪风范等信息传递出去，形成正面的或负面的社会效应。从秘书人员言行的点点滴滴，外界可以看到该单位的管理理念、实力现状和发展前景。那么，为塑造良好的单位公关形象，就要打造完美的秘书机构作为“门脸”和“窗口”。

第三章 秘书人员

第一节 秘书的定义

本章所讲的秘书人员，是指我国历史时期意义上的秘书工作人员。

一、"秘书"一词的演化

"秘书"一词是个历史性的概念，在我国不同的历史时期有着不同的内涵。在古代，"秘书"是分开来表达意义的。"秘"即"祕"（mì），从"示"旁。《说文解字》释为"神也"，意为"神秘"、"隐秘"，后因形近而写为"秘"字，收于《集韵》；"书"基本义为写字、书写、记录，此外，还有装订成册的文件、书信、著作等意思。"秘书"第一次作为组合复词，见于汉代，从掌管宫中图书经籍的"秘书监"（官职名称）演化而来，完成了"秘书"由"物"演化为"人"的过程。具体的演化路径如下：

先是指物，即皇宫中秘密收藏的图书资料（朝廷的机要文件）。《汉书·刘向传》曰："诏向领校中五经秘书。"《晋书·荀勖传》载："及得汲郡冢中古文竹书。诏勖撰次之，以为中经，列在秘书。"这里的"秘书"均指"皇宫中秘藏之书。"

东汉时期佛教传人，宗教迷信得以空前地发展。此时，"秘书"意为"谶纬（chèn wěi）图篆等书"。谶纬图篆是汉代流行的宗教迷信，称之为"秘书"。"谶"是巫师或方士制作的一种隐语或预言，作为吉凶的符验或征兆。"纬"是相对于"经"而言的，是以迷信方术、预言附会儒家经典的各种著作。图篆，即谶书。所以说，这个时候的"秘书"是由其本身的"神秘"意义而延伸开来的。

"秘书"由指物发展为指机构（指官职，指人）。公元 2 世纪，东汉桓帝设"秘书监"，既是官署，也是官职，职掌典籍。"秘书监"指藏书机构，是专门管理图书档案的机构，相当于现在的国家图书馆、档案馆，下设有"秘书监"、"秘书令"、"秘书丞"、"秘书郎"等职务。这是"秘书"由物转化为人的历史进程中所迈出的重要一步，是一个突出的转折点。至曹魏，设置"秘书令"，"典尚书奏事"，始掌机要，但为时极短，曹丕称帝，即改为中书令。魏晋南北朝时，设立"秘书丞"、"秘书郎"，仍是掌握典籍的官员。

"秘书"发展到指机构、指职位、指人。晋代时设立秘书寺，梁代时改为秘书省，隋唐均设秘书省"典司经籍"，"掌邦国经籍图书之事"。唐设"秘书郎"，分掌"经、史、子、集"。唐宋以至元代，"秘书"均指国家图书档案机构的名称。明时设内阁、六科、通进司、司礼监等中央秘书机构，票拟、贴黄、行移勘合及监生。至清末，我国的"秘书”才真正名实相符。

现代“秘书”始于1905年，孙中山在日本组织同盟会，先后任命马君武、胡汉民为同盟会总部秘书；1907年，清朝安徽巡抚冯煦上奏并经皇帝批准后，在巡抚衙门中设立了秘书、助理秘书等职。这是国内官方首次使用秘书职务名称，它成为现代秘书职名的直接渊源。1911年后，秘书的含义发生了质的变化：一是“秘书”已完全摆脱了“图书”的含义，从原先指物转变为特指从事秘书工作的职位或人；二是对秘书人员所有旧式的称谓全部退出了历史舞台，对从事秘书工作的相关职位或人员均以“秘书”相称。

总而言之，我国古代“秘书”演化到现代“秘书”，由指物或指机构、官职、官员到普通人员，最主要的是其内涵、工作性质、职能范围等都有着极大的不同。

二、现代秘书人员的定义

现代秘书人员即“秘书”，指“人”。

（一）我国对秘书定义的各种说法

我国秘书界的专家、学者于20世纪80年代，对“秘书”的定义进行了激烈的探讨，并得出了争论的结果。有人统计过，秘书学界（包括文献）对“秘书”的定义多达上百种，有“人员”说、“职务”说、“职位”说、“职业”说、“职称”说、“参谋”说、“助手”说等多个说法。列举如下：

1980年《辞海（缩印本）》中的“秘书”词条定义为：秘书是“职务的名称之一，是领导的助手。秘书工作是一项机要性的工作，它的任务是收发文件、办理文书、档案和领导交办的事项，各机关和企业、事业单位，一般均设有秘书工作部门或秘书工作人员”。

1983年《现代汉语词典》将“秘书”词条定义为：秘书是“掌管文书并协助机关或部门负责人处理日常工作的人员”。

1982年毛含德教授在《秘书学概论（内部版）》中说：“秘书是一种职务的名称……是在国家政权单位、事业和企业单位中，协助领导综合情况，研究方针政策，密切各方面的关系，办理文书、档案、人民群众来信及其他日常行政事务的人员，也是一种职称。”

1983年张金安、常崇宜在《秘书学概论》中认为，“秘书是一种职务、也应当是一种职称”，“是领导的耳目、助手和参谋”。

1985年王千弓在《秘书学与秘书工作》中说：“秘书是社会主义国家工作人员职务名称之一。”

1986年张家仪在《秘书》杂志上撰文《也谈秘书的定义》，他认为：“秘书是身处领导机构或附着个人，撰制掌管文书，辅助决策，并处理日常事务的服务人员。”并认为：“秘书从事的工作也就是秘书职业，秘书职业也就是服务性的，所以秘书绝不是一种职务，而是一种职业。”

1987年常崇宜在《现代秘书工作》一书中认为：“秘书是一种职务名称，也是一种社会职业。是领导机关首脑或特定领导人员的助手。各种秘书的具体助手作用各不相同，但都是通过辅助领导，直接为领导服务去体现为人民服务、为社会主义服务的。”

1987年刘祖遂、王守福在《通用秘书学》中认为：“秘书是社会职务的名称之一，是为领导中枢和领导者提供综合性、辅助性服务的公务人员。”

1989 年翁世荣在《现代秘书学》中说，秘书是“辅助领导层或个人实施管理和处理日常事务的人员”。

1989 年，董继超在《公务秘书学》中说：“所谓秘书，就是掌管文书并直接辅助上司全面处理事务的人员。”

1990 年，袁维国在《秘书学》中说，“秘书，在我国现代主要指党和政府机关、企事业单位、社会团体、军队、院校内的一种行政职位”，秘书是“广泛的社会职业之一”，是“一种行政职务”。

2006 年，原中华人民共和国劳动和社会保障部颁布的《秘书国家职业标准》对秘书的定义为：“秘 是从事办公室程序性工作、协助上司处理政务及日常事务并为决策及其实施提供服务的人员。”

综合上述各种说法可知，我国现阶段秘书的定义采用“人员”说比起其他学说，诸如“职务”说、“职业”说、“职位”说更为适当。

(二) 国外对秘书定义的各种说法

不只我国对“秘书”的说法不一，各国对“秘书”的说法也各具内涵。

国际职业秘书协会（英文全称：International Association of Administrative Professionals，英文简称 IAAP）认为，秘书是“具有熟练的办公室工作能力，不需上级敦促即能主动负责、积极进取、干练果断、能在授权范围内做正确决定的经理助手”。

国际秘书联合会对秘书的定义是：秘书是上司的一位特殊助手，他们掌握办公室工作的技巧，能在没有上司过问的情况下表现出自己的责任感，以实际行动显示出主动性和判断能力，并且在所给予的权力范围内做出决定。

全美秘书协会对秘书的定义是：高级官员的助手，掌握机关职责并具有在不同上司直接监督下，承担任务的才干，发挥积极主动性，运用判断力在其职权范围内对机关工作做出决定。

美国对秘书的定义为：“秘书是办公室内特定主管的助手，其任务是在认可的职权范围内，不必经过直接的督管，就能运用办公室内的工具设备，从事该主管指定之行政性任务。”在美国，秘书是一项兴盛的职业，数百万秘书分布于各行各业，形成一个庞大的职业群体，其职业化程度相当成熟，专业化水平相当发达。

秘书一词在英国的概念，按英国《牛津字典》的解释是：“秘书，一为办事处、营业所、公司或企业的雇员，与单位之间是一种雇佣关系，其任务是处理通信，整理记录，安排约会。往往有地位、有财富的人士，将秘书作为一种特殊成员，几乎都有私人秘书。二为高级官员，其职责为负责通信、记录等事宜。不以盈利为目的的团体、会社的秘书，是义务的，不收报酬。三为国家的秘书，负责政府机关的政务工作，名为秘书，实为部长。如英国的国务大臣、外交大臣、陆军大臣，其名称为部长或大臣，但也称秘书。”

苏联对秘书的定义为：“秘书是一项普通的职业，其职能主要为机关提供称作秘书的辅助性、事务性和信息性的服务。”

日本对秘书的定义为：秘书是“帮助与处理各种事务的工作人员”、“全能运动员”、“ 帮助上司处理杂务的工作人员”。

综合上述各种说法，可以归纳出国外对秘书定义的共性：一是秘书是一种社会职业，而不仅是一种官职名称；二是秘书主要是为领导服务的人员。

三、现代秘书的职业特点

“秘书”包含了从组织的基础文员、专职秘书到高级行政助理等一个完整的行政辅助人员系列。其职业特点为：一是秘书在领导近身，所谓领导，既含领导“人”，又含“领导机构”；二是以“助手”和“参谋”的角色为领导进行辅助管理，既辅助领导，也辅助其他职能部门；三是处理综合事务，分解为“办文”、“办会”、“办事”。

第二节　秘书的类别

秘书是一个复杂、广泛、庞大的职业群体。从国内到国外，从国家党政机关到乡镇基层，从国家事业单位到各类企业，从军队到社会团体甚至到个人，都需要秘书。

一、中国秘书的类别

(1) 依据服务对象和报酬来源的标准，可分为公务秘书和私人秘书两类。

公务秘书指在国家党政机关、社会团体、事业单位、公有制企业或股份制公司担任秘书工作，由组织人事部门考察选用，由国家或单位支付薪酬的公职人员，具有组织体制上的公有性、人事制度上的统一性、经济来源上的规定性、工作性质上的群体性等特点。

私人秘书指为私营企业、民办机构、民办社团、个体户、个人或家庭提供秘书服务的人员。

(2) 依据所属行业的标准，可分为党务秘书、行政秘书、司法秘书、医务秘书、教学秘书、体育秘书、军务秘书、商务秘书、学术秘书、涉外秘书等。

党务秘书指在中国共产党的各级机关辅助领导决策及内部党务管理工作的秘书人员。

行政秘书指在政府各级机关、企事业单位中辅助领导的决策及内部行政管理工作的秘书人员。

司法秘书指就职于法院、企业与社团律师事务所或律师身边的秘书人员。

医务秘书指就职于医务医疗机构，如医院、医学院、药房或私人诊所的秘书人员。

教学秘书，指在教育教学机构、院校各级机构中辅助领导行政管理工作和辅助教学管理工作的秘书人员。

体育秘书指在体育机构、院校中从事体育管理工作和辅助教学管理工作的秘书人员。

军务秘书指在军队或军队院校中辅助领导的决策及内部军务管理工作的秘书人员。

商务秘书指在从事各种商务活动的企业中，协助投资经营者和商务管理者处理商务活动的秘书人员。

学术秘书指在科研院所或院校教科研机构中协助管理者处理科研工作的秘书人员。

涉外秘书指以我国境内具有外资成分或由外籍人员管理的机构、实体或以我国在境外的机构为服务对象的秘书人员。

可以说，有多少行业就有多少行业类秘书，这里仅举出10例，其余以此类推。

（3）依据横向具体的秘书岗位工作内容的标准，可分为机要秘书、会议秘书、文字秘书、信访秘书、公关秘书、档案秘书、人事秘书等。

机要秘书指在党政军机关专门从事机密文电的翻译处理及保管的秘书人员。

会议秘书指在各类组织秘书机构中专门从事会议管理的秘书人员。

文字秘书指在各类组织秘书机构中专门从事文件撰拟、修改及定稿等文字工作的秘书人员。

信访秘书指在各类组织秘书机构中专门从事信访工作的秘书人员。

公关秘书指在各类组织秘书机构中专门从事接待、协调、社交工作的秘书人员。

档案秘书指在各类组织秘书机构中专门从事档案（包括信息）管理工作的秘书人员。

人事秘书指在各类组织秘书机构中专门从事人力资源管理工作的秘书人员。

道理很简单，一个单位可依据业务需要设置秘书岗位，有多少种业务即设多少类秘书，这里仅举出7种，其余以此类推。

（4）依据具体的秘书职位级别的标准，可分为初级秘书、中级秘书、高级秘书和行政总监级（助理级）秘书等。

我国人力资源和社会保障部的《秘书国家职业标准》将各级秘书级别定位为：

五级秘书，即初级秘书。

四级秘书，即中级秘书。

三级秘书，即高级秘书。

二级秘书，即行政总监或总经理秘书。

一级秘书，空缺。

二、外国秘书的类别

本节以美国、英国、日本为例来说明外国秘书的类别：

（一）美国

根据秘书职位所规定的职务性质标准，美国把秘书分为行政秘书和专业秘书两大类。

1. 行政秘书

行政秘书是指在各类机关、公司、企业中担任行政性职务的秘书，是美国行政管理协会划定的秘书种类之一，也称行政助理、管理秘书，占美国秘书的大多数。行政秘书按照其职权可以分为两类：一类是属于领导职位的秘书，如秘书长、公司秘书等，担任这类职位的人员已经不是一般意义上的秘书，他们具有相当的权力，人数较少；另一类是一般行政秘书，其主要职责和任务是记录上司或者经理的口述，接打电话并转达给上司，接待来访人员并安排与上司的约会，打印信函和文件，处理各种邮件，为上司起草信函、讲话稿、报告、备忘录，为上司查阅有关资料，代上司阅读、签署、寄发某些信件，编辑核对文件，选购办公设备等。

2. 专业秘书

专业秘书是根据秘书所从事的专业工作这一标准进行分类后，与从事行政事务的行政秘书相对应，是对在各种具体的专业领域、专业部门或者专业人员身边从事秘书工作的人员的总称，它是包含多种秘书职位在内的一类职位，简称 OT 类。美国的专业秘书主要有以下几类：

法律秘书：法律秘书指在美国司法机关、律师事务所、工商企业的法律部门作为法官或者律师个人助手的秘书。其职责是起草法律文件和相关的信函文件，如传票、诉状、向法院提交的申请等。

医学秘书：医学秘书指为各类医院、医生个人、政府医疗保健部门、大公司的卫生部门、生活医药医疗用品的大公司、医学研究机构和医药图书出版部门等服务的秘书。其职责是与病人预约就诊时间，办理病人的就诊手续，为医生指定的就诊病人联系会诊医院，打印病人的医疗记录并负责归档整理，记录医疗口述，向病人收取医疗费用并负责结算，递送医疗账单，订购医疗器械、药品和材料等。有的还负责为病人保管病历、测量体温等工作。

教育秘书：教育秘书指为各类教育机构和教授个人服务的秘书。其职责根据服务的对象不同而有较大的差异。如一个大学教授的秘书，要负责接打电话，起草信函，安排约会和活动日程，收集相关的专业书信，整理各种学术会议上的文献，为教授准备讲义或者科研资料，制作图表、录音带、幻灯片等。

通信秘书：通信秘书指在美国各类公司中专门担任通信事务的秘书。其职责为操作各种文字处理装置，从复杂的信息源中制作和修订难度很大的各种文件，检索以往输入的各种原文、数据，担任领导的低级文字处理员等。

技术秘书：技术秘书指在政府技术部门、科研机构和工程技术公司中作为高级科学研究人员助手的秘书，他们通常不是在办公室而是在实验室工作。其职责主要是承担实验室事务性工作，具体工作任务除一般的秘书业务外，还包括从起草文稿到邮政事务的全部或者大部分对外联络工作，负责有关专业书籍的收藏、资料的收集、校对文稿、剪辑科技报告、准备工程报告等。

财经秘书：财经秘书指在各类企业中协助企业领导人管理财务的秘书。其职责是管理企业的资金以及有关的财务事项，有的还负责管理雇主的私人财务，包括进行银行存款、开支票、调节银行结单、处理小额保证金、记录收入的资金等。

（二）英国

根据秘书的供职对象和工作内容，英国把秘书分为政府秘书、执行秘书、公司秘书、私人秘书等。

1. 政府秘书

政府秘书指在英国政府机关中供职的秘书。他们属于文官中的事务官，是公务员，供职任期为终身制，不受内阁更替的影响。他们的任用、职权、责任、利益、晋升均有严格的规定，并划分为行政级、执行级、文书或者办事员级、助理文书级四级。

2. 执行秘书

执行秘书指在英国工商企业中受高级经理雇用的一种私人秘书。他们是雇主的得力助手和私人代表，必须对雇主的活动和工作范围有详细的了解，为雇主分担许多具体事务，在一定范围内有决定权，并能代表雇主进行业务洽谈。

3. 公司秘书

公司秘书指在英国公司中的高级行政职员。英国公司法规定，每个公司必须配备一名专职秘书，同时可配备助理秘书或者代理秘书，以备公司秘书缺席时代行其职责等。

4. 私人秘书

私人秘书是被雇主雇用、为雇主个人服务的秘书。在英国雇用私人秘书相当普遍，私人秘书需要熟练掌握打字、速记技能和商业知识。

（三）日本

根据秘书的供职对象和工作内容，日本把秘书分为公务秘书、事务秘书、外事秘书、私人秘书等。

1. 公务秘书

公务秘书也称政治秘书，指在国会、政党、内阁中供职，具有公务员性质的秘书。其中，在国会、官厅、地方公共机构工作的秘书，除了要求了解国会、政党、内阁的结构外，还要求精通法律制定程序和有关机关的详细工作程序，国会议员秘书还得将与自己所居之地联系的工作作为重要任务。

2. 事务秘书

事务秘书指在医师、律师等专业人员身边工作的秘书。他们除具有秘书工作知识和技能外，还必须具有相当程度的专业知识，如医师的秘书要配合医生接收病人，从事社会保险等与医疗事务有关的工作；律师的秘书要协助接待委托人，调查案件，与法院联系，代替律师与委托人预谈，整理材料等；会计师、税理士的秘书要掌握簿记、会计知识；大学教授、研究人员的秘书要善于搜集、剪贴资料并整理立卷等。

3. 外事秘书

外事秘书指擅长外语、在外资企业和各国驻日使馆供职的秘书。这类秘书必须精通外语，能将上司的话语当场速记下来并打印出来，还要求能以优美、准确的日本语进行翻译，能用日文准确无误地拟写文件书信，能为外国来客当向导，陪同观看歌舞等文娱表演，懂得茶道、花道以及日本其他文化历史知识。

4. 私人秘书

私人秘书指日本党政要员、议员、大企业家、有名望的学者、教授和明星等社会名流雇用的私人秘书。这些私人秘书负责对外联络、接待、公关，安排雇主一天、一周或者一旬的工作日程等。

第三节　秘书的层次

有人说高级秘书是动脑子、出点子的，中级秘书是动手要笔杆子的，初级秘书是动脚跑腿办事的，这种说法也不无道理。

一、我国秘书的层级

（一）层次划分

1. 按照我国党政系统从高到低级别的标准划分

国家到地方基层，从大的纵向划分为：中共中央、国务院秘书部门的秘书人员→省（直辖市、自治区）级秘书部门的秘书人员→市级秘书部门的秘书人员→县级秘书部门的秘书人员→乡（镇）级秘书部门的秘书人员→村级秘书部门的秘书人员。

2. 按照我国人力资源和社会保障部的《秘书国家职业标准》中的标准划分

同一单位组织的秘书部门中的秘书人员职位的高低，从低到高的纵向划分为：五级→四级→三级→二级→一级。

五级：初级秘书（有上级无下级）。

四级：中级秘书（既有上级又有下级）。

三级：高级秘书（既有上级又有下级）。

二级：行政总监或助理级秘书（既有上级又有下级）。

一级：暂时空缺。

3. 按照社会约定俗成的职位的高低划分

从高到低划分为：秘书长、办公厅主任→秘书处长、科长、办公室主任→科员级秘书、文员。

（二）层级差异

无论从“大”的纵向、“小”的纵向，还是相对高与低的职位划分出来的秘书层次，内涵上都明晰地存在着五个方面的层级差别：

级别不同的秘书人员具有高低不同的辅助层次的差别。

级别不同的秘书人员在工作难度配备相应的秘书结构和不同比例上的差别。

级别不同的秘书人员在专业知识、经验和技术能力上的级差。

级别不同的秘书人员在级别与工资待遇上的差别。

级别不同的秘书人员在政治前途、责任与风险大小上的差别。

二、外国秘书的层级

（一）美国

美国秘书分为行政秘书和专业秘书两大类。美国对行政秘书职级的划分非常精细，不同职级的秘书，其任职资格、职责范围和工作报酬都有明确的规定。美国秘书职级由低到高，技术要求由简单到复杂，工作范围由单纯到综合，招聘条件和薪资待遇也有很大的区别。

美国行政管理学会在借鉴和综合美国劳工部秘书分类标准的基础上，兼顾了美国劳工部进行秘书分类时依据的管理人员级别、秘书职责大小以及专业工作标准这三条分类标准，将一般的行政秘书从低到高分为“B 级秘书”、“A 级秘书”和“经理秘书”三个级别。

1. B 级秘书

B 级秘书的服务对象是公司和社会团体，是公司和社会团体的基层管理人员，工作职责是“执行范围有限的秘书职务”。工作任务大致包括口授、安排约会和公务旅行、答复日常信函以及保管文件档案等，内容以事务性事项为主，范围比较确定。

2. A 级秘书

A 级秘书的服务对象是各类公司和社会团体组织，是公司和社会团体的中级管理人员，工作职责是“执行范围不定的秘书职务”。工作任务要负责较为复杂的工作，因此要求具有关于本公司的经营实践和组织结构等方面的知识，具有行政工作技能，负责较复杂的秘书工作。

3. 经理秘书

经理秘书也称行政助理，其服务对象一般是各类组织的高层领导人，是高级行政首脑或者企事业单位中的高层决策人员，工作职责是“执行全部秘书和行政职务”。工作任务要负责计划、方案的制订和调整，并负责使之按时完成，还要为经理办理各种行政方面的具体事务等，要求具有关于本公司的经营实践和组织结构等方面的知识，并掌握秘书与行政管理工作的高级技能。

综上看出，B 级秘书、A 级秘书和经理秘书，实际上是分别为各类企业组织和社会团体的基层、中层和高层领导人配备的三种秘书职位，其职级分别属于低级、中级和高级。至于另设的法律秘书、医学秘书、教育秘书等，完全是从专业角度划分的。

（二）英国

英国各系统秘书分为：行政级、执行级、文书级、助理文书级。

1. 行政级秘书

行政级秘书是担任政府各部部长主要助手的高级秘书官，相当于秘书长或者办公厅主任。其职责为代部长草拟提交国会或者内阁会议讨论的政策方案，沟通与协调内部各部门关系，改进机关结构和工作方法，对机关内行政人员进行管理和考核、监督。他们必须具有丰富的学识，很强的组织、判断、创造能力，并按规定不得参加任何政党活动以保持中立的非政府性地位。

2. 执行级秘书

执行级秘书是中级秘书官，相当于秘书科长、办公室主任。其职责为对法规范围外次要的、特定的案件作检讨性分析，对较重要的案件或者问题作主动观察与考察，对较小范围或者较少分量的事务进行直接领导。有的还负责机关内部的管理、考核，解决公务中的纠纷，支持较重要工作的进行等。

3. 文书级秘书

文书级秘书的也称办事员级秘书，他们为一般秘书人员。其职责是按一定的法规、指示处理特定事务，按规定格式准确记录、回答问题及统计资料，做简单的文书草拟，收集、提供、保存资料，为上司决策提供依据。

4. 助理文书级秘书

助理文书级秘书为初级秘书。其职责为打字、速记、缮印、接打电话、接待来客等。

（三）日本

日本依据秘书的业务水平而将秘书划分为初级秘书、中级秘书和高级秘书三个层次等级。

1. 初级秘书

初级秘书一般能完成上司指定的工作，基本了解秘书的职责和工作方法，已有两年至三年的工作经历，除能熟练地处理见习秘书的各项业务外，还能承担收发文书、起草信函、预订票据等业务。其工作能力基本上得到上司和同事的认可，已具备作为上司个人秘书的候选资格。

2. 中级秘书

中级秘书能主动分担上司的杂务，减轻上司行政工作的负担，并能够独立进行工作，一般已有四年至五年的工作经验，能指导新秘书的业务。其主要工作是为上司安排日常活动日程，必要时也代表上司对外谈判。

3. 高级秘书

高级秘书必须能够给上司以有力的协助，能够提供解决问题的有效方案，工作中能够发挥作用并取得相应成绩。他们是上司名副其实的助手，基本上不处理具体日常事务，主要负责秘书课（室）的领导工作。在公司召开董事会时，则是上司的高级参谋。

第四节　秘书人员的职业素养

我国著名思维学家、方法学家吴甘霖先生在一次北大总裁培训班上做了一项调查，请公司老总们说出自己最喜欢的员工和最不喜欢的员工标准各是什么。结果五类员工被列入最受欢迎的员工，分别是：第一类，自动自发的员工；第二类，找办法提升业绩的员工；第三类，从不抱怨的员工；第四类，执行力很强的员工；第五类，能提建设性意见的员工。而最不受欢迎的员工也有五种，分别是：第一种，找借口的员工；第二种，损公肥私的员工；第三种，斤斤计较的员工；第四种，华而不实的员工；第五种，受不得委屈的员工。以上五条最受欢迎的员工标准，也恰是现代职场所需的秘书人员的职业素养。

一、职业素养的概念

素养，即素质与修养。是指一个人在道德品质、气质秉性、思想作风、工作态度、行为习惯等方面，经过长期修炼所达到的综合水平。素养是后天形成的，体现在人的行为规范中，它又是稳定的，对人的各种行为起到决定性的作用。一个人工作能力的强弱，工作质量的优劣，工作效率的高低，取决于一个人的主观因素，这个主观因素就是内在的素养。

职业素养指人在思想、道德品质和职业行为等方面，经过长期锻炼和培养所达到的综合水平。包括基本素质和职业修养。

（一）基本素质

基本素质指人先天形成的身体素质、心理素质和思想素质。

1. 身体素质

身体素质指身体机能的能力表现，健康的身体是做好秘书工作的重要前提。

2. 心理素质

心理素质指在心理过程和个性心理特征方面表现出来的稳定的、经常性的、本质的心理特点的总和。

3. 思想素质

思想素质指人在一定的社会环境和教育的影响下，通过个体自身修炼和社会实践，在政治倾向、理想信仰、思想观念、道德情操、价值观等方面养成的较稳定的品质。

（二）职业修养

职业修养是指一个人在后天形成的职业道德、职业纪律、工作作风、行为习惯、职业技术等方面的素养，经过职场上长期修炼所达到的综合水平。

1. 职业道德

道德是一种具有内省式、约定俗成式的行为约束机制。职业道德指一定行业的从业人员在本职工作中所应遵循的道德规范，是担负一定社会职责和义务的职员应当遵循的具有行业特色的道德准则，是对某一职业从业人员约定俗成的、以善恶进行评价的心理行为约束机制和行为规范的总和。秘书人员应该做到遵纪守法、廉洁奉公、秉公办事、协同合作、克勤克俭等。

2. 职业纪律

职业纪律是人们在职业活动范围内必须共同遵守的行为准则。它包括劳动纪律、组织纪律、财经纪律、保密纪律、宣传纪律、外事纪律等基本纪律要求以及行业的特殊纪律要求。秘书人员应该做到遵守工作时间、端正态度、坚定执行、辅助管理、信息保密、技术严谨等规程以及服从管理等。

3. 工作作风

工作作风是人们在工作中体现出来的行为特点和贯彻于工作过程中的一贯风格。秘书人员应该做到忠于职守、团结同事、精通业务、任劳任怨、顾全大局、脚踏实地等。

4. 行为习惯

行为习惯是人在一定情境中所形成的相对稳定的、自动化的一种行为方式。秘书人员应该养成语言文明、态度谦和、仪表端庄、举止稳重等知礼行礼的行为习惯，树立和维护自己在公众心目中的组织形象。

5. 职业技术

职业技术包括方法、手段和场所。工作方法，即工作人员处理日常工作所采用的工作方式、工作程序和工作技巧等；工作手段，即工作人员为达到办公目标而采用的办公设备、操作技术和操作规程等；办公场所，即工作人员遵照一定的规章制度，并借助于一定的手段用以处理事务的地方。

第五节 秘书人员的职业能力

随着我国市场经济的不断发展，秘书工作被划分到行政管理范畴，秘书工作不能脱离领导而独立存在，领导工作涉及哪里，秘书工作的范围就必须延伸到哪里。因此，职责需求对秘书人员的职业能力提出了新的要求。

秘书的职业能力包括逻辑思维能力、表达能力、社交能力、应变能力、记忆能力、速记（录）能力、执行能力和办公设备的操作能力。

一、逻辑思维能力

逻辑思维能力就是人们在认识过程中借助于概念、判断、推理等思维形式能动地反映客观现实的理性认识能力，即对事物进行观察、比较、分析、综合、抽象、概括、判断、推理的能力，采用科学的逻辑方法，准确地完成严谨的逻辑思维的过程。秘书人员要在辅助领导管理的工作中，集思广益，善于发现新问题，积极探索新情况，分析、解决在工作上存在的疑难问题，结合实际，实现工作理念创新、工作手段创新、工作机制创新，使秘书工作成效不断提高。

二、表达能力

表达能力就是在语言沟通过程中运用字、词、句、段的能力，包括书面文字的表述能力和口语表达能力两个方面。秘书人员虽然很少到公众场合去演说，但要经常面对不同的对象“说话”。一方面，各种公文和普通“文稿”的形成一定出自秘书之手，这主要考验其书面文字拟写能力，不仅要写得好，还要写得快；另一方面，上传下达、汇报情况、协调关系、接待来访等是秘书的日常工作，此时就要求秘书讲究说话技巧，头脑反应灵敏，口齿清晰，说话语气、分寸恰当，意思表达到位，体态得体，礼貌，这主要考验秘书的口语表达能力。

三、社交能力

社交能力就是妥善处理组织内外关系的能力，包括与周围环境建立广泛联系和对外界信息的吸收、转化能力，以及正确处理上下左右关系的能力。现代社会中的秘书已不再是整天坐在办公室里整理文件或是伏案写作，而是经常参加各种社会活动，外出联系工作，调查情况，收集信息，进行协调，参加各种会议、会谈或宴会，甚至有参加外事活动的机会等。秘书人员所涉及的沟通协调一般是承上启下关系的沟通协调及组织内外关系的沟通协调，即使在组织内部各职能部门之间，也还有横向关系协调的问题。秘书人员必须具有一定的社会活动能力，懂得各种场合的礼仪、礼节，善于待人接物，善于处理复杂的人际关系。

四、应变能力

应变能力就是人在外界事物发生改变时，所做出的应急反应，可能是本能，也可能是经过大量思考过程后做出的决策。秘书的大部分工作都有章可循，应严格按照政策和规章制度办事，但有些工作，尤其是事务性工作，在特殊的时间、地点、条件下，常会出现意想不到的情况。秘书人员要有遇急不慌、临危不惧、处事冷静的应变能力，处理问题既要符合原则，又要有一定的机动性和灵活性。

五、记忆能力

记忆就是通过识记、保持、再现（再认和回忆）等方式积累和保存个体经验的心理过程。记忆能力是识记、保持、再现客观事物所反映的内容和经验的能力。秘书人员如果经常忘“东”忘“西”，不仅会降低工作的效率，还会令领导不安和愤怒，因此，为了增加领导对自己的信任，应该养成“强记”的习惯，可采取电子日记、手写日记或头脑记忆等多种方式。

六、速记（录）能力

速记（录）是由具备相当的信息辨别、采集和记忆能力及语言文字理解、组织、应用等能力的人员运用速录机对语音或文本信息进行实时采集、整理的工作。速记（录）能力是使用特殊符号系统记录语音的快写实用技术能力。秘书人员经常要在会议、会谈、活动中做记录工作，因此，秘书人员应该掌握常用的方式，如手写速记、电脑速记、设备（如亚伟速录机）速录、录音笔速录等。

七、执行能力

执行能力是以适当的方式迅速处理业务的能力。虽然秘书人员在进行工作时擅自做出决定可能会产生问题，但是如果没有领导的指示就不行动，那么问题会更大。秘书应具备在必要的时候判断情况并迅速做出处理的能力。

八、办公设备的操作能力

办公设备的操作能力就是借助办公设备达到工作目标的能力。秘书人员对现代办公设备的操作能力，不仅体现在对硬件设备的操控方面，如计算机、打印机、复印机、传真机、扫描仪、名片通、摄像机、投影仪、装订机等硬件设备；同时还体现在对各种办公软件的运用方面，如文字处理、电子表格、图像处理、电子档案管理等应用软件。需要强调的是，秘书人员对这些设备的使用水平应不只是会操作，而应该是熟练操作。这既是对在校文秘专业学生的学习要求，也是初上岗的秘书人员必须具备的基本能力。

第六节　秘书人员的社交礼仪

一、礼仪的基本知识

（一）秘书人员礼仪的含义

1. 礼仪的概念

礼仪是人类社会生活中，人们为表示尊重、亲善、友好，在语言及行为方面共同遵守的准则和规范。我们通常所说的“礼仪”，是由“礼”和“仪”两部分组成的，其含义比较复杂。“礼”的含义，一是表示敬意的通称，如敬礼、礼貌等；二是为表示尊敬或表示隆重而举行的仪式，如婚礼、典礼等；三是泛指社会生活中的某种社会准则、道德规范；四是指礼物，如礼品、送礼等。“仪”的含义，一指法律、准则；二指典范、表率，如礼仪小姐、仪仗队等；三指程序、形式，如司仪、仪式等；四指容貌、风度，如仪表、仪态等。

一般来说，社会实践中的礼仪包括仪容和仪表两个方面。

仪容，是人的“硬件”，通常指人的外观外貌。在人际交往中，每个人的仪容都会引起交往对象的特别关注。可以说，一个人生得“美”否，无法选择，但是可以通过后天的“仪表”给自己的形象加分。仪表，是人的“软件”，通常指人的修饰、风度、举止、态度、风韵、气质等。仪容仪表之礼仪，综合了人的外表，诸如人的形体、容貌、健康、姿态、举止、服饰、态度、风度等。

我国古代文献《礼记·玉藻》中说：“君子之容舒迟，见所尊者齐速。”其中的“容”指：“足容重，手容恭，目容端，口容止，声容静，头容直，气容肃，立容德，色容庄，坐如尸。”可见，讲究礼仪是中华民族的光荣传统。

2. 秘书礼仪的概念

秘书礼仪，即秘书人员在工作及其他社会交往活动中应该遵守的一切言行规范和准则。

（二）礼仪的重要性

礼仪是个人教养、学养、涵养、修养的外在表现。

礼仪在社会交往过程中是构成第一印象的主要因素，会影响领导和同事对其业务能力和任职资格的判断。

礼仪在社会交往过程中，是一张没有文字却形象生动的名片，体现个人形象和组织形象。

二、秘书人员的礼仪

秘书人员在职场的礼仪很多，本章主要介绍举止礼仪、着装礼仪和餐饮礼仪。

（一）举止礼仪

在社会交往中，尤其在正式场合，秘书人员要遵守举止礼仪，做到“坐有坐相，站有站相”，要文明、优雅、敬人。

1. 站姿

站立是人最基本的姿势，是一种静态的美。

（1）基本的站姿。

头正，两眼平视前方，嘴微闭，脖颈挺直，表情自然，稍带微笑。肩要平，微微放松，稍向后下沉。臂要垂，两肩平整，两臂自然下垂，中指对准裤缝。躯要挺，挺胸收腹，臀部向内向上收紧。腿要并，两腿立直，贴紧，脚跟靠拢，两脚夹角成60度。站立时不要歪脖、斜腰、屈腿等，在正式场合不宜将手插在裤袋里或交叉在胸前，更不要下意识地做些小动作，那样不但显得拘谨，给人缺乏自信之感，而且也有失仪态的庄重。

（2）叉手站姿。

两手在腹前交叉，右手搭在左手上，直立成“八”字。男士可以两脚分开，距离不超过20厘米，脚后跟间的距离要窄于前脚掌的距离。女士可以用小丁字步，即一脚稍微向前，脚跟靠在另一个脚内侧。站立较久时身体重心还可以在两脚间转换，以减轻疲劳，这是一种常用的站姿。

（3）背手站姿。

双手在背后交叉，右手贴在左手外面，放置于两臀之间。两脚可分可并，分开时，不超过肩宽，脚尖展开，两脚夹角成60度。挺胸立腰，收颌收腹，双目平视。这种站姿优美中略带威严，易产生距离感。如果两脚改为并立，则突出了尊重的意味。

（4）背垂手站姿。

一只手背在后面，贴在臀部，另一只手自然下垂，中指对准裤缝，两脚既可以并拢，也可以分开，也可以成小丁字步，男士多用这种站姿，显得大方、自然、洒脱。

2. 行姿

行走是人生活中的主要动作，走姿是一种动态的美。

（1）正确的走姿。

头正，双目平视，收颌，表情自然平和。肩平，两肩平稳，防止上下前后摇摆。双臂前后自然摆动，前后摆幅在30～40度，两手自然弯曲，在摆动中离开双腿不超过一拳的距离。躯挺，上身挺直，收腹立腰，重心稍前倾。步位直，两脚尖略开，脚跟先着地，两脚内侧落地。走出的轨迹要在一条直线上。步幅适度，行走中两脚落地的距离大约为一个脚长，即前脚的脚跟距后脚的脚步以一个脚的长度为宜。不过，不同的性别、不同的身高、不同的着装，都有些差异。步速平稳，行进的速度应保持均匀、平衡，不要忽快忽慢。在正常情况下，步速应该自然舒缓，显得成熟、自信。

（2）其他行姿。

①后退步：与人告别时，应当先后退两三步，再转身离去。退步时脚轻擦地面，步幅要小，先转身后转头。

②引导步：引导步是用于走在前边给宾客带路的步态。引导时要尽可能走在宾客左侧前方，整个身体半转向宾客方向，保持两步的距离，遇到上下楼梯、拐弯、进门时，要伸

出左手示意，并提示请客人上楼、进门等。

③前行转身步：在前行中要拐弯进，要在距离所转方向远侧的一只脚落地后，立即以该脚掌为轴，转过全身，然后迈出另一只脚。即向左拐，要右脚在前时转身。向右拐，要左脚在前时转身。

（3）穿不同鞋子的行姿。

①穿平底鞋：走路时要比较自然、随便、轻松、大方。前行时脚跟先落地，力度要均匀。由于穿平底鞋不受拘束，应当注意防止过分随意。步幅时大时小，速度时快时慢，容易给人以松懈的印象。

②穿高跟鞋：走路时步幅要小，脚跟先着地。行进时一定要保持踝、膝、髋关节的挺直，保持挺胸、收腹、向上的姿态。注意避免用屈膝的方法来保持平衡，那样行姿不但不挺拔，反而因屈膝、撅臀而显得笨拙、不雅。

总之，要警惕不良姿态，行走时要防止八字步，低头驼背。不要摇晃肩膀，双臂甩手，不要扭腰摆臀，左顾右盼。脚不要擦地面。

3. 坐姿

坐，也是一种静态造型。端庄优美的坐，会给人以文雅、稳重、自然、大方的美感。正确的坐姿应该是：腰背挺直，肩放松。女性应两膝并拢；男性膝部可分开一些，但不要过大，一般不超过肩宽。双手自然放在膝盖上或椅子扶手上。在正式场合，入座时要轻柔和缓，起和坐都要端庄稳重，不可猛起猛坐，弄得桌椅乱响，造成尴尬气氛。不论何种坐姿，上身都要保持端正，如古人所言的“坐如钟”。若坚持这一点，那么不管怎样变换身体的姿态，都会优美、自然。

（1）女士坐姿。

①标准式：轻缓地走到座位前，转身后两脚成小丁字步，左前右后，两膝并拢的同时上身前倾，向下落座。如果穿的是裙装，在落座时要用双手在后边从上往下把裙子拢一下，以防坐出皱纹或因裙子被打折坐住而使腿部裸露过多。坐下后上身挺直，双肩平正，两臂自然弯曲，两手交叉叠放在两腿中部，并靠近小腹。两膝并拢，小腿垂直于地面，两脚保持小丁字步。

②前伸式：在标准坐姿的基础上，两小腿向前伸出一脚的距离，脚尖不要翘起。

③前交叉式：在前伸式坐姿的基础上，右脚后缩，与左脚交叉，两踝关节重叠，两脚尖着地。

④屈直式：右脚前伸，左小腿屈回，大腿靠紧，两脚前脚掌着地，并在一条直线上。

⑤后点式：两小腿后屈，脚尖着地，双膝并拢。

⑥侧点式：两小腿向左斜出，两膝并拢，右脚跟靠拢左脚内侧，右脚掌着地，左脚尖着地，头和身躯向左斜。注意大腿小腿要成90度的直角，小腿要充分伸直，尽量显示小腿长度。

⑦侧挂式：在侧点式的基础上，左小腿后屈，脚步绷直，脚掌内侧着地，右脚提起，用脚面贴住左踝，膝和小腿并拢，上身右转。

⑧重叠式：重叠式也叫“二郎腿”或“标准式架腿”等。在标准式坐姿的基础上，两腿向前，一条腿提起，腿窝落在另一条腿的膝关节上边。要注意上边的腿向里收，贴住

另一条腿，脚尖向下。二郎腿一般被认为是一种不严肃、不庄重的坐姿，女士尤其不宜采用。但实际上，这种坐姿常常被采用，因为只要注意上边的小腿往回惦，脚尖向下这两个要求，就不仅外观优美文雅，大方自然，富有亲切感，而且还可以充分展示女士的风采和魅力。

（2）男士坐姿。

①标准式：上身正直上挺，双肩正平，两手放在两腿或扶手上，双膝并拢，小腿垂直落于地面，两脚自然分开成45度。

②前伸式：在标准式的基础上，两小腿前伸一脚的长度，左脚向前半脚，脚尖不要翘起。

③前交叉式：小腿前伸，两脚踝部交叉。

④屈直式：左小腿回屈，前脚掌着地，右脚前伸，双膝并拢。

⑤斜身交叉式：两小腿交叉向左斜出，上体向右倾，右肘放在扶手上，左手扶把手。

⑥重叠式：右腿叠在左膝上部，右小腿内收、贴向左腿，脚尖自然下垂。

4. 手势

（1）规范的手势。

手掌自然伸直，掌心向上，手指并拢，拇指自然地稍稍分开，手腕伸直，使手与小臂成一条直线，肘关节自然弯曲，大小臂的弯曲以140度为宜。在出手时，要讲究柔美、流畅，做到欲左先右。避免僵硬死板、缺乏韵味。同时配合眼神、表情和其他姿态，使手势显得更协调大方。

（2）常用手势。

①横摆式：在表示“请进”、“请”时常用横摆式。做法是：五指并拢，手掌自然伸直，手心向上，肘微弯曲，腕低于肘。开始做手势时应从腹部之前抬起，以肘为轴地向一旁摆出，到腰部并与身体正面成45度时停止。头部和上身微向伸出手的一侧倾斜。另一手下垂或背在背后，目视宾客，面带微笑，表现出对宾客的尊重和欢迎。

②前摆式：如果右手拿着东西或扶着门，需要向宾客做出“请”的手势时，可以用前摆式。做法是：五指并拢，手掌抻直，从身体一侧由下而上抬起，以肩关节为轴，到腰的高度再由身前向右方摆去，摆到距身体15厘米并不超过躯干的位置时停止。目视来宾，面带微笑，也可双手前摆。

③双臂横摆式：当来宾较多时，表示“请”可以动作大一些，采用双臂横摆式。做法是：两臂从身体两侧向前上方抬起，两肘微曲，向两侧摆出。指向前进方向一侧的手臂应抬高一些，伸直一些，另一只手臂稍低一些。也可以双臂向一个方向摆出。

④斜摆式：请客人落座时，手势应摆向座位的地方。做法是：手要先从身体的一侧抬起，到高于腰部后，再向下摆去，使大小臂成一条斜线。

⑤直臂式：需要给宾客指方向时，用直臂式。做法是：手指并拢，掌伸直，屈肘从身前抬起，向指引的方向摆去，摆到肩的高度时停止，肘关节基本伸直。

指引方向时注意，不可用一个手指指示，这样显得不礼貌。

5. 表情

表情，即面部表情，是指头部（主要是脸部）各部位对于情感体验的反应动作。不同的心境有不同的表情。

（1）微笑。

微笑应发自内心，真诚的微笑是社交的通行证。它向对方表示欢迎和友善，使对方感到温暖，能给谈话营造融洽平和的气氛。因此，秘书人员应训练自己的微笑。

（2）眼神。

眼神，是对眼睛的总体活动的一种统称。眼睛是人类心灵的窗户，与人交往所得的信息87%来自视觉，来自听觉的信息则仅为10%左右。眼神能够最明显、最自然、最准确地展示自身的心理活动。在谈话的大多数时间里，目光应该注视对方，与对方做眼神交流。一般而言，越严肃的场合，眼神注视的范围越窄。眼神游移不定，会给人以不信任感；上下打量的眼神，会让人觉得没有礼貌。

谈话的场合不同，眼神注视的部位也不同：

①亲密眼神部位：注视亲朋好友或夫妻、恋人时可以是对方的上半身。

②社交眼神部位：注视对方双眼以下、下颚以上的部分。

③公务眼神部位：注视对方双眼以上的额头部分。

（二）着装礼仪

1. 着装的基本原则

在各种场合着装得宜的秘书，能有效展现个人魅力，赢得众人的好感与信任，从而容易获得众人支持，取得事业上的成功。

（1）目的要明确。

不同的着装会给别人留下不同的印象，可以是高雅的、成熟的、自信的，也可以是可爱的、独特的、随意的。秘书的形象不仅代表个人，还代表公司，所以对应该给对方留下什么印象要有明确的目的。

（2）要适应不同场合。

秘书因为工作需要，经常出入不同的场合，着装要随着场合的变化而变化。社交场合的着装讲究时尚华丽，公务场合要庄重严肃，休闲场合则要舒适随意。

（3）要符合自己的身份。

不同身份地位的人要选择适合自己身份的服饰，秘书是在领导身边从事辅助服务工作的人员，着装要注意在展现个人魅力的同时，不要喧宾夺主，抢了领导的风头。

（4）要适合自身的条件。

俗话说，佛靠金装，人靠衣装，合适的着装能够修补人体的缺陷，张扬人体的优点，增加人的魅力。所以秘书在选择服饰的时候，应该扬长避短，根据自身的年龄、身材、肤色和气质等自然条件着装，切不可盲目追求时髦。

2. 着装的基本要求

（1）女性秘书的着装要求。

女性秘书的着装除了要干净、整洁、合身外，还要显得高雅、大方和美丽，要体现出自身的职业特点、性格特征和女性的魅力，要与具体场景和季节相协调，还要注意在不同的场合发挥不同的作用。

①女性秘书的标准职业装。

样式。在办公场合，女性秘书的职业装主要有西服套裙、两件套裙和连衣裙。

西服套裙是女性秘书传统的主要的职业装，它可以塑造职业女性成熟、干练、高效的形象。多少年来，它的基本样式没有什么大的变化。双排扣的上衣应该始终系着（包括内侧的纽扣），单排扣的上衣则可以不扣。短上衣配长裙显得窈窕，长上衣配短裙显得洒脱，适合个子高挑的女士。短衣短裙显得利落，适合个子较矮的女士。短裙的长度最短最好不要短于大腿的二分之一，否则工作起来不方便。款式以简洁大方为宜，切忌太复杂、装饰性太强。

颜色。避免大红、大绿等太刺眼的颜色，容易让人眼花缭乱，与办公室气氛不协调。可以选择深色、素色和单色的职业装，如深蓝、灰色、咖啡色、驼色、白色和黑色等颜色。

面料。面料要选择质地好、垂感好的面料。如纯毛华达呢、亚麻、混纺、丝绸等面料，不要选择绒类、廉价的化纤类等面料。

衬衫。套装里面衬衫的颜色可以多种多样，只要与套装相匹配就可以。但是面料要细致讲究，而且要熨帖平整，不要皱皱巴巴。

鞋袜。搭配的鞋子的颜色应以黑色或棕色为好，一般不穿白色和色彩鲜艳的鞋，不要穿凉鞋。鞋的款式以简洁大方为宜，不要有多余的装饰。搭配的丝袜颜色以接近肤色的肉色为宜，黑色丝袜只能配黑色裙子。注意不要让袜口暴露于裙子下摆之外，不要穿跳丝的袜子。

皮包。皮包的颜色一般讲究与鞋子的颜色相协调，款式要大方正式，不要太过休闲。

首饰。首饰的搭配要与服装的风格相一致，不要戴满全身，一般不超过两件。款式要选择与自身条件相适合的，式样也要简洁。

化妆。女性秘书的职业妆以淡雅为宜，不要浓妆艳抹。需要补妆的时候应该避开公众场合，洗手间是最适合补妆的地方。

②女性秘书的职业便装。

在社交场合中，女性秘书选择衣着的范围比较大，可以不穿西装套裙，其他各式上衣配长裙或长裤、连衣裙、旗袍或民族服装均可。参加晚宴、晚会时应穿礼服，但装饰不宜过多。

（2）男性秘书着装要领。

①男性秘书的标准职业装。

样式。比起女性秘书的着装，男性秘书的选择范围相对较窄。一般有两件套或三件套西装两种。三件套的西装多加一件马甲，马甲的颜色应与外衣一致。

西装的上衣是双排扣的要全部扣好，不能敞开来穿。单排扣的上衣可以敞开穿，但是正式场合还是要系好。两粒扣的上衣只系上面那粒，三粒扣的上衣系上面和中间两粒，也可只系中间一粒。坐下时，一般要解开扣子，以便保持西服的平整。西装的大小要合体，西装的上衣应长过伸直手臂的虎口，西装的袖子的长度以达到手腕为宜，裤子的长度以能盖住皮鞋鞋面为宜。西装里面除了衬衫，最多只能再穿一件鸡心领的薄羊毛或羊绒衫。西装上衣左胸外侧的口袋最多可放一条装饰用的手帕。上衣的口袋和裤兜基本不放东西，以免把西装撑得变形。

衬衫。穿西装配衬衫也有讲究，西装衬衫的袖子长度应比西装袖子长出 1.5 厘米，衬衫领子一定要硬挺平整，要高出西装领口 1 ~ 2 厘米，领口露出部分与领带下露出部分相呼应，显得美观、利落、活泼、有生气。穿西装时衬衫必须塞进裤腰内，忌下摆露在外面。衬衫袖子的扣子要扣紧，切忌翻起。正式场合忌穿花衬衫，白衬衫是首选，可以使男士精神焕发，其他单色或竖细条纹的也可以，但是如果外套是条纹的，衬衫就不要选条纹的了，否则看上去像斑马。衬衫左胸的口袋不能放任何东西。

皮鞋。通常说西装革履，所以穿西服一定要穿皮鞋。正式场合，可以穿深咖啡色皮鞋，因为它与黑色、灰色、藏青色以及深咖啡色的西装都相配，穿黑色有带皮鞋最为庄重。

袜子。袜子是裤子和皮鞋之间的桥梁，起到衔接作用，一般应穿与裤子、鞋同类颜色或较深颜色的素色袜子，穿黑色袜子为最佳。白色袜子只可以配白色或米黄色的西装。

领带。领带的颜色不要与西服颜色一样，但可以是同一色系，颜色和图案不要太鲜亮花哨，最好是单色的，可以有条纹和细小的图案，但是条纹领带不要配条纹衣服，领带选用丝质较高雅。系好时领带下端要正好垂在皮带扣上端，要用领带夹固定，夹于衬衫的第三、四粒纽扣之间。领结要打得饱满，紧贴领口。

皮包、皮带。皮包、皮带的颜色要与皮鞋一致，皮带扣要简洁，皮包要选手提公文包。

配饰。男士可以戴一枚戒指。手表除了看时间外，还是不可缺少的饰品，可选戴精致的薄型手表，年轻的男士不要戴昂贵华美的手表，要注意与自己的身份地位相匹配。

②西服穿着的程序。

西服穿着具有一定的程序。正常的程序是梳理头发→穿衬衫→穿西裤→穿皮鞋→系领带→穿上装。总之，西装已是举世公认的标准通用礼服，在正式场合穿西装，一定要符合统一的模式与要求。通常选择黑色或深色质地好的西装套服，并要精心选择衬衫和领带。

③男性秘书的职业便装。

社交场合，男士的着装可以选择运动式夹克配长裤，T 恤衫配长裤，或毛衣配长裤，但是衣着颜色不应过多变化，大致以不超过三种颜色为原则。合体、整洁、平挺、庄重应是男士服饰追求的整体效果。

（三）餐饮礼仪

1. 中国餐饮礼仪

中国餐饮礼仪是指人们在国内赴宴进餐过程中，根据中国的风俗习惯和约定俗成的程序与方法，在仪态、餐具使用、菜品食用等方面表现出的自律和敬人的行为，是餐饮活动中需要遵循的行为规范与准则。

（1）赴宴前准备。

中式宴会对着装与修饰没有明确规定，但参加宴会，要根据自己的秘书职业特点、身份地位着装，打扮得整齐、大方、得体。

（2）准时赴宴。

要按要求时间准时赴宴。除酒会外，一般宴会都会请客人提前半小时到达。

（3）礼貌问候。

当走进宴会厅时，应首先跟主人打招呼。同时，对其他客人，不管认不认识，都要微笑点头示意或握手问好；对长者要主动起立，让座问安；对女宾要举止庄重，彬彬有礼。

（4）入席后的优雅表现。

入席时，自己的座位应听从主人的安排。入座后坐姿要端正，脚踏在本人座位下，不要任意伸直或两腿不停摇晃，手肘不得靠桌沿，或将手放在邻座椅背上。入座后，不要东张西望，也不要坐在那儿发呆，或摆弄餐具餐巾，也不要眼睛直盯盘中菜肴，显出迫不及待的样子。而应该双手放在自己的腿上，神态自如，风度优雅地和邻座的客人轻轻谈几句，或是神态安详地倾听别人的谈话。如果服务员送上湿毛巾，应礼貌地接下并轻轻擦拭一下自己的双手，然后放在桌沿上，绝不能用它擦脸或脖颈和手臂，哪怕你此时汗流浃背。

（5）使用餐具的礼仪。

①正确使用餐巾：要将桌上的餐巾完全打开平铺在自己的双腿上。中途因故离开座位时，可将餐巾稍微折一下放回桌上，绝不能将餐巾放在椅子上。用餐完毕，用餐巾轻轻擦拭嘴唇和嘴角，然后顺势放在餐具右手边。餐巾不能放在椅子上，也不能叠得方方正正地放在一边。

②使用筷子的礼仪：规范的握筷方式是用右手大拇指和食指相对，五指握在筷子三分之二处。用餐时，应先用公用筷子或汤匙将菜肴夹或舀到自己的餐盘中，然后再用自己的筷子慢慢食用。用筷时，一忌每次夹菜太多；二忌夹菜到自己餐盘时滴汁不断；三忌用筷前在桌上笃齐；四忌用筷在菜盘中挑拣；五忌用筷在汤中洗刷；六忌用筷敲打餐具；七忌用筷指点人；八忌用汤匙舀汤时，手里同时拿着筷子。如果吐骨头之类的杂物，应用筷子放在嘴唇间将杂物接送到自己的碟盘中，不能直接吐在桌布上。不要用自己的筷子替别人夹菜，也不要把自己的筷子架在公用的菜盘上。

③用汤匙的礼仪：舀汤时，应放下筷子再用汤匙。用毕汤匙，应将其放在自己的碟盘中，不能直接放在桌布上。用公用汤匙盛汤、调料，自己的汤匙只用来喝汤。

（6）席间礼仪。

就餐的动作要文雅，夹菜动作要轻。要把菜先放到自己的小盘里，然后再用筷子夹起放进嘴里。送食物进嘴时，不要狼吞虎咽，要小口进食，两肘向外靠，不要向两边张开，以免碰到邻座。谈话声音不要过高，口内含有食物却和人说话是极不雅观的。席间尽量不要打嗝、咳嗽。如果忍不住，可用餐巾捂住嘴，头转向一边，事后向旁边的人道歉。不要在吃面条、喝饮料、喝汤时发出声响。用餐时汤菜太热，不要用嘴吹，应稍等片刻，等略凉些时再吃。餐桌中间的转盘要顺时针转动，每上一道菜要先转到主宾面前。看到有人在夹菜要先等一下再转动转盘。用餐时，如要用摆在同桌其他客人面前的调味品，先向别人打个招呼再拿；如果太远，要客气地请人代劳。不要站起来夹菜。如在用餐时需要剔牙，要用左手或手帕遮掩，右手用牙签轻轻剔牙。用餐期间不要脱外衣，更不要中途脱外衣。喝酒的时候，一味地给别人劝酒、灌酒，吆五喝六，特别是给不胜酒力的人劝酒、灌酒，都是失礼的表现。如果宴会没有结束，但你已用好餐，不要随意离席，要等主人和主宾餐毕先起身离席，其他客人才能依次离席。

(7) 座次安排。

“排定座次”，是整个中国宴会中最重要的一项。一般都要事先安排好桌次和座次。总的来讲，座次“尚左尊东”，“面朝大门为尊”。

排定桌次：桌次地位的高低，以距主桌位置的远近而定。以主人的桌为基准，桌次是右高左低，近高远低。

排定座次：座次即席位，正式宴会一般均排席位，也可只排部分客人的席位，其他人只排桌次或者自由入座。无论采用哪种做法，都要在入席前通知到每一个出席者，使大家心中有数，现场还要有人引导。大型的宴会，最好是排席位，以免混乱。

按国际上的习惯，同一桌上，席位高低以离主人的座位远近而定。外国习惯上男女穿插安排，以女主人为准，主宾在女主人右上方，主宾夫人在男主人右上方。我国习惯按各人的职务排列，以便于谈话，若夫人出席，通常把女方排在一起，即主宾坐男主人右上方，其夫人坐女主人右上方。两桌以上的宴会，其他各桌第一主人的位置可以与主桌主人的位置同向，也可以以面对主桌的位置为主位。

2. 涉外餐饮礼仪

西餐礼仪：

(1) 赴宴前准备。

西餐赴宴，赴宴要准时。请柬中往往写明“请穿礼服”，并带好手帕、面巾等物品。赴宴需带礼品，一般带一瓶葡萄酒、一盒巧克力或一束鲜花即可。

(2) 座次安排。

西餐的座次安排与中餐不同，西餐的讲究是：主客相隔而坐，男女相隔而坐，夫妻分开而坐。即使餐桌上有座签，也需等主人带领才能入座。

(3) 入席礼仪。

入席时，男主人带领女主宾第一个入席，女主人带领男主宾最后一个入席，其他客人由服务员引座。最得体的入座方式是从左侧入座，男性要为左边的女性拉开椅子。当椅子被拉开后，身体在几乎要碰到桌子的距离站直，领位者会把椅子推进来，腿弯碰到后面的椅子时，就可以坐下来了。用餐时，上臂和背部要靠到椅背，腹部和桌子保持约一个拳头的距离。两脚交叉的坐姿最好避免。在宴请没有女主人时，双方身份最高者最先入席。

入席后，女主人拿起餐巾打开，表示宴会正式开始。客人这时才可打开餐巾，对折后放在膝盖上，不可以塞在领口处。餐巾只能用来擦嘴，不能用来擦汗。用餐前，女性最好把唇膏擦掉，以免印在餐巾和酒杯上不雅。

(4) 退席礼仪。

女主人或第一主人看到大家用餐基本完毕时，才可以放下手中的餐具，把餐巾稍加折叠放在桌子上，表示宴请结束。大家应马上停止用餐，把餐巾放在桌上，跟着女主人退席。退出时仍从椅子左侧退出，告辞时应向主人表示感谢。

(5) 席间礼仪。

正确使用餐具。西式餐具主要是刀、叉、匙。正确的持刀姿势是大拇指与食指相对，五指相握在刀柄处。正确的持叉姿势是五指轻握持住叉柄，叉柄顶端应处在食指的第二关节处。正确的持匙姿势和持叉姿势相同。

用餐时，左手持叉，右手用刀，用刀叉切割食物时，应用叉牢牢按住所切的食物，刀紧贴在叉边切下以防滑开；不能用力过猛，否则会发出刺耳响声。一般应切一块吃一块，每一块以一口咬下为宜。使用盘中的黄油刀抹油时，应在盘子里或盘子上部进行。把黄油刀稍靠右边放，刀柄放在盘边外面以保持清洁。用完一道菜时，应将刀叉平行排放在盘子的右侧，叉尖向上，刀刃向内。如果未用完，正确的摆放姿势是刀叉相交成夹角，叉尖向上。汤匙专用于喝汤，不宜用来进食，但可以与叉并用，帮助叉盛取食物。喝汤时，应用右手持匙，左手扶着盘子，由自己方向向桌中心方向慢慢舀，喝剩少许时，应用左手把汤盘靠自己一边稍提起，再用汤匙轻轻地由里向外舀。喝完以后，汤匙应放在盘子里，匙心向上，匙柄置于盘子右边缘外。

全套西餐上菜顺序。正式的全套西餐上菜顺序是：汤或前菜（冷食）→鱼→主菜（肉类菜）→色拉→甜食（布丁或冰激凌）或咖啡→水果。

西餐上酒次序。西餐不论是便餐还是宴会，十分讲究以酒配菜。总的来说，就是口味清淡的菜式与香味淡雅、色泽较浅的酒品相配，深色的肉禽类菜肴与香味浓郁的酒品相配，餐前选用开胃的各式酒品，餐后选用各式甜酒以助消化。

喝咖啡的方法。可用小茶匙自取一些牛奶和糖放入杯中轻轻搅拌，小心不要溅出来，搅拌后把茶匙放回小碟里，不要用小茶匙盛咖啡或茶喝。

进餐速度。进餐速度最好与大家一致，不要太快也不要太慢。太慢了，大家还要等你，下一道菜上不来；太快了，你要等大家，无事可做，有点尴尬。

第四章　秘书工作

第一节　秘书工作的内容

本章所讲的秘书工作，是指我国现当代时期的秘书工作。

一、秘书工作的概念

秘书工作有广义和狭义两种释义。广义的秘书工作指秘书部门的工作，包括“秘书部门”的整体及其所包含的工作范围，此秘书部门可能是高层次秘书部门的整体工作，也可能是低层次秘书部门的整体工作；狭义的秘书工作指在秘书部门的秘书人员所承担的各项工作，通常指秘书各个岗位的业务，即“秘书人员”的个体及其所承担的业务范围。

二、秘书工作的内容

无论是以秘书部门还是秘书人员的视角来解读，秘书工作都是通过具体内容来实现其职能的。本书从较大的内容模块角度，将秘书工作的内容分为事务管理、会务管理、公文拟制与处理、办公自动化等模块。

事务管理模块包括：办公环境管理、通信管理、接待事务、印信管理、值班事务、调查研究、信息工作、时间管理、督查工作、信访工作、办公用品与备用金管理、档案工作、会议室与车辆安排等工作内容。

会务管理模块包括：会前筹备、会中服务、会后落实等管理工作内容。

公文拟制与处理模块包括：党政机关公文拟制、党政机关公文办理、党政机关公文管理等工作内容。

办公自动化模块包括：常用办公室设备与器具的使用、办公设备与器具的保养、办公OA 管理系统的使用等内容。

第二节　秘书工作的性质

秘书工作是一项涵盖面极广的管理性工作，其重要性是十分明显的。任何国家党政机关、企事业单位、民间团体等的正常运转都有赖于秘书工作的良好开展。秘书工作的性质可归纳为政策性、辅助性、服务性、综合性、机密性、差异性六点。

一、政策性

秘书工作的政策性要求秘书人员具有较高的理论水平和政策水平，熟悉国家法律、法规，能正确理解执政党和政府的各项方针、政策。其实，秘书部门的多数工作都涉及党和国家的方针、政策、法律制度。党政机关的秘书工作本身就是贯彻落实政策的；企事业单位、社会团体的秘书不仅在公文拟制与处理工作中要符合党和国家的方针、政策，而且在辅助领导出谋划策和处理日常事务时，也必须熟悉国家的相关方针、政策，如金融政策、税收政策、拆迁征地政策等。

二、辅助性

从根本上说，秘书工作处于辅助性地位。这是因为：第一，秘书工作从属于领导或领导部门的工作并围绕其展开工作；第二，秘书只是辅助领导工作，秘书没有决策权，只是为领导的决策提供文件资料、信息以及意见或建议，为领导的管理起到承上启下、内外协调和平衡的作用，秘书人员必须服从领导的指挥，按领导的意图办事，不可随意改变和任意超越。

三、服务性

秘书工作的辅助性，决定了秘书工作的服务性。因此，为领导与部门服务是秘书工作的出发点与落脚点。领导机关和领导人是组织的核心，领导机关与领导人的管理对象涵盖整个组织，所以秘书人员在为领导机关和领导人提供服务的同时，还应当为整个组织提供服务。秘书工作的服务性要求秘书人员树立强烈的服务意识，化被动为主动，积极地、创造性地做好各项事务工作。

四、综合性

由于秘书机构是综合性办事机构，秘书工作也就具有明显的综合性。具体表现在以下三个方面：一是秘书工作的内容纷繁复杂，且涉及本机关的全部工作；二是秘书部门处于机关的枢纽地位，担负着沟通上下、联系左右之责；三是秘书人员在办文、办会和向领导反映情况以及处理日常事务性工作时，必须对各方面情况进行综合，才能有效地为领导者提供协助与服务。

五、机密性

秘书工作的内容决定了秘书能够比其他工作人员了解到更多重要的机密信息。因此，秘书工作的机密程度要远远高于其他部门的工作。秘书工作的机密性要求秘书人员应具有高度的责任感、严格的纪律性，树立正确的保密观念和法律意识。对自己所知晓的秘密事项必须做到守口如瓶。因此，保守机密是对各类机关单位秘书工作的一项普遍要求，没有任何例外。

六、差异性

秘书职业与其他职业存在着很大的差异，不同机构、不同行业、不同层次、不同岗位的秘书人员，所从事的工作内容、工作方法也各有其特殊性，例如，党政机关的公务秘书与民营公司的企业秘书、中央军委的秘书与县医院的秘书等，工作内容、工作方法等的个性区别就非常大。

第三节 秘书工作的特点

秘书机构和秘书人员是为领导提供最佳决策的部门和人员，即所谓的“领导的助手、参谋”和“智囊团”，因此，秘书工作有如下特点：

一、专业性与综合性相统一

秘书工作具有很强的专业性。当今社会，现代管理的科学化对秘书工作的专业化要求越来越高，秘书必须具有较高的政策水平、理论水平和写作水平，有较强的参谋能力、调研能力、信息处理能力和办文能力，熟悉文书、档案、保密、信访、会务、通信、礼仪等方面的知识，熟练操作现代化办公设施等。秘书工作的专业性，还体现在不同行业的秘书必须熟悉所在行业的专门知识。例如，党委秘书要熟悉党务工作知识，行政秘书要熟悉行政管理知识，企业秘书要熟悉企业管理和商品经济知识，司法秘书要熟悉法律知识等。秘书对行业知识越精通，工作起来就越得心应手。

同时，秘书工作具有突出的综合性。首先，秘书工作涉及的范围和内容非常广泛，要起草文件、搜集信息、调查研究、处理日常事务、接待来访、安排会务等，更重要的是，领导工作的全局化特点，决定了秘书工作具有高度的综合性。因为任何一级领导都处于不同层次的管理系统的最高位置上，都必须总揽全局，预测发展，统筹规划，综合协调。秘书人员作为领导的参谋助手，要求他们必须具有全局观念，立足领导工作的全局，站在领导者的角度观察、分析和处理问题，提出参谋建议，做到虽不在其位，但要“谋”其政。因此，秘书人员必须具有较宽的知识面，成为本单位的“通才”和“杂家”，以适应领导者驾驭全局的需要。

要做好秘书工作，必须把握好专业性与综合性的辩证关系。秘书人员的专业知识越丰富、越全面，总揽全局的综合能力也就越强；秘书人员的综合能力越强，对全局了解越透彻，也更有利于对专业知识的掌握。二者相互结合，相互促进。

二、被动性与主动性相统一

秘书工作的辅助性，决定了它的被动性。这种被动性表现为：秘书作为领导的参谋助手，必须按照领导的意图办事，不能自行其是。尽管秘书可以向领导提出不同的意见和建议，但在行动上必须坚决服从领导，奉命行事；秘书部门是单位的枢纽与桥梁，随机性的事务较多，事先难以预计，虽然秘书部门也有自己的计划与安排，但往往变动性较大，随机性强，临时应对多，从这个意义上说，也属于被动性工作。

现代社会，科学技术突飞猛进，知识经济迅速突起。领导的决策也由原来的经验决策转变为科学化决策，甚至是创新化决策，这是科技与管理大发展的必然趋势。秘书部门作为辅助领导决策的一支特殊力量，必须捕捉最重要的信息和掌握最新的知识来协助领导工作。尽管秘书人员在工作中要受到领导意图的制约，但他们仍然有发挥主观能动性的广阔天地。例如，秘书人员要善于领会领导的意图，紧紧围绕中心工作，寻找主动出击的突破口；要有超前意识，增强工作的预见性；要勤动脑，多思善想，积极主动地向领导提出建设性的思路；在纷繁的信息中筛选出重要信息，提供给领导，使之成为领导决策的重要依据；及时收集、分析、反馈信息，帮助领导纠正工作偏差等。因此，新形势下，秘书人员不要被工作“被动论”的观念所束缚，而要树立积极、主动的 理念，出色地做好本职工作。

秘书工作要处理好被动性和主动性的关系，正确的做法是：秘书人员在工作中既要不折不扣地贯彻领导意图，执行领导指示，又要充分发挥主观能动性，创造性地贯彻领导意图，力求从被动中争取主动，不断开创秘书工作的新局面。

三、机密性与群众性相统一

秘书部门是领导中枢的综合办事机关，秘书工作具有很强的机密性。秘书人员处于领导近身，必然要接触到各种机密，例如，企业秘书肯定先一步了解本公司的营销计划和手段、客户名单，以及没有正式公布的股东会、董事会决议等商业秘密。然而，秘书部门又是领导汇集信息的中心，是联系各方面的桥梁和纽带，其工作特点又具有广泛的群众性。文件的拟制、人员的任免、决策的实施，都涉及群众的切身利益，因此，必须广泛听取群众意见，倾听群众的心声。秘书在与投资者、客户、消费者打交道时，也要广泛了解、听取他们的意见和建议，为领导决策提供依据。

秘书工作的机密性与群众性是对立统一的辩证关系，如果秘书在工作中只看到机密性而忽视群众性，就会割断领导与群众的联系，造成信息不灵、情况不明。反之，如果秘书在工作中只看到群众性而忽视机密性，就会丧失警惕性，泄露机密，使单位处于被动位置，给单位带来损失。因此，秘书在工作中必须妥善处理好机密性与群众性的关系。既要坚持密切联系群众，又要时刻保守机密。

四、经常性与偶然性相统一

秘书工作既有常规性，又有偶然性，二者形成了经常性与偶然性对立统一的规律。秘书工作的常规性主要表现在经常出现的办文、办会、办事等工作上，还包括各时间节点的计划与总结、重大节日领导的活动安排等，这些工作都是事先能预见的、有计划的。秘书部门内部分工较明确，秘书只要各司其职，按章办事，就能保证工作的正常运转。秘书做好常规性的工作，有利于提高领导机关的整体工作效能。但是，秘书工作中经常也会遇到一些事先未预计到的突发性事情，而且要求秘书必须刻不容缓地解决。例如，偶然受命调查或督查某一事件，为临时决定召开的会议迅速做出组织安排，向突然到来的上级视察员提供相关资料等。所有这些，秘书必须按照领导的要求迅速完成，不得延误。此时就要求秘书人员胆识兼备，随机应变，既要迅速敏捷，又要沉着冷静。完成偶然性任务，还要求秘书人员有过硬的素质和吃苦的精神。

秘书既要有条不紊地完成好经常性工作，又要能应对突如其来的复杂情况，实际上两者是有内在联系的。如果秘书积累了常规工作的处理经验，对各类问题的背景材料了如指掌，办事渠道畅通，一旦遇到突发事件，也能从容应对。同时，经常承担突击性任务，能够锻炼和提高秘书人员的工作能力，有助于他们做好经常性的工作。

第四节　秘书工作的原则

秘书工作的原则是指人们的言行所依据的法则。秘书工作作为一项专业化的社会职业，必须遵守如下原则：

一、准确性原则

准确性原则，是衡量秘书工作质量的首要标准，“实事求是”贯穿于秘书工作的始终。秘书工作是为领导决策提供真实信息的，即按照事物的规律办事，真实地反映情况，不能夹杂个人情感，只有这样，才能向领导提供准确的决策依据，才能协助领导避免决策的失误，确保领导工作和机关工作的准确性，也就维护了领导工作和机关工作的权威性。

秘书工作的准确性原则，要求做到：准确理解和执行党和国家的方针、政策；准确收集和提供领导工作需要的信息资料；准确判断和贯彻领导的意图；准确处理各种日常事务；准确地办理领导交办的临时事项和突发事件；准确地进行文字表达和口头表达等。

二、及时性原则

准确是对秘书工作质量的要求，那么，及时则是对秘书工作数量的要求，即要求工作迅速、高效，切忌拖拉疲沓、松散怠慢、拖泥带水。秘书工作效率的高低，往往影响到领导工作的进展，关系到整个组织工作的运转。因此，秘书必须科学地安排时间和使用有效手段，如借助办公设备和先进技术，以使中转过程加快。

秘书工作的及时性原则，要求做到：树立正确的时间观念，以适时为本，该快则快，该慢则慢，快慢适中；以较少的人力、物力和时间成本，获取较大的工作效果；分清轻重缓急，重要的工作、紧急的工作要首先去做，花心思去做，直到取得满意的结果；要变被动为主动，对于常规性的工作，应积极主动，尽可能做到快捷、迅速、及时。

三、严谨性原则

严谨性原则，是对秘书的工作作风要求。秘书工作大多属于日常事务性工作，涉及的事务很杂，因此，秘书对情况掌握要准，主意要慎，办事要稳，切忌丢三落四，粗枝大叶。秘书的工作作风代表着一个部门、一个组织的面貌，哪怕是一件微不足道的琐事，如果处理不当，也会对涉及全局的领导工作和机关工作产生不良影响。

秘书工作的严谨性原则，要求做到：严密地思考，做到没有疏漏；周详地运作，做到正确无误；谨慎地行事，争取受到相关工作当事人的认可与好评。

四、同步性原则

同步性原则，是对秘书工作情势的要求。秘书工作的辅助性，决定了领导工作与秘书工作的关系是一种工作上的主辅关系。保持秘书工作与领导工作的同步运行，思领导所想，行领导所望。

秘书工作的同步性原则，要求做到：同步思维，既有对当前和今后工作的宏观思考，又有对具体工作的微观思考；同步行动，领导工作确定之后，接着便是一系列的领导行动，对此，秘书要及时到位，同步运行，尽量做到“招之即来，挥之即去”；同步提高，秘书人员必须努力提高自己的综合素质，以便与领导者综合素质的提高保持同步。

五、保密性原则

保密性原则，是对秘书工作的纪律要求。秘书人员必须严守党和国家的秘密，不得有泄密的行为发生。秘书部门处在领导核心的要害地位，接近领导核心，秘书人员应该做到：领导谈话，不该问的不问，不该听的不听，领导“密本”不该看的不看；处理要务、管理机要文件等，秘书人员必须牢固树立保密意识，时刻保持清醒的头脑，警惕他人的窃密行为；为保证单位的机密安全，还要制定和健全保密制度，如文件、材料、信函、会议记录等，都要有登记、收回、归档等制度，以保证单位信息的整体安全。

秘书工作的保密性原则，要求做到：强化保密意识，对于保密的意义和泄密的危害，秘书人员应有清醒的认识、深刻的了解，以保持高度的警惕性；具备法律知识，熟知国家保密法规，明确国家和组织对秘密规定的范围和等级，以及保密工作的方针、制度和法律责任；要严守保密纪律，并敢于同一切泄密和窃密行为做斗争。

第五节 秘书执行工作任务的途径

秘书是辅助领导和协助处理事务的人员，秘书除日常工作需要自行处理外，还需要辅助领导或协助相关部门处理事务，因此，秘书执行工作任务需要与领导取得联系，经常采用如下途径：

一、领导授意

辅助领导是秘书工作的出发点与落脚点，秘书工作围绕领导或领导部门的工作而展开，为领导的管理决策起到承上启下、内外协调和平衡的作用。秘书工作大多来自领导的授意，因此，秘书欣然接受和准确领会领导意图是发挥参谋助手作用的前提。

（一）把握领导工作的重心

工作重心是领导在一定时期内分出工作的轻重缓急的集中表现，领导会将心思和精力放在重大紧急的工作上，秘书人员应领会其意图，保持与领导同步，想领导之所想，行领导之所行。

（二）熟知领导个性化的特点

由于领导的个性、习惯、文化程度和工作方式的不同，其授意的方式也不尽相同：从授意方式上，有直接式和委婉式；从授意程度上，有简单式和详尽式；从授意内容上，有观点式和素材式；从授意频率上，有一次式和多次式。这就要求秘书人员具有“看人下菜碟”的本事，以适应不同领导的意图。

（三）把握领导的潜隐意图

服务于领导是秘书人员的工作宗旨，很多工作是秘书人员在幕后完成的，有时秘书人员的工作成果却被领导的工作成果所覆盖，甚至全部转化为领导的工作成果。在这种时候，秘书人员要摆正与领导的工作关系，不计较个人名利，甘当幕后能人。

（四）理解领导的暗示意图

领导授意有明示与暗示之分，秘书人员要理解领导意图的精神实质，要善于抓住领导的思想主线和启发的闪光点，且不折不扣地认真贯彻执行。

二、请示领导

请示是秘书人员在工作中有疑难问题无法处理或者无权处置时向领导提出的请求，以取得领导的批准或指导。秘书人员必须按领导意图办事，不得擅作主张，不得越权，因此，请示是秘书人员务必遵守的工作纪律。

（一）准确选择请示对象

秘书人员要遵守“按照领导分工，对口请示”的原则，即请示分管的上一级直接领导，避免多头请示和越权请示，以免造成领导之间或者秘书人员与领导之间的矛盾冲突。

（二）正确判断请示内容

一般情况下，常规性工作或者属于自己职权范围内的事情，无须请示。凡遇重要疑难问题无法处理或者无权处置时，如涉及国家方针、政策等重大事项时，必须请示。

（三）恰当使用请示形式

向领导请示有两种形式，即口头请示和书面请示。如遇到涉及国家方针、政策等重大事项时，必须书面请示，以示慎重，并须存档便于日后备查，书面请示切忌一文多事；一般的事务性的小事，即便比较紧急，也只须口头请示领导，领导当即答复即可。

（四）迅速抓住请示时机

秘书人员请示必须在事前进行，待领导指示或者批准后方可付诸实施，切忌"先斩后奏"。只有在突发的特殊情况下才可以"先斩后奏"，但事后的解释工作要做到"合情合理"，求得领导的认可与理解，否则难免给自己的工作带来困扰。

三、报告领导

报告是秘书人员向领导反映情况，提出建议或者应领导的要求所做的汇报。与请示相反的是，报告不需领导给予答复。

（一）报告的内容需真实

秘书人员向领导所报告的内容不外乎当前工作的进程、发生的重大问题、建设性意见、领导要求得知的情况等，汇报内容的客观性及价值就是真实性和实用性，切忌空泛和虚假。

（二）报告的形式需灵活

向领导报告有两种形式，即口头报告与书面报告。口头向领导报告，可以通过电话或面对面的交流，这样能够及时回答领导提出的相关问题；若采取书面形式向领导报告，就显得比较正规，便于领导日后反复查看和思考。

（三）报告的时机需适当

秘书人员要适时向领导做出报告。秘书是领导的近身助手，时间、地点都非常方便，应将新近发生的情况及时报告给领导，以便领导迅速做出恰当的安排与处理，尤其是工作的进程、发生的重大问题、建设性的意见和领导想要得知的情况等，这对领导做出决策具有重要的参考价值。

（四）报告的语言要讲究

无论是口头报告，还是书面报告，都要主题明确、条理清晰、语言简洁，尽量把领导阅览报告的时间降到最低，以减轻领导的工作强度，也便于领导及时做出总结性的思考和判断。

第六节 秘书工作的制度

我国秘书工作已经延续了数千年，秘书官吏名目纷繁，秘书人员的称谓五花八门，秘书机构不断演进成熟，随着时代的进步，各种秘书工作的规制也随之逐渐完备。

一、封建社会的秘书工作制度

我国秘书工作制度产生后，经历了封建社会的漫长发展过程。在演变过程中，我国秘书工作制度一方面体现了它的继承性，另一方面体现了它的渐进变革和不断发展，直至目前，我国的秘书工作制度才到了比较“完备”的时期。封建社会的秘书工作制度摘录如下：

商朝时期建立的文书用印制度；

西周时期建立的保密制度、副本制度；

春秋战国时期建立的文书驿传制度；

秦汉时期建立的秘书官员分工责任制度、文书工作制度、公文运行传递制度、参谋谏言制度、文档图书管理制度；

汉代时期建立的秘书察举征辟选拔制度；

唐代时期建立的三省制度、一文一事制度、公文保密制度、信访制度、帖黄引黄制度；

宋代时期建立的档案管理制度、公文折叠制度、公文收发登记催办制度、公文移交制度、统一用纸制度等；

元代时期建立的一案一卷制度、公文署押制度、公文磨勘制度、公文注销制度等；

明代时期建立的急密文书制度、条旨（批红、票拟）制度；

清代时期建立的密奏制度、限期承办制度、行移勘合制度、内阁属官制度等。

二、新中国的秘书工作制度

新中国成立后，秘书工作经历了制度化的发展。国家在吸收秘书历史经验的基础上，逐步建立了适应社会主义新中国的秘书工作机构，党政系统相继出台了一系列制度和政策，摘录如下：

1949 年国务院发布的《简化公文公约》；

1949 年中共中央办公厅发布的《关于文电处理工作的决定》；

1950 年中共中央办公厅发布的《关于统一文件纸形与格式的规定》；

1951 年中共中央办公厅和政务院秘书厅发布的《公文处理暂行办法》；

1951 年中共中央办公厅和政务院秘书厅发布的《保守国家机密暂行条例》；

1951 年中共中央办公厅和政务院秘书厅发布的《关于加强文书处理工作和档案工作的决定》；

1951 年中央人民政府政务院发布的《关于处理人民来信和接见人民工作的规定》；

1951 年中央人民政府政务院发布的《关于各级政府机关秘书长和不设秘书长的办公厅主任的工作任务和秘书工作机构的决定》；

1951 年中共中央办公厅发布的《关于纠正电报、报告、指示、决定等文字缺点的指示》；

1951 年中央人民政府政务院发布的《关于学习标点符号用法的指示》；

1955 年中共中央办公厅发布的《中国共产党中央和省（市）级机关文书处理工作和档案工作暂行条例》；

1956 年中共中央办公厅发布的《中国共产党县级机关文书处理工作和档案工作暂行办法》；

1956 年中共中央办公厅发布的《关于机要秘书工作暂行条例的规定》；

1957 年国务院秘书厅印发的《关于对公文名称和体式问题的几点意见（稿）》；

1964 年国务院秘书厅发布的《关于秘书工作部门对公文文稿进行把口的几点意见》；

1964 年中共中央办公厅发布的《关于秘密文件管理工作的暂行规定》、《关于机要秘书工作的暂行规定》；

1980 年中共中央办公厅发布的《中央收发文件、电报批抄、注办工作的原则与方法》；

1980 年中共中央办公厅发布的《关于中央领导同志机要秘书工作的暂行规定》；

1981 年国务院办公厅发布的《国家行政机关公文处理暂行办法》；

1986 年中共中央办公厅、国务院办公厅发布的《关于加强县以上领导机关秘书工作人员管理的规定》；

1987 年国务院办公厅发布的《国家行政机关公文处理办法》；

1988 年国家技术监督局发布的《国家机关公文格式》；

1989 年中共中央办公厅发布的《中国共产党各级领导机关文件处理条例（试行）》；

1996 年中共中央办公厅发布的《中国共产党机关公文处理条例》；

2000 年国务院办公厅发布的《国家行政机关公文处理办法》；

2012 年国家质量监督检验检疫总局、国家标准化管理委员会发布的《党政机关公文格式》；

2012 年中共中央办公厅、国务院办公厅发布的《党政机关公文处理工作条例》。

第七节　秘书工作的规律

秘书工作的特点决定了秘书工作具有独特的规律。秘书工作的规律，是指在秘书工作实践中，不同的业务范畴中特有的规律，它是不同的业务工作中固有的、本质的、稳定的关系和联系，是秘书工作一般规律在秘书活动特定领域的突出体现。

一、不同行业的秘书工作有各自的特殊规律

随着社会经济的飞速发展，社会职业分工越来越细，秘书工作职业化得到了快速的发展。如今，秘书工作已成为从业人数众多、遍及社会各个行业领域的职业。秘书职业具有特定的从业要求、特定的工作内容、专业教育体系和专门的职业管理规范。秘书工作正在向着不同行业、不同层次、不同业务范畴、不同岗位的分工趋势发展。例如，一个党政机关秘书、一个高等院校教学秘书和一个民营公司的企业秘书的工作内容有着极大的差异，表现出不同的工作规律。

二、不同工作范畴有各自的特殊规律

不同业务范畴的秘书工作有着各自的特殊规律，秘书人员在各自职责范围内的一切活动对整体功能的产生起着不同的作用，这不仅诠释了秘书各自职责工作做什么的问题，也厘清了秘书各自职责工作为什么做和应当怎样做的问题。即便是同样的“办文”、“办会”、“办事”业务，处于不同的工作范畴，都有各自的特殊规律。例如，秘书业务范畴可以细分为文字秘书、机密秘书、涉外秘书、档案秘书、信访秘书、通信秘书、事务秘书、公关秘书、生活秘书等。

三、经常性工作规范化、程序化的规律

秘书工作事务中，有大量的属于重复出现的、经常性的工作，如拟写文件、会务安排、接待来访、电话处理工作等。虽然在不同的行业系统、不同的机关，秘书工作中的常规性工作存在很大差异，但在同一行业系统和同一机关内，这些反复出现的、经常性的工作是有规律可循的。

秘书工作的程序化规律非常明显。中华人民共和国人力资源和社会保障部颁布的《秘书国家职业标准》对秘书的定义为：“秘书是从事办公室程序性工作……的人员。”秘书所做的每项工作都存在着“先做什么，后做什么”的程序化要求。

目前的秘书工作实践，随着经验的积累和对经常性工作的有关要素之间的关系的科学认识的深入，为了提高效率和加强管理，必然要制定有关工作规范、工作程序的工作要求，并尽可能纳入办公自动化控制系统，使这些工作实现程序化，由此为领导管理工作提供优质的服务和辅助。

第五章　会议管理

第一节　会议基本知识

会议是现代社会人们常见的沟通方式之一，是社会组织之间及社会组织内部沟通情感、协商事宜、交流信息、达成共识的一种重要的行为过程。因此，秘书人员掌握会议管理的知识和技能是十分必要的。

一、会议的概念

“会”是多人聚在一起，“议”是协商事情。“会议”是指人们聚集在一起商量事情、交流信息、沟通情感、统一思想、达成共识等的一种行为过程，是人们在生活、工作中处理有关问题的一项程序性的活动形式。孙中山在《民权初步》中说：“凡研究事理而为之解决，一人谓之独思，二人谓之对话，三人以上而循有一定规则者，则谓之会议。”

由此可知，会议必须具备三个条件：一是必须有3人及其以上参与；二是必须有议题或目标；三是必须通过一定的程序。

二、会议的构成要素

会议是由多种要素构成的一种综合性活动方式，任何会议都是由一定的要素构成的。相对来说，会议规模越小，可省略的要素就越多，会议的要素就少些；会议规模越大，可省略的要素就越少，会议的要素就多些。

会议构成要素包括会议名称、会议议题、会议主题、会议时间、会议地点、与会者（主办者、主持者、参加者）、会议议程、会议日程、会议目标等。

会议名称，是给会议起的名字。会议名称要求能概括会议的内容、性质、参加对象、主办单位，以及会议时间、届次、地点、范围、规模等。如“广州白马开发技术股份有限公司第八次（2014）股东大会”就显示了单位、时间、届次、范围、规模、性质、参加对象。根据会议内容和性质的不同，会议名称可简略，也可详尽。

会议议题，是根据会议目标来确定并付诸会议讨论或解决的具体问题。根据会议内容和性质的不同，会议议题少则一个，多则若干个。确定会议议题时应遵循必需、清晰、有限和相近的基本原则：①必需原则，指所拟定的议题有无在会议上讨论研究的价值和可行性；②清晰原则，指所拟定的议题的主旨一定要清晰明白；③有限原则，指议题数量必须是在一定限度内，因为受会议时间的限制；④相近原则，指会议议题之间的内在联系，尽量将内容相近、相互联系密切的议题放在一次会议上讨论。

会议主题，是根据会议议题概括出的主题性口号。一般来讲，大中型会议才有确立主题的必要，小型或日常会议不必确定主题。如“2014 年中国环境科学学术年会”，主题是“环境科技创新·产业升级·新型城镇化”。

会议时间，是指会议召开的时间点和会期两方面。时间点的选择要恰当，既要避开重要节日、重大事件和其他重要会议，又要考虑到与会者的相关情况，以便使与会者集中注意力，专心开会，从而提高会议的效率和质量；会期指会议开会的上界到闭会的下界，时间的长短根据会议的议题而定。

会议地点，指开会的地方。安静、舒适、优雅的环境，齐备的会议设施有助于提高会议的效率和质量。根据会议性质和内容，通常选择会议中心、会展中心、酒店、远郊宾馆、度假村以及高等院校等作为举办会议的地点。

与会者，指参加会议的人，包括主办者、主持者、参加者。主办者是指具体策划、发起会议的单位或个人。有些会议直接由主办者组织，而有些会议可以由主办者发起，承办方具体组织实施。在实际会议工作中要分清主办、承办、协办之间的区别，以及各自所承担的职责。主持者即主持人，是会议中的特殊角色，主持人的任务是有效地组织会议，介绍领导、来宾，说明会议的意义，控制会议进程，调动听众情绪，营造会场气氛，对会议进行总结等。参加者即会议的听众。

会议议程，即会议的程序，会议各项议题按照一定的原则和顺序编排起来的书面形式，是会议的概略安排。编排会议议程应遵守如下原则：①轻重缓急原则，即紧要的、重大的事项应排在会议议程的前端处理，相反则应排在议程的后端处理；②明确时间原则，即每一个议题应预估所需的处理时间并明白地标示出来；③保密性原则，指紧要的、重大的保密性议题也应排在会议议程的后端处理。

会议日程，是指会议在一定的时间单位内的具体安排。编排会议日程应遵守的原则是：①议题要精简、高效；②要松弛有度，符合人体的生理和心理规律。

会议目标，即会议结果，是以解决问题为目标的社会活动。因此，所有的会务工作都必须围绕着会议的结果展开，以使会议达成最终目标。

特别提示：

会议议题与会议主题是相互关联又有明显区别的两个概念。会议主题一定是围绕着议题的，是议题的高度概括。要注意，每次会议只有一个主题，而议题则可以有多个。例如，2014 世界旅游旅行大会发布会，其主题是：“变化的世界，全新的视野”，议题有八个：旅游及旅行：不确定的世界中一种善的力量；亚洲经济、政治及人口变化对旅游业的影响；新的观点，新的方法；中国巨大的潜力和不小的问题；部长观察：从政治前沿看旅游业的发展；旅行、旅游及贸易：世界增长之钥；超越经济：旅游及旅行业的新使命；领先明日。

会议议程和会议日程是相互关联又具有不同功用的两个概念。会议议程解决的是这些天“概略”的“先做什么，后做什么”的问题，而会议日程解决的是“具体”的“每天、何时、在哪、每人做什么”的问题。会议议程包含在会议日程之中。

三、会议的功能

（一）传达领导意图

涉及事项比较复杂、承担任务的人员比较多时，领导往往通过会议的形式布置工作、下达任务、发出指令，以达到统一认识、统一行动、统一标准和统一成果的目的。

（二）提供信息

在信息一体化的今天，会议已经成为人们交换信息、获取信息的重要形式。虽然各种媒体也能为人们提供大量的信息，但会议作为一种面对面的交流方式，可使与会者不仅从主办者、组织者、演讲者、发言代表那里获得相对集中的信息，还可以从众多的与会者中获得多渠道的全面信息。

（三）交流经验

会议为与会者提供了交流经验的机会和平台。会议中，既可以交流管理理念、经营策略方面的信息，也可以交流技术创新、生产流程、操作工艺方面的心得；既可获得内部的交流，也可获得行业之间、甚至是国际之间的交流。通过会议交流，与会者能够相互借鉴，取长补短，共同提高。

（四）解决问题

通过会议，可以将问题所涉及的各方面的人员聚集在一起，用有限的时间高效地解决彼此之间的矛盾，达成谅解，找到最佳解决方案。还可以邀请下属集思广益，既能很好地消除误解，又能营造民主气氛，达到和谐共事的目的。

（五）宣传政策

当政策需要传达给员工时，可以采取三种途径：书面宣传，面对面个别宣传，开会宣传。书面宣传虽然最符合经济原则，但由于缺乏督促，很难达到宣传效果；面对面个别宣传的督促效果虽好，却增加了人力成本；而会议宣传既能当面提出要求、落实到位，又能节省人力成本和时间资源。

（六）沟通情感

工作交往之中，经常需要举行一些特殊会议，如联谊会、茶话会、联欢会、答谢会等，这些会议的主要功能在于沟通情感、畅叙友情、增进了解、达成合作。

四、会议的分类

会议种类纷繁复杂，不同种类的会议有不同的作用。

（一）按会议性质分类

根据不同性质，会议可分为：

法定性或制度性会议，如党代会、人代会、政协会、职代会、妇代会、股东大会等。

决策性会议，如常委会、党组会、党委会、理事会、董事会等。

工作性会议，如动员会、工作布置会、务虚会、务实会、经验交流会、现场办公会、总结会、联席会、座谈会、协调会等。

专业性会议，如研讨会、论坛、论证会、专题会、听证会、答辩会、鉴定会等。

知照性会议，如表彰会、纪念会、庆祝会、命名会、庆功会、碰头会等。

商务性会议，如招商会、订货会、展销会、贸易洽谈会、观摩会、产品推介会、促销会等。

联谊性会议，如茶话会、团拜会、恳谈会、宴会、联谊会等。

信息性会议，如新闻发布会、记者招待会、报告会、咨询会等。

（二）按会议是否定期分类

按周期，会议可分为定期会议和不定期会议。定期会议是指有固定周期，定时召开的会议，如例会；不定期会议则是随时根据需要而召开的会议。

（三）按会议规模分类

按人数，会议可分为：特大型会议，指万人以上的会议；大型会议，指万人以下、千人以上的会议；中型会议，指百人以上、千人以下的会议；小型会议，指三人及其以上、百人以下的会议。

（四）按会议区域分类

按区域分是指按照与会者来自的国家或地区范围分类，会议可分为：国际会议、区域（洲际）会议、全国会议、单位或部门会议等。

（五）按会议阶段分类

按阶段，会议可分为预备会议和正式会议。预备会议也可称为筹备会议，是指正式会议之前，为保证会议的顺利召开而进行的准备会议，主要是为了商议正式会议中的相关事宜。

（六）按会议手段分类

按手段，会议可分为常规会议、电话会议、电视会议、网络会议等。常规会议一般是指与会者坐在同一个会场中，按照既定程序开会；电话会议是通过电话线路，将一个会场的声音信号传送到其他会场，让多个会场的人同时听会，这种形式可以节约时间和成本；电视会议是通过电视台或者有线电视信号，将会场的声音和画面传到不同的会场中，让异地会场的人也有身临其境的感觉；网络会议是利用网络技术进行会议信号的传递，由于网络具有交互性，会议的各方均可以通过网络进行发言、讨论。

五、会议的流程

按常规会议分解流程，一般情况下，会议由三个步骤组成：会前筹备、会中服务、会后落实（总结），详细步骤如下：

（一）会前筹备

确定会议名称→拟定会议议题→会议筹备小组分工→选择会址→拟定会议议程和会议日程→准备会议证件和指示标志→确定与会者名单和制发会议通知→准备会议资料、会议设备与用具→会议经费预算→会场布置和会场布局→拟定会议筹备方案等。

（二）会中服务

会议接站和报到工作→会议记录→编写会议简报→安排娱乐活动和其他服务工作等。

（三）会后落实（总结）

引导与会者有序地离开会场→会议经费结算→拟写会议纪要→会议文件资料整理→会议评估等。

根据会议内容、性质、规模的不同，会议流程也有繁简的巨大差别。

第二节 会议实务操作

一、会前筹备

（一）确定会议名称

会议名称的确定，对于一次会议来说十分重要。会议名称要拟定妥当，名实相符。会名不宜太长，但也不能随意简化。应使用正规的书面语，不能使用口语，如“时装展示会”不能使用“时装秀”。确定会议名称要经过以下步骤：

1. 确定会议的类型

根据会议目标、主题、功能和标准，确定会议的类型，详见本章第一节。

2. 根据会议的主题、类型确定会议名称

（1）确定会议名称有如下方法：

方法一：由“单位＋内容”构成，如“荣富集团公司第七次职工代表大会”。

方法二：由“单位＋年度＋内容”构成，如“天意公司2014年总结表彰大会”。

方法三：由“时间＋会议内容＋会议类型”构成，如“北京市2014年天然气定价听证会”。

有些会议名称是固定的，如董事会等；有些会议名称是不固定的，应根据会议的议题或主题来确定；有的会议名称中还可以包括时间、范围等因素。

（2）确定会议名称时应该注意以下三点：

第一，会议名称应与会议的内容相符，使人一目了然地了解会议所涉及的学科领域。有些会议为了能够吸引更多交叉学科和相关学科的人员参加，会议名称涵盖的学科范围可以适当放宽一些。

第二，我国有关部门规定，国际会议不再允许冠以“中国”、“中华”的称谓。如不得使用“中国国际环境会议”作为名称。

第三，会议名称不允许冠以“全球华人”或“华人”等称谓。

（3）会议名称的最终确定权在领导者，秘书在拟定会议名称并报请领导批准后，会议名称才能正式确定。

（二）拟定会议议题

会议议题是会议将要研讨、报告的内容，开会前要将议题及时通知与会者，便于他们做好相应的准备。拟定会议议题步骤如下：

1. 收集会议议题

会议的议题主要有三个来源：①来自上级机关和领导人，②来自下级部门提交的需以会议的形式研究和决定的问题，③来自秘书部门在本组织搜集的需要研究和决定的事项。

2. 对收集的议题进行整理

秘书整理议题后向领导汇报，根据领导的批示，再进行修改，并拟定出会议议题初稿。

（三）会议筹备小组分工

成功的会议，从筹划开始，到具体操作并落实到每一个细节，牵涉到方方面面。各项工作相互连接，彼此交叉，必须统筹安排，多管齐下。因此，需要对筹备会议的任务进行分解，成立会议筹备小组，各司其责，各小组之间也要相互协作，共同完成会议的筹备工作。步骤如下：

1. 明确筹备小组的工作职责

会议筹备小组的职责有：负责会议的前期筹划与准备，拟办系列文件及资料，联系媒体进行宣传报道，策划并实施会议期间的活动，保障会议期间的后勤服务及安全保护工作。

2. 对筹备小组进行分工

会议筹备小组一般下设会务组、材料组与宣传组、活动组、后勤与保卫组等。

（1）会务组：主要负责确定会议目标、选择会址、确定与会者名单、拟定会议议程与日程、制发会议通知、准备证件、安排会议食宿、调配资源、筛选服务人员、布置会场、检查设备、预算会议经费、联系协调工作等。

（2）材料组与宣传组：主要负责拟办系列文件、工作报告、领导讲话、会议记录、简报、联系媒体、新闻报道宣传等。

（3）活动组：主要负责会议期间各种商务、娱乐活动的设计、策划和组织实施等。

（4）后勤与保卫组：负责会议期间的后勤服务工作、医疗救护、安全保卫工作等。

3. 对各小组人员再进行分配

一般来说，组织的高层人员会在筹备小组中担任重要的职务，小组人员各承担某方面的一项工作。

4. 报请主管领导批准

会议筹备小组拟定后，须报主要领导审核与批准，有时须经领导班子讨论通过。一经批准或会议讨论通过，还须召开会务工作会议，明确分工与责任。

（四）选择会址

会议环境的选择非常重要，不论什么地点，都要保证与会者集中精力开会。选择会议地点的步骤如下：

1. 确定会议所在地

国际性或全国性会议，要考虑政治、经济、文化等因素，一般应选择在首都或中心城市等地召开；专业性会议，应选择富有专业特征的城乡地区召开，以便结合现场考察；小型、经常性的会议，选择在单位的会议室较好，只要会议室不靠近人声嘈杂的环境就可以了。

2. 选择会议场所考虑的因素

选择具体会议场所应考虑的主要因素有：

（1）交通便利。会场位置必须让领导和与会者方便前往。一般应选择在距领导和与会者的工作地点均较近的地方；若在外地，则要选择在大部分与会者方便到达的地点。

（2）会场的大小应与会议规模相符。一般来讲，每人平均有2～3平方米的活动空间比较适宜。同时应考虑会议时间的长短，如果会议的时间较长，场地不妨再大些。

（3）场地要有良好的设备配置。音响设备、音像设备、视频设备、桌椅家具、通风设备、照明设备、空调设备、影像设备要尽量配置齐全。同时应该根据会议的需要，看是否需要租用特殊的设备，如演示板、电子白板、放映设备、录音机、投影仪、计算机、麦克风等。

（4）场地应不受外界干扰，尽量避开闹市区。“外界干扰”还包括室外的各种噪音、打进会场的电话，以及来访和参观等。会场内部也应具有良好的隔音设备，以保证会议能在安静的环境中顺利进行。

（5）会场周围要有停车场所和安全设施。

（6）场地租借的费用要适中合理。

（7）会议场所周围有必要的餐饮和娱乐设施。

（五）拟定会议议程和会议日程

1. 拟定会议议程

会议议程的内容要素包括：标题、题注、正文、落款和制定时间等。

（1）标题。

标题由会议全称加上议程二字组成。如：“通标公司2014年度表彰大会议程”。

（2）题注。

题注是指法定性会议在标题的下方的小括号内说明会议通过的日期和会议名称，一般性会议议程不必加上题注。

（3）正文。

简要排出议题的次序，每个议题前面冠以序号，句后一般不用标点符号。大中型会议的议程一般次序是：开幕式，领导和来宾致辞；领导讲话；分组讨论；大会发言；参观或其他活动；会议总结，宣读决议；闭幕式。由于只是议题的排序，一般会议议程的篇幅都会较短。

（4）落款。

由会议组织机构确定的议程应当标明制定机构的名称，由会议通过的议程不用写落款。

（5）制定时间。

无须大会通过的议程，要用阿拉伯数字标明制定的具体年月日。

（6）会议议程样例。

山东省××市亚圣食品有限公司
2014年度工作总结大会议程

一、总结表彰会

（一）时间：2014年12月29日08：30

（二）地点：××饭店大厅

（三）参加人员：全体干部员工

（四）主持：齐主任
（五）会议议程
1. 由企划部赵经理宣读表彰文件
2. 颁奖（奖品和获奖证书）
3. 优秀员工代表发表获奖感言（4 人发言，每人 5 分钟）
4. 请各部门负责人做述职报告（每人不超过 8 分钟）
顺序：企划部、销售部、生技部、质检部、财务部、办公室、客服部
5. 请孟总做工作报告
二、联欢会
（一）时间：下午 13：00
（二）地点：同表彰会
（三）主持：金主任
（四）联欢项目
1. 广场舞
2. 各车间、部门节目
（注：本文摘自百度文库，http：//9512. net/read/a32e2900a276d202b9735d45. html，内容有改动。）

2. 拟定会议日程

会议日程的内容要素包括：时间、地点、内容、参加人、主持人、负责人等。

（1）会议日程的形式。

会议日程大多采用表格形式，很少用文字的形式。通过表格可将会议时间分别固定在每天上午、中午、下午、晚上四个单元内，让与会者一目了然。会议时间、地点要具体，内容要简明扼要。

（2）会议日程样例。

会议日程表

日期	时间		内容	主讲人
2014 年 6 月 24 日	上午	8：30—11：30	高新技术企业财务管理与财税政策利用	兰××
	下午	14：30—16：00	江汽公司创新体系建设	严××
		16：00—17：30	科技型中小企业技术开发与管理	郃×
2014 年 6 月 25 日	上午	8：30—11：30	高新技术企业融资难题破解	陈×

（六）准备会议证件和指示标志

一般来说，会议证件和指示标志，只限用于大中型重要会议，而通常的小型会议，没有必要准备会议证件和指示标志。

1. 会议证件

（1）会议证件的类型。

会议证件主要有来宾证、代表证或出席证、列席证、工作证、记者证等。

来宾证，表明是会议主办方邀请的嘉宾。

代表证或出席证，证明与会者既有参加会议的权利，又有选举权和被选举权。

列席证，表明与会者有权到会旁听，但无选举权和被选举权。

工作证，证明是会议的工作人员，会议期间出入与活动具有一定的限制。

记者证，证明是新闻媒体的工作人员或记者，持记者证在会议期间才能被允许进行采访，但有一定的工作区域的限制。

（2）会议证件的作用。

①证明与会者的身份；②确保会议安全，有效控制人员随意出入；③便于统计到会人数。

（3）准备会议证件的方法。

目前，会议证件大多由专业公司制作，但首先要向其提出自己的要求。制作会议证件时一般按照如下顺序：设计内容→选定颜色→控制印制数量→明确发放中的特殊要求→盖章确认。内容设计上一般要有会议名称，与会者姓名，称谓（先生、女士等），身份（职务、职称等）和组织的名称等。重要的大型会议还要在证件上贴上本人的相片，并加盖印章。姓名卡片可设计为红、蓝、白、黄几种不同的颜色。

（4）会议证件的样式。

会议证件的样式有以下几种可供选择：①系带式，可悬挂在与会者的脖子上。②夹子式，可夹在与会者衣服上的不同部位。③台签式，可放在与会者面前的桌子上。④粘贴式，可粘贴在与会者衣服上的不同部位。

2. 指示标志

指示标志是在会场和相关服务区域摆放或者设置的某些标志物，如各种指示牌，接待处和签到处的标志，贵宾室、饮水处、洗手间等处的标志。

（1）指示标志的作用。

制作指示标志是为了方便与会者顺利找到目的地。

（2）指示标志的类型。

指示牌。大中型会议应制作标志牌或指示牌，放置在与会者进入开会区域的通道上，方便与会者顺利找到相关区域或地点。

区域图或路线图。在一些会议场馆里，为方便与会者入座，应事先画出区域图，张贴于入口处。

名签或台签。在主席台或各种办事的地方摆放名签或台签，以标明人员的身份或办事机构的名称。

（3）制作指示标志的方法。

一般情况下，一种方法是由会议组织者内部制作简易指示标志；另一种方法是由专业的会议承办机构、图文制作公司根据会议组织者的要求进行制作。

（七）确定与会者名单和制发会议通知

1. 确定与会者名单

选择恰当的与会者是会务工作中比较困难而又关键性的工作环节，是会议成功的重要因素之一。秘书应根据领导的指示和要求，综合考虑与核查后，列出与会者名单，并提交领导审定。

确定与会者要注意以下几点：①明确与会者的职务或级别，即明确会议必须要担任什么职务或处于什么级别的人员才能参加；②确认与会者的参会身份，即明确与会者是以正式成员、列席成员、旁听成员、特邀成员等几种身份中的哪一种来参加会议；③与会者各方面的代表性；④会议的总人数。

2. 制发会议通知

（1）会议通知的概念：会议通知是上级对下级、组织对成员或平行单位之间部署工作、传达事情或召开会议等所使用的应用文，是我国党政军各级机关乃至企事业单位、群众团体经常使用的公文文种，是应用写作中常见的一种文体。会议通知是向与会者传递召开会议信息的载体，是会议组织者同与会者沟通的重要渠道。

（2）会议通知的作用：①会议通知是与会者组织会议的重要凭据；②会议通知是会议组织者同与会者沟通的重要渠道，与会者可以通过会议通知了解会议召开的具体情况。

（3）会议通知的方式：会议通知有口头通知、电话（传真）通知、书面通知、电子邮件通知等方式。

口头通知。这种方式最突出的优点是快捷、省事，适合参加人员少的小型会议。

电话（传真）通知。大多数会议都采取这种方式通知。以电话（传真）为媒介传递信息，快捷、准确、到位，成本较低。切记，以这种方式传达通知时，会务人员必须详做通知情况的书面记载，以免遗漏。

书面通知。书面通知适合大型会议。如果书面通知在传递过程中需要一定的时间，就要提前准备。

电子邮件通知。它是信息时代的产物，快捷、准确、低成本，而且内容清楚，一目了然。目前，通过电子邮件传达会议通知的情况越来越普遍。要确定与会者是否收到了电子邮件通知，会议主办方还要通过电话方式再予以确认。

（4）会议通知的写法：会议通知的内容要素包括会议名称、主办单位、会议内容、起止时间、参加人员、会议议题、会议地点、联络信息、报到事宜及相关要求、会议机关材料、回复需要的信封及邮票、有关票证和到会议地点的交通路线等。

带回执的会议通知一般有以下部分：

①标题。标题的写法有：一是“主办单位名称＋会议内容＋通知”，这种结构一般用于大型和重要的会议；二是只写“会议通知”或“通知”，这种结构一般用于事务性或行政性会议。

②通知对象。通知对象指称谓，可以是单位，也可以是个人。

③正文。正文包括以下内容：会议的目的和主题；会议时间，包括报到时间和结束时间；会议地点，包括报到地点、会议地点、住宿地点的路名、门牌号等，必要时可以附上简要的地图；参加对象，如发给单位，要写明参加人员的基本职务、参加会议的人数；其他事项还包括费用、联系方式、报名方式等。

④落款和日期。写明发送会议通知的单位名称和具体日期。

⑤回执。回执文字很少，适宜采用表格式。

（5）会议通知示例。请见第七章《通知》。

（八）准备会议资料、会议设备与用具

1. 会议资料

会议资料可分为来宾资料、会务资料和沟通资料三类。

（1）来宾资料是来宾报到时分发的资料，整理后用资料袋装好，形成一份份的材料袋，以备来宾个人领取。资料袋中应有：会议文件资料（如重要人物的讲话提纲等），会议手册（会议议程、会议日程、会议须知等），分组名单，笔记本，文具，代表证，房卡，餐券等。

（2）会务资料包括：接站一览表、会议签到表、住宿登记表、用餐分组表、会议讨论分组表、会议乘车分组表、订票登记表、会务组成员通讯录等。

（3）沟通资料包括：会议宣传资料、会议报告、发言稿、会议参考文件、与会议有关的此前各种记录、各种与会议有关的协议书、合同书等相关资料。

2. 会议设备与用具

不同的会议需要不同的设备与用具，在排好会议日程表的同时，会议所需设备与用具的清单也应一并列出，以便早做准备。

（1）常用设备。

常用设备包括空调、笔记本电脑、投影仪、打印机、复印机、传真机、灯具、音响、通风、录音笔、数码照相机、数码摄像机等。

（2）会议用品。

常用的物品包括一次性水杯、饮用水、电池、剪刀、纸张夹、裁纸刀、胶带纸、双面胶、订书机、尺子、绳线、订书钉、回形针、大头针、胶水、白板、白板笔、粉笔、信封、便笺、铅笔、钢笔、信纸、禁烟标志、放大的公司标志、公司电话簿等。

另外，还有一些可能用到的用品和设备，如国歌和国际歌伴奏带、投票箱、旗帜、仪仗队、鲜花、幕布等。

（九）会议经费预算

1. 制定会议经费预算的原则

（1）严格遵循节俭办会的宗旨，根据实际需要，科学合理分配各项开支，并保证资金专项使用。

（2）在经费数量受限的情况下，确保有限的经费花在刀刃上。

（3）对每一项开支都应严格审核，力求达到预算经费与实际开支的平衡。

（4）充分考虑会议期间可能出现的不可预测性的费用开支，预算时要适当留有余地。

2. 会议预算经费的构成

（1）场地费，即租借会场的费用，包括会场内基本设施的费用。

（2）设备费，包括购买或租借会议所需的各种视听设备、通信设备、印刷设备等的费用。

（3）会场装饰费，包括制作会标、会徽、标语，购买或租借花卉、彩旗等的费用。

（4）文具、资料费，包括公关宣传、制作会议各类文件资料和证件的费用和相应的文具费。

（5）交通费，包括与会者往返的差旅费、接送费和会议期间各种接待、参观等所需的交通费。如果与会者的差旅费由自己负担，则不必列入预算，但要注明。

（6）茶水食宿费，时间较长的会议要考虑茶水、饮料、果点的费用，需要住宿的会议还要预算餐饮费和住宿费。如食宿费自理，可不计算在内。

（7）人工费，包括支付给与会者和工作人员的补贴或报酬。如支付给报告人、演讲者、专家、临时借用人员的酬金。与会者和工作人员的工资一般不计算在内。

（8）娱乐休闲费用，如果会议安排了参观游览、文娱晚会等休闲活动，还要预算参观游览的门票、演出或包场费用等。

3. 会议经费的筹措方式

会议经费的筹集来源有多种渠道：

（1）企业单位内部会议经费一般可从行政经费中开支。

（2）由几个单位共同主办的会议，主办者之间通过协商分担费用。

（3）通过向社会各界寻求赞助筹得资金。

（4）与会者个人承担或部分承担费用，如交通费、食宿费、资料费等，或由其所在单位全部承担。

（5）一些大型的会议活动由于影响较大，可以在法律允许范围内通过转让会议无形资产来筹集资金。

（6）其他方式。作为秘书人员，应当通过有效的公关活动多方面获取资金，确保会议有足够的经费开支。

4. 会议经费预算样例

会议经费预算

费用种类	序号	项目	数量	价款（人民币/元）
酒店费用	1	房费	10 间	1 200
	2	餐费	30 桌	15 000
	3	会议室	3 间	600
	4	布标	1 面	80
	5	会议茶饮	100 支	120
	6	其他		200

（续上表）

费用种类	序号	项目	数量	价款（人民币/元）
会务费用	7	接站（汽油费）	20升	160
	8	送站（汽油费）	20升	160
	9	资料袋	150个	150
	10	签字笔、吸墨器	100支、5个	130
	11	笔记本	20个	50
	12	集体照	2张	100
	13	资料复印	若干	280
	14	礼品	50份	1 000
	15	水果	若干	200
	16	鲜花	5束	150
	17	盆栽	2盆	200
	18	其他		待定
外出考察费用	19	门票	30张	3 000
	20	食宿	1昼夜	6 000
	21	交通费	10趟	2 200
	22	矿泉水	50支	50
	23	其他		待定
接待费用	24	车费	租大巴1辆	1 000
	25	餐饮费	50人	5 000
	26	考察	50人	2 500
	27	其他		待定
总计				略
备注				

（十）会场布置和会场布局

1. 会场布置

会场布置主要有以下几个方面的内容：

（1）会场环境布置。

会场环境布置的基本要求是庄重、美观、舒适，体现出会议的主题和气氛，同时还要考虑会议的性质、规格、规模等因素。会场的环境布置包括整个会场色调的选择、会场的装饰以及会场内座位的布置。

（2）主席台布置。

大中型会议的会场，应设主席台（与代表席成面对面形式），以便于营造庄重的气氛，也有利于会议主持者主持会议。主席台是与会者所注目的地点，也是会场布置工作的重点。有的会议还设有讲台。一般来说，讲台应在主席台与代表席之间，面向代表席，以便主席团主持会议。现在多数做法是，不管是大型会议还是小型会议，多不使用讲台，报告人在主席台的座位上讲话。但组织代表发言的会议和不设主席台的会议，仍须设置讲台。

中型会议的会场，一般也设主席台，但要求与代表席近一点，在面对代表席的地方摆放小桌即可，小桌可以略高于但不必过高于代表席。几十人到几百人规模的会议，都可以使用这种布置方法。

主席台必须安排座次、放置名签，以便领导对号入座，避免领导上台之后互相谦让。主席台上，名签和话筒分别放在领导的左手位和右手位。

排列主席台座次，领导为单数时，1 号领导居中，2 号领导在 1 号领导的左手位置，3 号领导在 1 号领导的右手位置；领导为偶数时，1、2 号领导同时居中，2 号领导依然在 1 号领导的左手位置，3 号领导依然在 1 号领导的右手位置。

2. 会场布局

根据会场的大小和会议的目的，秘书要选择适宜的桌椅及摆放方式。桌椅的摆放方式有以下几种：

（1）圆桌形：这种摆放方式的优点是让所有的与会者能看到彼此的脸，大家能在自由的氛围中交流沟通，适合于讨论形式的会议。如果没有圆桌，四方的桌子也可以。参加这种会议的人数最好不要超过 20 个人。

（2）“口”字形：桌子摆成方形中空，不留缺口，椅子摆在桌子外围。参加会议的人数较多时，可以将桌子拼成“口”字形。

（3）“C”字形或“V”字形或“U”字形：这种形式一般适用于介绍新产品或新技术的会议，有关人员要利用投影仪等设备进行讲解说明，以便让与会者共同观看演示。

（4）教室形：这种形式一般适用于股东大会这类参会人数较多的会议，让与会者能听取有关人员传达的有关信息。

（5）礼堂形：参加会议的人数太多时，可从房间自前向后方摆放一排排座椅，中间留有较宽的过道。

（6）弦月形：房间内放置一些圆形或椭圆形桌子，椅子只放在桌子的一面，以便使所有与会者都面向屋子的前方。

（7）马蹄形：将桌子连接着摆放成长方形，但空出一个短边。椅子可以摆在桌子外围，也可以内外都摆放。

如果是单位内部的定期例会，参加人员基本上是固定的，就没有必要准备签到名册，也无须安排座位。只有在有组织以外的人员参加会议时，秘书才需要预先准备签到名册和安排座次。

3. 检查会场

有时会场是租借的，因此，开会前秘书一定要亲自检查一下会场，看会场的管理人员是否做好准备、会场的布置和设备如何，对一些关键的设备要亲自试试，并做详细记录。有些会议虽然参会人数不多，但会议的内容很重要，所以会场不能显得太小。什么样的会场合适，要根据会议的内容、参会的人数及需要什么设备等因素来确定。

（十一）拟定会议筹备方案

会议筹备方案也称为会议预案，是秘书在会议筹备过程中就会议准备工作的组织和实施情况而形成的文字材料。会议能否取得预期的效果，会前筹备工作十分重要，在会议筹备过程中，会议筹备方案的制定又是一个重要节点。会议筹备方案是会议实施的依据。

1. 会议筹备方案的作用

（1）会议筹备方案是会议实施的依据。一次成功的会议，必须经过周密的筹备和部署。会议筹备方案，可使会议实施的每个环节都有据可依。

（2）通过会议筹备方案可以了解会务工作的全局。会议筹备方案对会议的全局进行了周密、详尽的部署和安排，可使会议组织者、工作人员以及与会者了解会议工作的全局。

（3）可以加强会议筹备小组之间的沟通与协调。一次成功的会议，必须要会议筹备小组之间相互沟通和协作，以使筹备小组之间了解彼此的工作任务和工作内容，加强小组之间的沟通与协调。

（4）可以确保会议预期目标的实现。拟定会议筹备方案，整个会议过程按照会议筹备方案的安排和部署有条不紊地进行，有利于会议的组织与管理，也有利于会议预期目标的实现。

2. 会议筹备方案的特点

（1）全面性。会议筹备方案必须统筹兼顾，涉及会议组织与管理的方方面面。

（2）具体性。会议筹备方案必须对会议筹备过程中的每一个环节进行具体、详尽的安排，以便会议组织者、工作人员开展工作。

（3）计划性。会议筹备方案必须根据会议筹备的过程和环节，有计划、有目的地进行安排。

（4）明确性。会议筹备方案对会议筹备过程中的每一个环节的目标、工作人员的职责、整个会议应该达到的效果等，都有明确的要求。

3. 拟定会议筹备方案的原则

（1）严格遵守时间原则。拟定会议筹备方案，必须遵守时间原则，对每个环节完成的期限都必须有明确的时间规定。

（2）明确事项性原则。会议筹备方案对会议筹备过程中的每一个环节的目标、工作人员的职责、会议应该达到的效果等，都必须作明确的要求和规定。

（3）会议必要性原则。并不是所有的会议筹备方案都是一样的，拟订会议筹备方案，必须根据会议的实际情况，对会议筹备的环节和内容进行必要的筛选。

4. 会议筹备方案的内容要点

（1）会议的主题。

（2）会议的议题。

（3）会议的名称。

（4）会议议程和日程。

（5）会议的时间和地点。

（6）会议所必需的设备和工具。

（7）会议所必需的文件和资料。

（8）与会者的组成、人数以及与会者的编组。

（9）会议期间的食宿和车辆安排。

（10）会议经费的预算。

（11）会议筹备小组的组成、人数以及完成任务的期限。

5. 会议筹备方案的拟写

会议筹备方案的内容要素有：

标题。标题由“会议名称＋筹备方案”组成。有些筹备方案因要报上级机关批准，只能用请示的文种，但由于筹备方案不是公文，故只可作为请示的附件。

正文。会议筹备方案的正文至少应该包括上述的11项内容。

6. 会议筹备方案样例

××市住房和城乡建设工作会议筹备方案

市政府定于3月9日召开全市住房和城乡建设工作会议。为确保会议顺利召开，特制订本方案。

一、会议时间

2014年3月8日15：00—18：00在××宾馆报到，3月9日开会。

二、会议地点

市政府视频会议室。

三、参会人员

（1）市政府领导，邀请市人大、市政协联系领导出席会议。

（2）市政府联系副秘书长，市发改委、经委、监察局、教育局、公安局、民政局、财政局、国土局、交通局、水利局、林业局、商务局、文体局、卫生局、环保局、统计局、旅游局、人防办、广电局、地震局、住房公积金中心、交警支队、工商局、消防支队、人行××支行、××供电局各1位领导。

（3）各县、区政府分管领导，财政局、国土局局长，建设（规划、城管）局长、办公室主任；××市××城市开发建设管委会常务副主任。

（4）市建设（规划）局科级以上干部。

（5）邀请市委宣传部、市人大环资委、市政协经建委各1位领导。

四、会议议程

2014年3月9日上午大会（市政府视频会议室），3月9日下午建设系统部门工作会议（××宾馆会议室）。

大会主持人：市政府副秘书长张××。

会议具体议程：

（1）市委常委、副市长何××作重要讲话。

（2）市建设（规划）局局长王×作工作安排。

（3）市委常委、副市长何××代表市政府与各县、区政府签订《2015年全市城镇廉租住房建设目标责任书》和《2015年全市城镇污水生活垃圾处理设施建设目标责任书》。

2014年3月1日

（注：本文摘自百度文库，http：//wenku. baidu. com/view/7ad0e86b7e21af45b307a89e. html，内容格式均有改动。）

二、会中服务

（一）会议接站和报到工作

1. 接站

会议接站是会议报到工作的第一步。一般而言，只有跨地区的大中型会议，与会人数较多，会议接待才有接站工作。因此，对接站工作，秘书要充分重视并做好准备。接站的步骤如下：

（1）组成接站小组并完善接站信息。

对于与会者比较多的会议，要专门成立相应的接站小组，由专人负责，形成统一的指挥调度系统，完善接站信息，确保车辆安排，明确人员分工。

完善接站信息。根据与会代表的回执，查找相应的飞机、火车、轮船等抵达的准确时间，将其制成一目了然的表格，并掌握与会者的联络方式，拟定《会议者接站安排表》，注明姓名、单位、职务、联系方式、车次/航班、到达（出发）时间、随行人数、接站司机和车号、接站工作人员、接站领导、接站出发地点和时间。

确保车辆安排。要根据单位车辆的实际情况（或外租车辆的情况），以及与会者的参会时间，合理进行分配。

明确人员分工。要根据会议筹备小组的分工，并结合嘉宾、与会者到达的方式，进行必要的调整和安排。

提供详细路线图。对于无须接站，自行参会的本地以及外地与会者，要事先制作详细的报到路线图，并通过电子邮件、传真、QQ 等方式告之。

（2）准备接站工具。

除了准备好车辆及与会者接站安排表、便携式扩音器、工作证、胸卡、醒目的接站条幅和接站牌等接站标志物品之外，还要有一张急救电话号码表，其中应包含主要航空公司、出租车公司和会议有关人员的电话号码。

接站牌有两种最基本的形式，一种是为接待团体和一般与会者所准备的接站牌；另一种是为重要与会者单独准备的接站牌。

准备车辆时，要根据与会者的身份、职务级别，在坚持平等原则的前提下，适当地有所区分。对团体或一般与会者，可提供大巴车或面包车接站；对重要与会者或者嘉宾，则必须提供小轿车，最好还有相应级别的领导带队接站。

（3）接站。

接站时，要注意把握以下三个方面：①对提前预订、远道而来的与会者，应主动到车站、码头、机场迎接。一般要在飞机、火车、轮船等到达前 15 分钟赶到，在出口处比较醒目的地方，高举接站牌等待与会者到来，让与会者一出站就能看到接待牌，这样可以避免让经过长途跋涉到达目的地的与会者因等待而产生不快。②服饰穿着要整齐、大方，体现出组织的形象与风貌。③接到与会者后，首先要核实与会者的身份，以免错接。在确认与会者的身份后，指引、带领与会者在休息地点暂作休息，或者指引、带领与会者上车。要注意与到站的与会者简短寒暄，并主动帮与会者把行李搬到车上。在路途中，可选择合适的话题与其交流。

(4) 乘车返回。

如果使用的是小轿车，说明接到的是重要与会者或者嘉宾，就一定要分清座次的“尊卑”。以下就两种小轿车的座次详作介绍。

就双排五座轿车而言，由主人亲自驾驶时，座位顺序应当是：副驾驶座、后排右座、后排左座、后排中座；由专职司机驾驶时，座位顺序应当是：后排右座、后排左座、后排中座、副驾驶座。

就三排七座轿车而言，由主人亲自驾驶时，座位顺序应当是：副驾驶座、后排右座、后排左座、后排中座、中排右座、中排左座；由专职司机驾驶时，座位顺序应当是：后排右座、后排左座、后排中座、中排右座、中排左座、副驾驶座。

乘车返回时，除了安排好座位，在车上还要注意与他们寒暄，不能让他们感觉到自己受到了冷落。

2. 会议报到

欢迎与会者并帮助他们报到是会议殷勤待客的重要表现。会议报到一般以签到的方式进行，签到的方式有以下四种：

(1) 秘书点名，即由秘书在预先拟好的报到册上点名，做记号。会议报到册应包括序号、姓名、工作单位、职务、备注等栏目。这种方法适用于单位内部的小型会议和工作例会，秘书对与会人员比较熟悉。

(2) 本人签到，即由与会者本人签名报到，签名应用签字笔或钢笔。这种方法适用于邀请性会议，并且与会者亲自签名还有纪念意义。

(3) 凭证件报到，即与会者凭会议通知换取出席证或代表证报到，然后进场，这种报到形式适合大中型会议。

(4) 电子签到，即与会者用磁卡出席证，在进入会场时插入专用机签到，与此相连的电脑在签到结束后能立即统计出席人数和缺席人数，这种方法适用于与会人数较多的大中型高级别会议。

(二) 会议记录

会议记录是由秘书人员对会议进行的情况、会上的发言和会议决定的事项所做的记载，是会议情况的真实反映。

1. 会场记录的内容要素

会议记录一般包括两个部分：

前一部分是会议的组织情况，要求写明会议名称、时间、地点、出席人数、缺席人数、列席人数、主持人、记录人等；后一部分是会议的内容，也是会议记录的核心部分，要求写明发言、决议、问题等。

对于发言的内容，有两种记录方式：①详细具体地记录，尽量原话实录，主要用于比较重要的会议和重要的发言。②摘要性记录，只记录会议要点和中心内容，多用于一般性会议。会议结束，记录完毕，要另起一行写“散会”二字；如中途休会，则要写明“休会”字样。

2. 会议记录的重点

（1）会议中心议题以及围绕中心议题展开的有关活动。

（2）会议讨论、争论的焦点及其各方的主要见解。

（3）权威人士或代表人物的言论。

（4）会议开始时的定调性言论和结束前的总结性言论。

（5）会议已议决的或议而未决的事项。

（6）对会议产生较大影响的其他言论或活动。

3. 会议记录的整理

会议记录的整理要遵循以下原则：

（1）忠实于讲话人、发言人的原意。

（2）保持讲话人、发言人的风格。

（3）要整理得完整、全面，不仅会议内容、讲话人传达的主要精神、关键句子不要遗漏，而且重要的插话、会场动态（如表决等）都要整理上去。

（4）整理时要做到层次分明，段落清楚，语句通顺，标点符号、字迹清晰，避免错别字。

（5）会议记录整理出来后，如果是一个人的讲话记录，应送讲话者本人、会议主持人或召集人审阅。

（6）录音记录稿的整理，要注意辨别讲话人的声音，不可张冠李戴。

4. 会议记录的写作技巧

一般说来要做到："一快"、"二要"、"三省"、"四代"、"五录"。

"一快"，即记得快。字要写得小一些、轻一点，多写连笔字。要顺着肘、手的自然去势，斜一点写。

"二要"，即摘要而记。就记录一次会议来说，要围绕会议议题、会议主持人和主要领导发言的中心思想、与会者的不同意见或有争议的问题、结论性意见、决定或决议等做记录。就记录一个人的发言来说，要记其发言要点、主要论据和结论，论证过程可以不记。就记一句话来说，要记这句话的中心词，修饰语一般可以不记。要注意上下句子的连贯性、可读性，一篇好的记录应当独立成篇。

"三省"，即在记录中正确使用省略法。可以使用简称、简化词语和统称；省略词语和句子中的附加成分，比如"但是"只记"但"；省略较长的成语、俗语、熟悉的词组，句子的后半部分画一曲线代替；省略引文，记下起止句或起止词即可，会后查补。

"四代"，即用较为简便的写法代替复杂的写法。例如：①用姓代替全名；②用笔画少、易写的同音字代替笔画多、难写的字；③用一些数字和国际上通用的符号代替文字；④用汉语拼音代替生词难字；⑤用外语符号代替某些词汇等。但在整理和印发会议记录时，均应按规范要求办理。

"五录"，即在手写记录的同时，借用录音笔、录音机等工具录下会议全程内容。在整理会议记录时，就可重放录音笔、录音机等，对缺漏的内容进行补充。

（三）编写会议简报

会议简报是在会议期间为反映会议进行情况，包括与会者在讨论中提出的意见、建议以及会议的决定事项而编写的简明扼要的报告，又称“动态”、“简讯”、“要情”、“摘报”、“工作通讯”、“情况反映”、“情况交流”、“内部参考”等。

会议简报便于领导了解情况，推动会议深入进行；也便于沟通信息，交流经验；还便于备存归档。编写会议简报有以下两个步骤：

1. 了解会议简报的特点

会议简报有些近似于新闻报道，特点主要体现在“简”、“快”、“新”、“实”四个方面。

“简”是最重要的特点，指内容集中、篇幅短小、提纲挈领、不枝不蔓，无关的东西不说，一般性的东西少说，专业性的东西多说。

“快”是指报道迅速及时。简报写作要快，尽量让读者在第一时间了解到最新的实际情况。

“新”是指内容的新鲜感。简报如果只报道一些司空见惯的事情，就没有多大价值和意义了，所以，要报道新事物与新情况，反映新动向与新趋势，宣传新思想与新典型。

“真”是简报的本质特性，指内容真实准确，用事实说话。简报所反映的内容、涉及的情况，必须严格遵循真实性原则，时间、地点、人物、事件、原因、结果，所有要素都要真实，所有的数据都要准确。虚构编造不行，移花接木、添枝加叶也不行。

此外，简报一般只在编报机关管辖范围内的各单位之间交流，不宜甚至不能公开传播，特别是涉外机关和行政机关主办的会议简报更是如此。有的会议简报，往往是专给某一级领导人看的，有一定的保密要求，不能任意扩大阅读范围。

2. 会议简报的写法

会议简报一般由会议秘书处或主持单位编写。规模较大、时间较长的会议常要编发多期简报，以起到及时交流情况、推动会议的作用。小型会议一般是一会一期简报，常常在会议结束后，写一期较全面的、总结性的情况反映。

会议简报通常由报头、报身（正文）、报尾三部分构成，见下图。

密级

××会议简报

（第　期）

××××××编　　　　××年×月×日

按语：××××××××××××××××××××××××××××××。

××××（标题）

导语:××××××××××××××××。

主体：××××××××××××××××××××××××××××××..

结尾：××××××××××××××××××××××。。

送：×××、×　　　　共印××份

会议简报简易结构图

(1) 报头。

报头由简报名称、期号、编印单位与印发日期、横线构成。

简报名称，一般用套红印刷的大号字体。如有特殊内容而又不必另出一期简报时，就在名称或期数下面注明“增刊”或“××专刊”字样。秘密等级写在左上角，也有的写“内部文件”或“内部资料，注意保存”等字样。

期号，写在名称下一行，用小括号括上。

编印单位与印发日期，两者在同一行，前者居左，后者居右。

横线，在编印单位与印发日期下面用一道横线将报头与报身隔开。

(2) 报身。

报身即报核，简报所刊登的文章。包括按语、标题、导语、主体、结尾、背景材料等。

按语，即对整个会议情况的大概说明。

标题，类似新闻标题，要揭示主题，简短醒目。简报正文标题在报头横线之下居中书写，如果需要，也可以使用副标题。使用两个标题时，正标题是虚题，用以概括全文的思想意义或者内容要点；副标题是实题，用以交代单位及事件，对正标题起补充说明的作用。

导语，通常用简明的一句话或一段话概括全文的主旨或主要内容，给读者一个总的印象。导语的写法多种多样，有提问式、结论式、描写式、叙述式等。导语一般要交代清楚谁（某人或某单位）、什么时间、干什么（事件）、结果怎样等内容。

主体，用足够的、典型的、有说服力的材料，把导语的内容具体化。写作时要注意合理地划分层次。主体层次的划分常有两种划分方法：①以时间先后为序，把材料按照事件发生、发展到结局的过程，逐层予以安排。这种写法多用于典型事件及一次性全面报道某一会议的简报，其优点是时序清楚、一目了然。②按事物之间的逻辑关系，从材料的主从、因果、递进等关系入手，安排层次，这种写法的优点是便于揭示、表现事物的内在本质，突出主要内容和思想意蕴。

结尾，总结全文内容、点明文旨，或指明事情发展趋势，或提出希望及今后的打算。是否要结尾，要根据简报内容表达的需要而定。如果简报内容较多，篇幅较长，读者不易把握，就应在结尾概括一下；如果简报内容单一，篇幅较短，且主体部分已把话讲完，可省略结尾。

背景材料，即对人物、事件起作用的环境条件和历史情况。背景可穿插在各个部分之中。

(3) 报尾。

简报最后一页下方，用一横线与报身隔开。横线下左边写明发送范围，在平行的右侧写明印刷份数。

(四) 娱乐活动安排和其他服务工作

1. 会议期间娱乐活动安排

除了完成会议议程内容外，有时还安排一定的娱乐活动。娱乐活动可以是会议活动以外的任何一种活动，可以是在会议正在召开时组织与会者进行的项目，也可以是在会议期间专门安排的、与会者参加的活跃性的娱乐活动，如参观、考查、文娱歌会等。

秘书人员必须为娱乐活动做好相应的准备和服务工作，如安排车辆、娱乐过程中的食宿，保障与会者的安全等。

2. 会议期间其他服务工作

会议期间，秘书的服务工作还包括传接电话、协助相关工作人员调整会议设备、给代表送饮料等。

（1）传接电话。传接电话的具体方法应在开会前与领导商量妥当。会议正在进行时，如果不是特别紧急的电话，一般都不能传接。一般的电话，秘书帮助记录下来，在会议中间休息时，把电话记录送给当事人，只有当内容比较紧急时，才能立即通知当事人。如果会场比较大，人数较多，秘书可到会场中间把当事人叫来接电话；如果是人数不多的小型会议，一般口头小声传达到当事人，也可使用便条转达。

（2）调修设备故障。会议设备出现故障，简单的问题由秘书人员自行处理，如果问题严重，秘书人员应立即找来技术人员进行调修。

（3）送饮料。开会的时候给与会者送饮料，要事先了解他们的爱好与习惯。在召开人事调整、商务计划等重大会议时，应事先将饮料摆在与会者桌子上，不要轻易进去打搅会议。

（4）会议的监督工作。大中型会议，会场配有专门的服务人员，秘书应当督导和协助服务人员做好以下工作：与会者入场时的验证与收票工作，保持会场内的秩序，关注会场内各种设备的使用情况并维护场内设备，为会场内人员提供开水、饮料以及其他服务等。

（5）会场内安全保卫工作。做好安全保卫工作，要注意：防止与会议无关的人随便进入会场；关注会场内的设备运行情况，消除火灾隐患，防止意外事故的发生；保证会场内人员的安全与健康，若发现与会者中有身体不适或突发疾病者，要及时请保健医生或送往附近医院或联系急救中心；做好会议的保密工作。

（6）医疗卫生服务。大中型会议人员集中，活动频繁，要安排好卫生保健工作。大型会议会务组一般都会配有专门的医护人员。作为秘书，要协助上司、医护人员做好医疗工作，确保与会者安全；同时，要协助后勤保障组做好饮食、环境卫生工作，确保与会者的安全。

（7）照相、摄像服务工作。中型以上会议或纪念会、庆祝会等，与会者往往要集体摄影留念。安排照相、摄像工作时要注意：①选择高水准的摄影师和摄影器材，以免与会者留下遗憾；②与会者的座次排列、队伍组织要合理；③背景的选择要充分体现出会议的主题和特点；④协助摄影师做好其他工作。

三、会后落实（总结）

（一）引导与会者有序地离开会场

会议结束并不意味着会务工作的完成，秘书要适时做好会议善后工作，让会议善始善终，圆满完成。引导与会者安全有序地离开会场、安排与会者返程、清理会场是会议善后工作中最重要的环节。

1. 引导与会者撤离会场

会议结束，秘书人员就要与会务人员一道引导与会者有秩序地离开会场。通常情况下，先是主席台上的领导离场，之后与会者再离场。如果会场有多条离场通道，领导者和与会者可以各行其道。大型会议散会后，秘书还要注意引导车辆迅速、有序地离场，必要时可派专人指挥。

2. 送别与会者

会议结束后，与会者要返程，秘书人员要提前搞清楚情况，如谁什么时候走、什么方式走等。一般情况下有四项工作要做：

（1）进行会议费用结算。会议结束时，应协助与会者对会务费、住宿费、餐费等进行结算。

（2）对于参加会议的外埠（或外国）人员，应事先登记，并为其提前购买返程机（船、车）票。机（船、车）票被送到会议秘书处后，秘书人员要把票据妥善交到订票者手中，并请其在领取单上签字。

（3）送别与会者。与接站工作相同，要掌握不同与会者乘坐的交通工具、出发与抵达的时间、车次或航班等，最好制作成表格，便于协调安排送站的车辆和时间。与会者离去时，要安排好车辆将与会者送至机场、车站或港口码头，级别较高者应由领导亲自送达。

（4）对于个别需要暂留的与会者，仍要妥善安排好他们的食宿。

3. 清理会场

随着会议日程的结束，各种供会议使用的器材、物品必然会打乱原有的位置。散会后，秘书人员就要进行会议现场的清理。清理会场要注意以下四项：①关闭会议现场的视听设备，按照会议计划中的物品使用清单，逐一核查，保证物归原位。②收回会议现场的一些布置物品，如横幅、会徽、桌布等。③退还租借的物品和材料，如有设备、器材在会议使用中出现故障，应及时修理后再退还。④针对在会场发放的资料和会议期间产生的文件，尤其是带有保密性质的会议文件，会议结束后，要及时清点收回，并仔细检查会议现场及各个房间，查看是否有遗漏或剩下与会议有关的文件资料，以免遗失泄密。

（二）会议经费结算

会议经费的结算是办会者在会议结束后对整个经费使用情况，即会议开支费用的结算。结算一般包括以下步骤：

1. 统计会议费用

会议费用，即会议直接经费的支出。主要有：会场租用及布置费、会议设备租用费、会议通信费、会议培训费、会议交通费、参观费、会议食宿费、会议资料费、会议宣传费、纪念品购置费、水电费以及其他符合规定的杂费等。会议结束后，应对会议期间产生的费用进行统计。

2. 确定会议经费结算的方法

（1）收款的方法和时间。

会议经费开支主要有两种方式，一种是由会议主办方直接承担全部会议费用，与会者不需要支付任何费用；另一种是需要与会者向主办方支付一些必要的费用，如资料费、培训费、住宿费、餐饮费等。

对于要向与会者收取相关费用的会议，应注意以下事项：应在会议通知或预订表格中，详细注明收费的标准和方法；应注明与会者可采用的支付方式（如现金、支票、信用卡、银行卡等），如用信用卡收费，应问清姓名、卡号、有效期等；负责开具发票的秘书人员事先要与财务部门确定正确的收费开票程序。另外，如果有些项目无法开具正式发票，应与会议代表协商，开具收据或证明。

（2）付款的方法和时间。

统计好会议费用后，将应支付的费用根据相关规定，及时支付给对方，其中，会中一般需要支付的费用有场地租借费、设备租借费、场地布置费、专家咨询费、餐饮费等。

3. 通知与会者进行结算

会议结束后，秘书人员应该通知与会者、与会议发生费用的个人和部门关于经费结算的时间和地点，以便及时结算。

4. 清点与核实费用支出金额与发票金额是否平衡，发票是否正规

会议经费结算后，秘书人员应协助清点和核实费用支出金额与发票金额是否平衡，也要查看发票是否正规。

5. 填写费用报销单

费用报销单有两种形式：一种是单位内部自制的报销单，另一种是统一印制的通用费用报销审批单。

6. 请经办人签字，并请主管领导签署审批意见

在会议经费结算过程中，秘书要注意请经办人签字，并请主管领导签署审批意见，以使经费结算有据可查。

7. 到财务部门进行报销

会议过程中发生的费用通常多退少补。

（三）拟写会议纪要

拟写会议纪要，首先必须了解会议纪要的内容、特点和拟写要求。

1. 会议纪要的概念

会议纪要产生于会议后期或会后，属于纪实性公文。会议纪要是根据会议情况、会议记录和各种会议材料，经过综合整理而形成的概括性强、凝练度高的文件，具有情况通报、执行依据等作用。

2. 会议纪要的内容要素

包括召开会议的根据、目的、时间、地点、与会者、会议讨论的问题以及会议的成果等。会议讨论的问题和会议的成果是会议纪要的主体部分，即对会议主要精神的阐发。

3. 会议纪要的写法

会议纪要由标题和正文组成。在结构格式上不必写“主送单位”和“落款”，成文日期大多写在标题下方，也可写在文章最后。

（1）标题。

标题通常由“会议名称 + 会议纪要”构成。

（2）正文。

会议纪要的正文由导言、主体和结尾三部分组成。

导言，主要用来记述会议的基本情况。包括召开会议的名称、时间、地点、主持人、主要出席人、会议主要议程、讨论的主要问题等。导言不需要写得太长，简明扼要，让人们对会议有个总体的了解即可。

主体，是会议纪要的核心部分，会议的主要精神、会议议定的事项、会议上达成的共识、会议上布置的工作和提出的要求、会议上各种主要的观点等，都在这一部分予以表达。主体的写法一般有四种：

①分类标项式。这种写法适用于篇幅较长的会议纪要。有的会议开的时间很长，研究的问题很多，需要将会议讨论的内容依其内在联系和逻辑关系等归纳成几个方面，分项拟写并冠以合适的小标题。

②新闻报道式。这种写法有点类似于新闻写作中的消息写作，适用于办公会等日常工作例会的纪要。内容包括会议程序、会议概况、会议议题、讨论意见、决定事项等，依次写出即可。

③记录摘要式。这种写法就是对会议记录的摘要整理，其特点是平直易写，有点像流水账写法，可以使每个人的意见得到比较明确、充分的表达，便于事后查考。有些为解决纠纷而召开的协调会的会议纪要可采用这种写法。

④指挥命令式。这种写法主要用于写会议决定事项，会议情况一笔带过，简练明快，多用于安排部署重要工作的会议。标志性词语有："会议决定……"、"会议同意……"、"会议通过了……"等。

结尾，一般写对与会者的希望和要求，也有的会议纪要不写专门的结尾用语。

4. 会议纪要的印发工作

领导签字后的会议纪要需要上报或下发的，秘书人员要及时打印成份并分发传递。印发会议纪要只限于日常的工作会议，对于大型会议和专业会议，因为已有正式文件和决议，一般不再印发会议纪要。

（四）会议文件资料整理

1. 会议文件收集、整理的范围

（1）会前分发的文件。包括指导性文件、审议表决性文件、宣传交流性文件、参考说明性文件、会务管理性文件等。

（2）会议期间产生的文件。包括决定、决议、议案、提案、会议记录、会议简报等。

（3）会后产生的文件。包括会议纪要、传达提纲、会议新闻报道等。

2. 收集会议文件的要求

（1）确定会议文件资料的收集范围。会前分发的保密文件要按会议文件资料清退目录和发文登记簿逐人、逐件、逐项检查核对，以杜绝保密文件清退的死角。

（2）收集会议文件资料要及时，确保文件资料在与会者离会之前全部收集齐全。

（3）选择收集文件资料的渠道，运用收集文件资料的不同方式、方法。

（4）与分发文件资料一样，收集会议文件也要履行严格的登记手续。认真检查文件资料是否有缺件、缺页的情况。及时采取措施补救毁损的文件资料。

（5）收集整理过程中要注意保密。

3. 会议文件资料的立卷归档

会议文件资料的立卷归档是指会议结束后依据会议文件的内在联系加以整理，分门别类地组成一个或一套案卷，归入档案。这是将现行会议文件转化为档案的重要步骤，是档案工作的基础。

（1）会议文件立卷归档的范围。

大型会议完整的会议案卷，应包括以下方面：①会议正式文件，如决定、决议、计划、报告等。②会议参阅文件。③会议安排的发言稿、讲话稿。④会议记录、会议简报、会议纪要。⑤其他有关材料。

（2）会议文件立卷归档的工作步骤。

将收集的文件资料进行登记→向上级总结、汇报情况→甄别整理、分类归卷→卷内文件的排列→卷内文件的编号、编目→填写卷内文件的备考表→案卷标题的拟制→填案卷封面→移交给档案室。

（五）会议评估

为总结会务工作经验，不断改进会议的组织服务工作，会议结束后应及时进行会务工作的评估工作。

1. 会议评估工作的目的

（1）检查会议目标的实现情况。

（2）检查各个小组的分工执行情况。

（3）将每个服务员工的自我评估和集体评估相结合。

（4）以总结经验、激励下属、提高工作水平为目的。

2. 会议评估的内容和形式

会议结束后，秘书要对会务工作进行及时、认真的总结，一方面总结经验、肯定成绩、表彰先进；另一方面发现问题、找出不足、分析原因，为以后的会务工作提供借鉴和动力，不断提高办会水平。

（1）会议评估的内容：会议准备工作情况，会议方案所制订的各项会议工作的准确性和全面性，会务工作部门之间的协调状况以及会务工作人员的工作状态，与会者数量的合理性、信息交流的有效性，会议目标的实现情况，在提高会议效果方面需要改进的地方等。

（2）会议评估的形式：会务工作人员个人书面总结；各会务工作小组书面总结；由领导组织有关人员进行讨论总结，必要时进行大会交流、总结、表彰；总体书面总结，总体书面总结可用简报的形式散发和归档。

3. 对会议效果进行评估

会议评估程序如下：

（1）明确会议评估对象，包括对会议总体管理工作、对会议主持人和对会议工作人员的评估三个方面。

（2）确定会议评估因素。会议总体管理工作评估覆盖会议工作的方方面面，包括会议目标、会议方案、会场情况、时间、与会者范围、食宿安排、会议经费、会议文件资料和其他各项活动内容。秘书应根据会议的性质和类型决定评估问题的内容。会议主持人评估，主要侧重于对主持人的主持能力、修养、业务水平、工作作风、会议进程的控制能力和引导会议决议形成能力的评估。秘书可请与会者记录填写事先设计好的表格。会议工作人员评估，主要侧重于对工作人员的行为表现、工作态度、业务水平和工作效果的评估。

（3）设计评估表格，收集评估数据。设计评估表格应注意表格的长度、问题的相关性、提问的方式、填写的难易程度、分析数据的方式等。

（4）分析数据、得出结论。秘书应根据会议的类型和分析的目的，去获得分析数据并得出结论，以形成分析报告。采用科学的数据分析方式，与会者较多时，可采用计算机分析数据，并以简明的方式整理和展示会议评估所获得的数据，如柱形图、饼形图、散点式等。

4. 拟写总结文本

秘书在拟写总结时，应充分利用会议实情、评估数据和分析结果，并将其递交领导审核，形成“备忘录”式的会议总结。

总结的内容要素：

（1）标题。总结的标题有多种形式，最常见的是由单位名称、时间、主要内容、文种组成，如“阜新市财政局 2014 年工作总结”、“南岗选煤厂 2014 年上半年工作总结”。有的总结标题中不出现单位名称，如“创先争优活动总结”。有的总结标题只是内容的概括，并不标明“总结”字样，但一看内容就知道是总结，如“一年来的谈判及前途”。还有的总结采用双标题。正标题点明文章的主旨或重心，副标题具体说明文章的内容和文种，如“加强医德修养树立医疗新风——北方医院惠侨科精神文明建设的经验”。

（2）正文。正文由开头、主体、结尾三部分构成。

开头。总结的开头主要用来概述基本情况，包括单位名称、工作性质、主要任务、时代背景、指导思想，以及总结目的、主要内容提示等。作为开头部分，要注意简明扼要，文字不可过多。

主体。这是总结的主要部分，内容包括成绩和做法、经验和教训、今后的打算等方面。这部分篇幅大 、内容多，要特别注意层次分明、条理清楚。主体部分常见的结构形态有三种：

①纵式结构。就是按照事物或实践活动的过程安排内容。写作时，把总结所包括的时间划分为几个阶段，按时间顺序分别叙述每个阶段的成绩、做法、经验、体会。这种写法的好 处是使事物发展或社会活动的全过程清楚明白。

②横式结构。按事实性质和规律的不同分门别类地依次展开内容，使各层之间呈现相互并列的态势。这种写法的优点是各层次的内容鲜明集中。

③纵横式结构。安排内容时，既考虑到时间的先后顺序，体现事物的发展过程，又注意内容的逻辑联系，从几个方面总结出经验教训。这种写法，多数是先采用纵式结构，写出事物发展的各个阶段的情况或问题，然后用横式结构总结经验或教训。

主体部分的外部形式，有贯通式、小标题式、序数式三种情况：

①贯通式适用于篇幅短小、内容单纯的总结。它像一篇短文，全文之中不用外部标志来显示层次。

②小标题式将主体部分分为若干层次，每层加一个概括核心内容的小标题，重点突

出，条理清楚。

③序数式也将主体分为若干层次，各层用“一、二、三……”的序号排列，层次一目了然。

结尾。结尾是正文的收束，应在总结经验教训的基础上，提出今后的方向、任务和措施，表明决心、展望前景。这段内容要与开头相照应，篇幅不应过长。

第六章　事务管理

第一节　办公环境管理

办公室是党务系统、行政系统、企事业单位、社会团体等组织设立的办理事务的机构，是直接为领导服务、沟通上下、联系左右的综合部门。办公室事务管理，即围绕办公室的事务管理职能而实施的一切业务活动。

一、办公环境的概念

办公环境即办公室环境，指办公室中包括人、办公场所、办公设备、办公物品等影响办公人员的心理、态度、行为及工作质量、效率的各种因素的总和。

对于常“坐”办公室的秘书人员来说，办公室环境不仅影响着秘书人员的心情和健康，同时影响着秘书工作的质量和效率。因此，秘书应时刻关注办公室环境的不断改进和优化，使自己永远处于最佳的工作状态中。

二、办公室环境的构成

办公室环境分为硬环境和软环境。

（一）硬环境

硬环境，指办公室业务活动所需要的物质条件、有感条件之和构筑而成的环境。主要包括办公室所在地、空气、光线、颜色、声音、绿化、设备、安全等环境。

1. 办公室所在地环境

指办公室所处的地方的环境，办公室所在的地方如果是在依山傍水、风景秀丽、绿树成荫、芳草铺地、花木繁茂的大环境内，办公室环境一般也较优越。

2. 空气环境

室内通风与空气调节对工作人员提高工作效率是十分重要的。空气环境是以空气温度、湿度、清洁度和流动速度四个参数来衡量的，称之为空气的“四度”。

（1）温度，空气温度的高低对人的舒适和健康影响很大。办公室的温度以冬天在16℃～25℃之间，夏季在23℃～30℃之间为最宜。北方冬季供暖地区的冬天温度应保持在16℃以上。

（2）湿度，办公室理想的相对湿度在40%～60%之间。在这个湿度范围内工作，人会感觉清凉、爽快、精神振作。

(3) 清洁度，空气的清洁度是表示空气的新鲜程度和洁净程度的物理指标。空气的新鲜程度就是指空气中氧的比例是否正常。新鲜的空气使人精神焕发，工作效率高；污浊的空气则使人身体不适，情绪低落，会降低工作效率。

(4) 空气流动速度，室内空气的更换是通过空气流动来实现的。一般来说，在室温为22°C 左右的情况下，空气的流速在0.25 米/秒时，人体能保持正常的散热，并有一种微风拂面之感，感到舒适。常开窗能起到换气、使空气对流的作用。

3. 光线环境

办公室内要有适当的照明，以保护工作人员的视力。如长期在采光、照度不足的场所工作，亮度太低，就不能满足人的视觉的要求，而且对调节眼睛瞳孔的控制机能产生干扰，使眼肌迅速疲劳，不仅损害视力，而且影响情绪。这样不但影响工作效果，久而久之，还会导致工作人员的视力下降，影响身体及其他方面的健康。但亮度也不能太高，不然会带来眩光，使人的视觉效能下降。光线的方位来自左后方为最佳，左方次之。

4. 颜色环境

颜色具有很强的感染力和吸引力，可直接影响人的心理活动和工作行为。办公室的颜色可根据不同地区及办公室的不同用途来作选择。气温高、天气热的地区，办公室宜采用冷色，如绿、蓝、白、浅灰等；气温低的地区，宜采用暖色，如橙、黄、红、粉色等。按工作性质，如多用作研究、思考问题的办公室，宜采用冷色；会议室、会客室宜采用暖色。人们还可以利用颜色的配色原理，调制出最适合本地区、本部门的颜色。但必须遵循一条总的原则，即适用、美观、高效，有益于工作人员的身心愉快和健康。

5. 声音环境

办公室保持安静，才能使工作人员聚精会神地工作。声音环境应有一个理想的声强值。办公室的理想声强值为20~30 分贝，在这个声强值范围内工作，使人感到轻松愉快，不易疲劳。

6. 绿化环境

办公室内应摆放些许花卉和绿色植物，室内绿化就像“无声音乐”，不仅能点缀、美化环境，而且能调节室内小气候。绿色象征和平与生机，使人产生安全感，让人奋发向上，有助于提高工作质量和效率。

7. 设备环境

办公设备的适用化和现代化能够大幅度地提高办公效率，我国传统的办公设备有办公桌椅、电话、档案柜、报纸架、图片架、图书资料等；现代化的办公设备则增加了传真机、复印机、打印机、录音机、录像机等，它们构成以电子计算机为核心的科学管理信息处理系统。

8. 安全环境

安全环境是整个办公室安全措施的总和。安全环境的内容包括三个方面：

(1) 人身安全。要加强门卫登记制度，重要部门要安排武装警卫人员值班，以保证办公场地的人员的安全。

(2) 财产安全。办公室应该实行严格的安全防护措施，以防止盗窃、抢劫、泄密事件的发生。除要有严格的制度作为保障外，还要购置必要的保险设备，并配有专人和专职部门负责安全工作。特别是机密文件的保护，必要时要配备武装警卫人员守护，从外围加强安全措施。

(3) 防火安全。办公室内储存有大量的文件资料和设备，如果不慎失火，会造成不可弥补的损失。所以办公场所要特别注意防火。除制定并严格执行安全防火制度外，还要设置防火、灭火及避雷装置，做到有备无患。

(二) 软环境

软环境，指办公室业务活动所需要的非物质条件、无形条件之和构筑而成的环境。办公室软环境主要包括人际关系、情感气氛、工作作风等。

1. 人际关系

办公室内部人际关系影响工作效率。只有一致的目标、统一的行动、融洽的关系和凝聚力才能使大家同心同德，团结协作，否则，便可能陷入无穷的争执中而无所作为。

2. 情感气氛

和睦的气氛，通常指一种非排斥性的情感环境。如果办公室内部的气氛是紧张的、不和谐的，其成员彼此之间互相猜疑，乃至嫉恨，凡事相互推诿、扯皮，工作效率必然低下。可见，和睦的情感气氛对工作的顺利开展十分重要。办公室成员良好的心境是建立办公室和睦气氛的最根本因素。

3. 工作作风

求真务实、严谨的工作作风可以使人精神振奋，心情舒畅，能充分调动和发挥人的主动性、积极性和创造性，使各方面的工作能够顺利地开展，对实现工作目标起着推动作用。此外，求真务实、严谨的工作作风可以通过情绪气氛对工作人员产生潜移默化影响。倘若新的员工进入一个风气良好的集体，会不知不觉地受到感染和同化，自觉地约束自己，努力地工作。

三、办公责任区的管理

对于秘书人员来说，不仅要管理自己的办公区域，同时也要负责管理领导办公区域和相关的公共办公区域。秘书人员几乎每天身处于这些办公区域，这些办公区域的环境同时也影响着秘书人员和其他人的身心健康和工作效率。因此，秘书应时刻关注这些办公区域的改进和优化，使之始终处于最佳服务状态中。

(一) 办公责任区的概念

办公责任区即专人负责管理的，为实现某项功能，由办公场所、办公设备和办公物品等各种综合要素组成的区域。

(二) 办公责任区的分类

办公责任区分为个人办公责任区、公用区域、领导办公区域。

根据办公室日常管理的需要和秘书人员的层次，秘书所负责的责任区也不相同。一般情况下，办公室个人办公责任区、公用区域、领导办公区域均由秘书人员全权负责管理。

（三）办公责任区的管理要求

1. 个人办公责任区

个人办公责任区指秘书个人的办公场所，包括使用的办公设备和物品等，要做到：

保持桌面、办公设备、办公家具等的清洁、整齐，无瓜皮纸屑。

办公室内不吸烟，茶具清洁干净，摆放整齐，一次性口杯应及时处理掉。

桌椅摆放有序，办公桌抽屉物品要井然有序，窗明几净，四壁光洁，空气清新。

资料、文件、报纸、杂志要分类清楚，码放齐整。

电话听筒、按键，电脑键盘要经常用酒精棉消毒和擦拭。

室内不乱放私人用品，无废弃杂物。

2. 公用区域

公用区域指由秘书部门负责管理的区域，包括办公室、接待室、会议室以及其中的办公设备和物品等。负责公用区域要做到：

对于办公与会场设备，如公用办公桌、茶几、主席台、废纸篓、文件柜、物品柜等，秘书清洁与整理时要做到及时、整洁、有序。

物品柜要注意安全。办公室文件柜整理主要是将文件分门别类摆放，并贴上标签。一般大的、重的物品应放在最下一层，化学液体、墨水、油墨等也应放在底层。较小的物品集中装在盒子中，放于中上层，轻的、不常用的物品放在最高层。

将相关设备存放在同一区域，电线尽量隐藏在暗处，插座分散安置，防止用电超标造成短路引起火灾。

保持公用区域的清洁、整齐，每天要做到4S，即整理（SEIRI）、整顿（SEITON）、清扫（SEISO）、清洁（SEIKETSU）。

3. 领导办公区域

领导办公区域指由秘书人员分工负责的领导办公室，包括办公室以及办公设备与物品等。领导办公区域的管理要做到：

领导办公区域的整理应在领导上班前完成，重要的是坚持每天进行整理。

设备和文件摆放有序；每天要开窗换气，调好空调的温度；给植物浇水，清除残叶；整理桌面，检查办公用品；准备好茶水；搞好清洁卫生。

维护领导办公区域的安全，包括信息保密、加固门窗，最好在门外走廊安装监控设备。

领导使用的办公设备和物品要定时维护。

四、办公室的布置

美观、整洁、舒适、和谐与安静的工作场所，必然有助于办公室工作的完成，也有利于工作人员的身体健康，提升单位的良好形象。因此，秘书应该明确需要整理的办公环境范围，掌握整理办公环境的技巧，营造出优良的办公环境。

（一）办公室合理布局的作用

有利于人员的分工与合作。

有利于形成有效率的工作流程。

有利于工作的保质保量。

（二）办公室内布置的要求

办公桌的排列应按照直线对称的原则和工作程序的顺序，其线路以最接近直线为佳，防止逆流与交叉现象。同室工作人员应朝同一个方向办公，不可面面相对，以免相互干扰和闲谈。

座位间的通道要宽窄适宜，应以事就人，不以人就事，以免往返浪费时间。

领导者应位于后方或里面，以便监督，同时也不因领导者接洽工作而转移和分散工作人员的视线和精力。

自然光优于灯光，光线最好来自左后方，以保护视力、方便工作。

常用办公设备应放在方便使用者使用的地方，公用办公设备应集中在一个地方。

座机电话最好是5平方米空间范围一部，以免接听电话时距离座位太远，分散精力，影响工作效率。

办公室的用具设计要精美，坚固耐用，适应现代化要求。比如，办公桌是工作人员的必备工具，应注意美观、适用。有条件的可采用自动升降办公椅，以适应工作人员的身体高度。同时，应根据不同的工作性质，设计不同形式的办公桌椅。另外，办公室应根据不同情况，设置垂直式档案柜、旋转式卡片架和来往式档槽，以便存放资料、文件和卡片等，便于随时翻检。这些用具应装置滑轮，便于移动，平时置于一隅，用时拉至身边，实用便捷。

（三）办公室内布置的原则

办公室的布置不是简单的设施摆放，应该有利于工作人员间的沟通以及部门间的协作，还需要考虑工作人员在其间工作的舒适感、方便领导监督等因素。办公室布置所要遵循的原则是：

1. 利于沟通

沟通是人与人之间思想、信息的传达和交换，通过这种传达和交换，使人员在目标、概念、意志、兴趣、情绪、感情等方面达到理解、协调一致。办公室作为一个工作系统，必须保证工作人员之间充分的沟通，以实现信息及时有效地流转，系统内各环节、各因子才能协调运行。

2. 协调、舒适

协调，是指办公室的布置和办公人员之间配合得当；舒适，是指人们在办公场所工作时，身体各部位没有不适感。协调是舒适的前提，只有协调，才会有舒适。协调的内涵是物质环境与工作要求的协调。它包括：办公室内设备的空间分布、墙壁的颜色、室内光线、空间的大小等与工作特点、性质的协调；人员与工作安排的协调；人与人之间的协调，包括工作人员个体、志趣、利益的协调及上级与下级的工作协调等。其中，人际关系的协调有以下表现：

连续性。工作具有连续性，且各环节不至于间断、脱节。

协同性。工作各部分都从全局出发，同时进行，紧密配合。

有序性。各办公室的布局与业务的处理程序一致，工作的安排井然有序，工作才能开展顺利。

和谐性。包括人际关系和工作安排的和谐，避免有矛盾的人员在同一处工作，以及不同种类的工作之间相互干扰。

3. 便于监督

办公室的布置必须有利于监督，特别要有利于人员的自我监督。所谓自我监督，是指进行自我约束和控制，自觉遵守组织的规章制度等。办公室的布置还要适应内部监督的需要，其中，内部监督是指：

内部监督是一种日常监督。其监督内容包括工作人员在日常工作中的一切行为，以及通过各种行为举止反映出来的职业素养、道德品质等。通过日常性监督，可得出人员在某段时间内的整体评价。

内部监督具有双向和多维监督的特点，是主管人与部属之间、部属与部属之间的相互监督，是一种群体内部的监督。因此，它的有效性有赖于群体之间的良好沟通与协调。

内部监督还是一种内部力量的约束。内部监督的最大特点和有效性不是取决于外界的压力，而是取决于内部的纪律约束、自觉程度，以及每个人在工作中的参与程度和自觉性。

五、办公室的布局类型

办公室的费用通常是按面积来计算的，如何在有限的空间内设计出明快、整洁、方便、实用的办公布局，确实需要下一番功夫。

（一）办公布局应考虑的主要因素

设计办公室的布局时，应考虑的因素有：

职工人数。

房屋面积。

机构的建制与办公空间的分类。

管理、经营的性质或内容。

部门之间的工作联系。

办公室的间隔方式应符合工作的需要和保密的需要。

走廊、楼梯等公用区域符合安全的需要。

（二）设计不同形式的办公室的工作程序

分析业务特点对于办公条件的要求→设计平面图→选择办公家具、设施和装饰→完善采光、温度、湿度、通风、绿化等环境。

（三）办公室布局类型

办公室的布局有开放式和封闭式。

1. 开放式办公室

（1）开放式办公室的构成。

开放式办公室的空间一般都很大，包含多个独立的工作位置，每个工作位置之间根据需要用可移动的物体分隔开，每个工作位置通常包括办公桌、椅子、电话、计算机、文件、文具的存放空间等。

（2）开放式办公室的特点。

①不设私人办公室。

②工作空间的位置通过安排可活动的物件来确定，如办公桌椅、活动屏风、档案架、植物等；也不改变固定的设施，如光照装置、暖气管道、隔墙或地面覆盖物等。

③每次进行工作间布局规划时并不考虑窗户或其他常规结构的限制，而是以信息流和工作运转的自然路线所形成的不统一的款式来安排的。

④人员的地位更多地是由分配给他们的任务而不是由他们的位置来确定的，比如，较高级的管理人员可以有较大的办公场所及不同颜色、不同形状的办公桌，普通人员不必一律如此。

（3）开放式办公室的优点。

①灵活应变。开放式设计提供了较大的灵活性，重新布局的成本较低。

②节省面积。开放式的办公室中，空间利用率大于常规的一排排格子式设计中的可用面积。在美化布局的办公室中，场地利用率高达80%～90%。

③易于沟通。管理者与下属之间的交流障碍减少了，管理者有更多的机会与下属接触，有更多的机会观察下属之间的相互影响，有利于管理工作的进行。

④易于监督。管理者更方便监督下属的工作情况。

⑤容易集中化服务和共享办公设备。

（4）开放式办公室的弊端。

①难以保护机密。员工的一切工作均暴露于大庭广众之下，难以保护工作秘密。

②增加集中注意力的难度。在一个较大的区域里与多人一起工作，员工不容易集中精力，谈话声、机器设备声以及电话铃声等都会造成干扰。

③员工难以找到属于自己的私人空间。员工缺乏单独办公的机会，没有隐私。

④员工会感到降低了身份和地位。

2. 封闭式办公室

封闭式办公室又称传统办公室，是一种较为传统的办公室布局，它把员工安排在一个个独立的小空间内。

（1）封闭式办公室的优点。

①可以使工作环境显得相对安全。

②易于保证工作的机密性。

③易于员工集中注意力。相对安静的工作环境，易于使人集中注意力来进行更为细致和专业的工作。

④可以使员工拥有相对独立的私人空间，有效地保护个人隐私。

（2）封闭式办公室的缺点。

①费用高。非办公空间的占用率较大，提高了成本费用。

②管理者难以监督。

③不易交流，员工容易感觉孤独。信息难以得到及时有效的沟通，工作协调也不够快

捷灵便，工作效率受到一定程度的影响。

（四）确定办公室类型的原则

确定办公室的类型应本着便于各项工作沟通协调的原则。凡与外界接触较多的部门，如行政综合部门、秘书部门等，应设在办公楼的中心地点，采用开放式办公室类型，平均每人应有5平方米办公室空间；领导办公室应设在比较清静的里侧，采用封闭式办公室类型。

第二节　通信管理

在办公室通信管理中，电话、传真、信函是重要的通信工具。正确使用这些工具，有助于营造良好的沟通气氛，提高办事效率，树立个人和组织的良好形象。

一、接打电话

接打电话是秘书日常的重要工作。为便于上传下达、内外联系，秘书每天要接打大量的电话。打电话时对着话筒同对方交谈，看似和当面交谈一样简单，其实不然，打电话大有讲究，可以说是一门学问、一门艺术。

（一）接打电话的基本要求

1. 普通规范的语言

秘书的电话语言表达要体现良好的职业规范。秘书交流工作的语言应是普通话，应该用标准的普通话与对方打招呼，以使双方对话能顺利展开。接打电话时还要使用职业语调与规范用语。

2. 礼貌热情的态度

接打电话时要礼貌热情，因为对方即使看不见，也能被秘书热情的语气所感染。由于面部表情会影响声音的变化，因此，在打电话时也要抱着“对方看着我”的心态去应对。电话交谈的第一声，常会给人留下深刻的印象。因此，美国贝尔电话公司就向25万名接线生提出了“德者微笑接听电话”的职业要求。

3. 清晰明朗的声音

通话过程中不能吸烟、喝茶、吃零食，因为，即便是懒散的姿势对方也能“听”得出来。例如，打电话时弯着腰躺在椅子上，对方听到的声音就是慵懒的、无精打采的；若坐姿端正，所发出的声音就会饱满、充满活力。因此，打电话时，即使看不见对方，也要当作对方就在眼前，尽可能注意自己的姿势。

4. 适当的语速和音量

通话的语速和音量，不要太快太高，否则会显得急躁，像打架；也不要太慢太低，以免显得无精打采。总之，以对方听清并领会了意思为准。

5. 简明扼要的内容

通话要简明扼要，不要在电话中聊天。尽量把一次通话的时间控制在3分钟之内。如果内容较多，要先跟对方商量，如问对方：“本次通话可能占用您较长时间，您现在方便吗？”

6. 迅速反应的动作

通常，秘书人员业务繁忙，身边往往不止一部电话。听到电话铃声，应在三声之内迅速地拿起话筒接听。电话铃声响一声大约 3 秒钟，让对方久等是很不礼貌的行为，会给对方留下被怠慢的印象。如果电话铃响了三声以后才拿起话筒，应首先向对方道歉，说句“对不起，让您久等了”。

（二）接听与拨打电话的程序

1. 接听电话的程序

（1）记录准备。秘书应在电话旁边准备好电话记录本和笔等，电话铃一响，左手握起听筒，右手马上准备记录。

（2）礼貌应答。如无特殊原因，秘书应在电话铃响起三声内摘机接听。接电话后，首先问好，然后再作自我介绍（包括自己的单位），如“您好，这里是天英公司，我是秘书王×，请问有什么可以帮您的吗？”如因故没能及时接听，应首先道歉：“对不起，让您久等了。”“不好意思，刚才正在接待一位客人。”

如果对方也作了自我介绍，则可正常通话。否则，秘书就应礼貌客气地了解对方的身份，如“请问您是……”或“请问您的尊姓大名？”切忌语气生硬、鲁莽，如“你是谁啊？”“你要干什么”之类。

（3）认真听记。通话时，秘书应用心倾听，准确领会对方意图。一定要弄清对方来电的目的，比如，是否可以代为转告，是否一定要指名者亲自接听，是否为一般性的电话行销等等。通话过程中，可适当做出反应，如“我已经都记下了，请放心吧！”或“我们会尽快处理的。”表示自己在认真倾听和记录。

（4）结束通话。一般来说，通话结束应遵循“谁打出电话，谁先挂断”的原则。

2. 拨打电话的程序

打电话，要“打”出成效来，这是对秘书人员的基本要求。为此，秘书人员就应该了解打电话的程序，做到胸有成竹。

（1）通话准备。通话前的准备主要有：情绪准备，“言为心声”，和蔼的态度、热情温和的声音，会使对方对秘书及其所代表的组织产生良好的印象；内容准备，拨号前应把要说的内容写在纸上，以便在电话中讲得有条不紊；工具准备，如最新的世界或全国电话号码簿、自己常用的电话号码表、笔、纸等。

（2）正确拨号。拨号时精神要集中，耐心等待线路接通，要让电话铃至少响 6 次，确认对方没有应答再收线。

（3）相互介绍。电话接通后，如果对方未自报家门，首先应亲切地向对方问好并确认对方是否是自己要找的对象，如“您好！请问是蓝天公司吗？”在得到对方确认后，再作自我介绍。

（4）清晰表达。秘书准确清楚地陈述预先准备好的电话内容。特别重要的内容，应重复叙述一次，确认对方已听清并记住。

（5）挂机道别。通话结束，要使用道别语言，如“谢谢！”“再见！”然后轻轻挂机。

（三）电话摆放的位置

电话机应该摆放在办公桌的左侧，并在桌子右侧放好电话记录本和笔，方便来电时左手拿起话筒，右手随时记录。

（四）接打电话的注意事项

接电话掉线时，应挂机，等待对方打入。

接电话时，要给对方适时的回应，如“是的”、“好，我明白了”、“对不起，我没听清楚，请再重复一遍好吗”。

非紧急电话，最好不要在上班后半个小时、下班前半个小时和午休时间打。

同时打进来几个电话，处理方法有：告诉正在交谈的对方有电话打进来，需要处理，请对方稍等；迅速接起另一部电话，快速处理完毕，马上回到第一个电话上。如果第二个电话不能迅速处理完，也不属于紧急电话，可以请他一会儿再打来，或告诉他等你处理完第一个电话后给他打过去。如果第二个电话属于紧急内容，则向第一个来电者道歉，请他先挂上电话稍等或迅速处理完第一个电话。总之，回到第一个电话时，都要向来电者表示歉意。

（五）电话记录表

接打电话所涉及的工作内容都要记录下来，需要设计成电话记录表。记录表的内容要素大体包括 5 个“W”和 1 个“H”，即 Who（何人）、When（何时）、What（何事）、Where（对方单位）、Why（为何来电）、How（如何处理）等。

二、过滤电话

（一）过滤电话的含义

过滤电话指通过特殊方法将有用电话与骚扰电话分辨开来的过程。过滤分辨后的电话一般有：重要电话、纠缠电话、恐吓电话、唠叨电话、代接电话等。秘书人员应对这些电话使用相应的技巧。

（二）过滤电话的要求

重要电话。一般指来自上级的、需要马上办理的、需要交办的、需要提醒的、需要转告的电话等，尤其是涉及人名、时间、地点、事件、数据等，必须记录下来。秘书人员接听上述电话时，以准确为第一原则，边听边做电话记录。

代接电话。秘书人员平时为领导代接的电话比较多，如领导不在时，领导正忙不能马上接电话、需要让客人稍等时，领导正在开会时，都需要秘书人员代接电话。秘书人员要始终使用礼貌用语，劝慰对方，如“请问，我可以为您转告吗”、“不好意思，让您久等了，我们经理马上就来”等。

唠叨电话。经常会接到一些“电话粥”式的唠叨电话，这时，秘书人员需要用启发的方法提醒对方“问题讲清楚了”。如果对方还未明白，可巧用谎言，如使用“我这儿刚进来一位客人，若没有事需要我帮助了，那我先挂了”搪塞过去。

纠缠电话。打电话的人为了达到自己的目的，三番五次来电纠缠、骚扰，无论怎么解释也无济于事。这类电话一般会让秘书人员心烦气躁，不知所措，一不留神就会带出不耐烦的语气。切记，秘书人员接到此类电话时，既不能呵斥，也不能直接挂断，相反，要大度有礼，不急不躁，软中带硬，委婉地回绝对方。

恐吓电话，个别人为了逼迫对方让步，经常会使用威胁的方式给相关组织打恐吓电话，口气粗俗无理，提出的苛刻条件往往让人无法接受。遇到这类恐怖电话时，秘书人员要镇定自若，和蔼亲切地与之周旋，必要时录音备用，可警告对方恐吓是犯法行为。

三、收发传真

（一）传真的含义

传真机利用电话线路把一方的图像和文字按原样传输到另一方，还可以传送表格、照片、签名、印章等真迹，故又叫真迹传送。传真通信赋予了现代通信技术新的生命，给秘书人员办公提供了自动化手段。

（二）发收传真的要求

1. 发送传真

传真原件应当篇幅短小。在本单位的传真机上发传真，是按占用线路时间的长短计价的。

传真文件应当使用 A4 型（297mm×210mm）纸，深色墨水，字迹清楚，字体不要小于 4 号字，以确保传送的清晰度。

（1）格式选择。

传真机传送的文件格式有两类：一种是按照国家标准要求的格式制作的文件传送，即按原文件的格式传送；另一种是使用传真首页格式传送的事务性文件，即将传真内容摘要填入规范的表格之中，参考格式如下：①标题。“单位名称＋传真文件（传真件）”，如“北京广博信息有限公司传真文件”。②传真件编号。“年份＋流水号”，用阿拉伯数字标注。③收件单位、收件人、传真和电话号码。④发送单位、发送人、传真和电话号码、地址和邮编。⑤发送的具体时间。⑥事由。简明扼要地写清楚内容。⑦页码。

（2）登记。

传真件发送之前，都应进行登记。登记的方法有两种：一种是按常规公文进行登记，但应增加一项“传送方式”的登记项目，并注明“传真”；另一种是在专门的“传真文件登记簿”上进行登记，以便日后查考。登记项目有：①发文顺序号。一般按发出的时间顺序按年度编流水号。②标题。如发送无标题的一般信函，可标写事由。③发送日期和时间。要注明具体的年、月、日、时和分。④签发人。以单位名义发出的传真件，应当在登记时注明签发人。⑤发送人姓名。以个人名义发出的传真件应当登记发送人姓名。⑥密级。⑦紧急程度。⑧收件单位。⑨收件人姓名。⑩存档号。

（3）设置按键。

设置传真机和电话机使用的是同一条电话线路，必须将传真机功能键切换至“传真”（Fax）的位置，并根据要求调整分辨率、色彩、色调、对比度等参数。当传输信道质量好时，应调整至高传输速率，并应使用自动纠错功能。这样既可保证通信质量，又可缩短传输时间。如传输信道质量较差，可调整至较低的传输速率，是否使用自动纠错功能则视情况而定。需要定时发送就设置好预定的时间。

(4) 装入原稿、传送。

先去掉纸上的大头针、曲别针或其他硬物，然后将发送的原稿字面朝下放在引导板上。一次放置的原稿页数不能超过规定页数。先用电话拨通对方，确认对方传真机是否处于自动待机状态。如果对方的传真机是专线的（即未并联其他的终端）或已处于自动待机状态，听筒中会传来对方传真机的信号声。这时按下启动键（Start），放下话筒，传真机开始传送文件。如果对方的传真机未处于自动待机状态，则应在电话中通知对方给传真信号，听到信号声后，再按下启动键。传真机的显示屏显示“OK”，说明传送完毕，对方已经正常接收，传真机自动恢复到待机状态。

(5) 保存原稿。

如果原稿未采用上述传真件格式，而是一般的信函或图表，则应在取出原稿后，标上传真编号，注明发送日期、时间、收件人单位名称和姓名（应当与传真登记簿相一致），妥善保管。有保存价值的，应当归档。

2. 接收传真

(1) 接收传真的方式。

接收传真有自动和人工两种方式。

①自动接收。当传真机处于自动状态时，会自动接收并输出传真件，然后又自动恢复到待机状态。

②人工接收。如果在一条电话线路上连接电话机和传真机两个终端，而且必须经常使用电话机，则必须采用人工接收方式。接收方接到发送方的电话，通话后便可放下话筒，按下启动键（Start）。传真机正常开启后，即刻便能收到一份与原稿一样的复制品。

(2) 传真分类。

收到传真后可以把传真分类：①需要单位负责人审阅的，根据负责人授意处理；②转给其他相关负责人进行处理的；③由秘书代为处理和回复的。

(3) 登记。

传真接收管理与发送一样，也要建立登记制度。收到传真件后，应当进行登记。其项目如下：①收文顺序号。一般按接收到传真的时间顺序按年度编流水号。②收到的日期和时间。要注明年、月、日、时和分。③标题。如发送无标题的一般信函，可标写事由。④来文编号。⑤来文单位和发送人姓名。⑥密级。⑦紧急程度。⑧承办单位。⑨承办人姓名。⑩存档号。

(4) 处理。

秘书收到传真件后，属于自己职责范围之内的应尽快处理；如果是他人的传真，应尽快通知他人领取，并请领取人签字；尤其是有紧急程度和密级要求的传真，更要认真对待，以确保传真能得到快速高效的处理。

四、收寄信函

任何一个单位，每天都会收进和寄发一定数量的纸质信函。信函处理的好坏会影响工作的进程，为此，秘书人员必须规范、高效地处理信函。

（一）收进信函

信函的收进过程可分为：信函分拣、信函拆封、信函登记和信函分办四个环节。信函处理工作通常由单位办公室的秘书人员负责。

1. 分拣

秘书人员收到信函后，首先应对信函进行分类。

分类的规则是：将私人信函与公务信函分开；将办公室内部信函与领导信函分开；分出优先处理和稍后处理的信函。

2. 拆封

拆封要注意信函的安全和拆封的权限，否则会引起不必要的麻烦。

（1）信函的拆封应该按照以下的顺序。

第一步，轻敲信函。开启之前，将信函一端竖在桌面上轻轻敲几下，使封内的信函落到下面，以防信函留在封口边缘被拆剪破坏。

第二步，小心开启。应该用开封刀或自动拆封机沿信封上端开启，小心取出信函。

第三步，仔细查看。取出信函后还要仔细查看信封内部，以免遗漏其他信件在封内。

第四步，核对附件。信函上标明的附件，必须核对清楚，如果缺少了附件，应该在信函上标明，最好将附件用回形针或订书针固定在信函上。

（2）拆封信函时需要注意的问题。

①注意不要剪坏邮票、邮戳和信封上的文字，保持信封的完整，便于有问题时查对。

②对信函的页码进行核查，如发现错误，要标注清楚。

③不能开启标有“亲启”、“保密”字样的信函，除非有领导的授权。

④如果无意拆开不该拆的信函，应该立即封口，在信封上注明“误拆”字样，并签上自己的姓名，尽快送交收函者。

3. 登记

信函登记是一个重要的环节，重要的信函要实行登记。建立一个信函登记本，登记要素有：编号、收到的日期、收阅人或部门、信函种类、处理办法等。

4. 分办

信函的分办是秘书人员对信函的分发和传阅。包括向领导呈交信函和向其他人递交信函。

（1）呈交领导阅办的信函时应注意的问题。

①呈交给领导阅办的信函应立即呈送。

②区分放置有不同处理要求的信函，可使用不同颜色的文件夹放置不同处理要求的信函，或使用色笔在信函上标出记号。

（2）控制传阅的做法。

有些公务信函需要递交多个部门或人员阅看、处理，这些信函就要在这些部门之间进行传阅。秘书人员应确定传阅范围和控制传阅速度。有效做法有：

①涉及数个部门的信函，可以将有关部门的列表附于信函上，交由部门负责人签字。部门负责人阅毕，就划掉该部门的名字。

②秘书可以将信函的原件交给主要负责部门，并由该部门将信函内容转告给其他相关部门；也可以将信函复印，分发给有关部门。

③需多人传阅的信函，可以设计一个传阅顺序提示表，请有关人员按提示表顺序传阅。

（二）寄发信函

需要寄发的信函往往由办公室秘书人员统一办理，整个寄发过程可以区分为信函签字、信函查核、信函封装和信函寄发四个环节。

1. 签字

信函在寄发之前先确认是否需要领导签名，领导的亲笔签名会引起对方对信函内容的格外重视。

2. 查核

在信函封装寄发之前，需要仔细查核附件是否齐全、正确。此外，还要查核信封、信皮的格式是否正确，姓名、地址、邮编是否正确，标记是否注明。标记有两种类型：一种是信函性质标记，如“私人”、“保密”等；另一种是邮寄方式标记，如“挂号信”、“特件”等。

3. 封装

查核完毕的信函折叠装入信封后，要仔细封好开口，并贴上邮票。这一环节的工作需要注意：给邮票和封口上胶水时，要同时使用吸湿器，吸湿器能吸干过量的水分，以免玷污信封；不要用舌头去舔信封和邮票，这样做既不卫生，又不保险。

4. 寄发

鉴于不同类型的信函有着不同的寄发要求，所以，如果需要寄发的信函数量和种类较多，可以先对信函进行汇总分类，如分成境内平信、国际航空、特快专递等类，分类能够帮助秘书人员快速地按要求处理信函。

信函的寄发可以采取多种方式，如果时间充裕，一般通过所在地邮政服务机构邮寄。如果时间紧迫，可以采取其他的快速传递方式，如特快专递、电子信函、传真、电传、电报等。

第三节　接待事务

接待是秘书办公室工作的重要环节，接待工作水平的高低能够集中反映一个组织的整体形象，能够展示出接待人员的素质和能力，同时对于推动工作的开展也具有十分重要的作用。在当今新形势下，为适应组织的发展要求，秘书办公室的接待工作必须做到热情细致、规范有序，使客人满意而归，从而更好地发挥秘书职能部门的作用。

一、接待工作的概念

接待工作指各种组织在公务活动中对来访者所进行的迎送、招待、接谈、联系、咨询等辅助管理活动，是秘书机构的一项经常性的事务工作。

二、接待工作的分类

按来访人数和规模，分为：个人来访、团体来访。
按接待的准备程度，分为：预约来访、无约来访。

三、接待工作的程序

（1）日常接待工作的基本程序：迎候→查对预约登记→做好登记→通报来访→引导客人→介绍→做记录→送别。
（2）接待团体来访的基本程序：了解情况→制订接待方案→做好准备工作。

四、接待工作的准备

要做好接待工作，秘书人员应做好心理准备、形象准备与物质准备。

（一）心理准备

“进门即是客”，无论来客找谁，或者以前由谁接待，只要客人进入办公室，秘书都应热情与客人打招呼。如果原来接待客人的同事不在，秘书应上前主动协助，不应将客人晾在一边。如果是大型活动的接待，秘书更应该早做心理准备。

（二）形象准备

仪容仪表方面，秘书的着装、修饰要大方得体，保持良好的职业形象；行为举止方面，要端庄优雅，礼貌热情，体现出组织的形象。

（三）物质准备

（1）环境准备。接待场所要清洁、雅致，会客厅、前台可以摆放花束和绿色植物，走廊、楼梯要干净、无异味，接待室茶具、座椅等家具要干净，物品要整齐。
（2）接待用品的准备。应准备一些报纸杂志或介绍本单位的资料，供客人等候时阅读。接待室要有足够的座椅、茶具、茶叶、饮料等。

五、确定接待规格

（一）接待规格的含义

秘书人员根据来访者的身份，确定接待规格。接待规格是以主要陪同领导的角度而言的。接待规格分为三种：高格接待、低格接待、对等接待。

1. 高格接待

高格接待，即主要陪同人员比来宾的职位要高的接待。如上级领导派工作人员来了解情况、传达意见，其他企业来人商量要事，或我方想与来访者发展重要关系等情况，需要高规格接待。

2. 低格接待

低格接待，即主要陪同人员比客人的职位要低的接待。主要适用于基层，如上级领导或主管部门领导到基层视察，只能低格接待。

3. 对等接待

对等接待，即主要陪同人员与客人的职位同等的接待。这是最常用的接待规格。

接待规格过高，会影响领导的正常工作；接待规格过低，则影响上下左右的关系。所以，确定接待规格时应慎重全面地考虑。由此，对等接待是最常用的接待规格。

（二）确定接待规格的方法

1. 接待规格由领导确定

秘书在确定接待对方的规格时首先要了解其来访的目的和身份地位，据此向领导建议接待的规格，最终由谁出面接待则由领导拍板决定。接待规格确定后，秘书应把我方出面接待的主要负责人和陪同人员的姓名、身份和日程安排告知对方，与对方确认。

2. 确定接待规格要考虑的因素

（1）与对方的关系。对方与我方的关系非常重要，或我方希望与对方发展关系或对方的来访事关重大，可以高规格接待。

（2）突发事件影响既定接待规格。例如，既定接待负责人因为一些突发事情不能出面接待，由他人代替而引发的规格降低问题。秘书对于此类问题，应事先与对方沟通，取得对方谅解。

（3）参照以前的标准。对于以前接待过的来访者，参照以前的规格接待。

六、团体接待

迎来送往，是社会交往接待活动中最基本的形式和重要环节，是表达秘书人员情谊、体现礼貌素养的重要方面。尤其对于组团客人的接待，迎接要有周到的程序安排。

对前来访问、洽谈业务、参加会议的外国、外地客人，应首先了解对方到达的车次、航班等，安排与客人身份、职务相当的人员前去迎接。若因某种原因，相应身份的秘书人员不能前往，前去迎接的秘书人员应向客人做出礼貌的解释。

秘书人员到车站、机场等去迎接客人，应提前 15 分钟到达恭候客人。对初次来访、互不相识的客人，可事先做一块写有客人姓名的牌子，以便相认。

接到客人后，应首先问候“一路辛苦了”、“欢迎您来到我们公司”等，并与客人亲切握手、交换名片。握手及交换名片时，要注意基本的礼仪。

握手的礼仪：握手时要注视对方的眼睛，力度要适中，握手时间一般两三秒钟为宜，男士与女士握手时，时间应较短。一个人与多人握手时，应遵守“先高后低，先长后幼，先主后宾，先女后男”的原则。多人同时握手时，不要交叉，待别人握完后再伸手，也不可同时伸出双手与两人握手。握手的同时向对方作自我介绍。若为他人介绍，则要首先确定被介绍的双方哪一方更应该被尊重，要先让被尊重的一方了解对方的情况，即把职位低者、年轻人、男士、来访者相应地介绍给职位高者、年长者、女士和秘书人员。如果把一个人介绍给众多人时，首先应该向大家介绍这个人，然后再把众人逐个介绍给此人。

交换名片的礼仪：当与长者、尊者交换名片时，可双手递上，身体微微前倾，以齐胸的高度递上，并说一句“请多关照”。一般来说，来访者、男性、身份低者在交换名片时，应使自己的名片低于对方的，以示尊重。若想得到对方的名片，可以用请求的口吻说：“如果您方便的话，能否留张名片给我?”接名片的时候，双手接过名片后，眼睛注视着名片，认真看对方的身份、姓名，也可轻轻读出名片上的内容，然后将名片放入名片夹中。

秘书人员应提前为客人安排好住宿，帮客人办理好一切手续并将客人领进房间，同时向客人介绍住处的服务、设施，将活动的计划、日程安排交给客人，并把准备好的地图等资料送给客人。

将客人送到住地后，秘书人员不要立即离去，应陪客人稍作停留，热情交谈。谈话内容要让客人感到满意，比如，向客人介绍参与活动的背景材料、当地风土人情、有特点的自然景观、特产、物价等。考虑到客人一路旅途劳累，秘书人员不宜久留，应让客人早些休息。分手时将下次联系的时间、地点、方式等与客人商量妥当。

根据客人来访要求，做好会谈、参观等相应安排，并通知有关方面做好准备。

根据接待规格，请示领导确定接风或饯行宴请。

送别客人时，秘书或陪同人员应把客人送到电梯口，秘书按下电梯按键，等客人进入电梯，电梯关闭下行后才能转身离开；若是送客人到大门口，则应等客人进入车里，并在车开走时微笑并挥手告别，等车不见后才能转身离开；若是重要的客人，应安排有关领导或工作人员到客人住地或去车站、码头、机场等为客人送行，一一握手道别，并预祝对方旅途愉快。

七、日常接待

任何单位每天都会有零星的访客，秘书人员应该做到：

1. 预约来访者的接待

（1）见到预约客人的第一时间，应该做到“3S”，即马上站起来（Stand up）并注视（See）着对方微笑（Smile），然后伴以15度的鞠躬，鞠躬完毕后向客人问候“您好！欢迎您的来访!”或“您好！我能为您做些什么?”等。

（2）预约的客人要找的会见人临时不在时，要明确告诉对方会见人到何处去了，以及何时回本单位，并请客人留下电话、地址，同时双方要明确是由客人再次来单位，还是我方会见人到对方单位去。

（3）预约的客人到来时，我方会见人如由于种种原因不能马上接见，要向客人说明等待理由与等待时间，若客人愿意等待，应该向客人提供饮料、报纸、杂志等。

2. 未预约来访者的接待

未预约来访者的接待是指没有事先预定会见面谈，临时来访的接待。对于临时来访者，秘书要有礼貌地询问客人的来意，之后根据当时的情况，以及自己以往的接待经验，采取适当的应对办法，如：

（1）主动热情。面带微笑，主动迎接、问候来访者，并以礼貌友好、欢迎的态度上前了解未预约来访者。

（2）搞清情况。了解来访者要访问的部门或人员，看看能否安排尽可能早的预约时间。若来访者要求马上见面，则要设法联系有关部门或人员，看被访者能否接见来访者。若可以接见，则可以按照预约来访者的工作程序进行；若不可以，则向来访者说明情况，主动请对方留言或留下联系方式，保证尽快将留言递交给被访者，或是尽可能快地安排会见时间并通知对方。

（3）灵活应对。如果来访者要见领导，而领导不愿见，秘书则要找借口打发来访者，或是请示领导能否指定别人代替，若可以，则礼貌地请来访者与指定的人员会谈。如果来访者坚持要见领导，而领导实在不想见，则一方面要为领导挡驾，让来访者明白今天想会见是无论如何都不可能了；另一方面让对方留下电话、会面时间和要求，表示将及时禀告领导，待领导决定后立即通知对方。

（4）耐心倾听。若来访者是怒气冲冲前来指责批评或脾气急躁，一方面要耐心倾听，礼貌接待，切不可针锋相对，致使事态恶化；另一方面则要快速寻找解决方法，向对方表示将尽力帮助解决问题，抱着友善、认真、真诚的态度对待，使对方感到你是真心诚意为其着想的，等事态缓和下来后再想办法解决问题。

3. 正确的引导方法和引导姿势

（1）走廊的引导方法。接待人员在客人左前方1～1.5米左右，配合步调，让客人走在内侧。

（2）楼梯的引导方法。当引导客人上楼时，应该让客人走在前面，接待人员走在后面；若是下楼时，应该由接待人员走在前面，客人在后面。上下楼梯时，接待人员应该提醒并注意客人的安全。

（3）电梯的引导方法。引导客人乘坐电梯时，接待人员先进入电梯，等客人进入后关闭电梯门；到达时，接待人员按“开”的按钮，让客人先走出电梯。

（4）客厅里的引导方法。当客人走入客厅后，接待人员可用手指示，请客人坐下，看到客人坐下后，才能行点头礼后离开。如客人错坐下座，应请客人改坐上座（一般靠近门的一方为下座）。

（5）次序礼仪。接待过程中，遵从次序礼仪的要求，能准确地突出来访者的身份，是对来访者的尊重。接待过程中的次序礼仪一般有以下要求：

①就座时，右为上座，即将客人安排在企业领导或其他陪同人员的右边。

②上楼时，客人走在前，秘书人员走在后；下楼时，秘书人员走在前，客人走在后。

③迎客时，秘书人员走在前；送客时，秘书人员走在后。

④进电梯时，有专人看守电梯的，客人先进、先出；无人看守电梯的，秘书人员先进、后出并按住电钮，以防电梯门夹住客人。

⑤送茶、递名片、握手、介绍时，应按职务从高至低进行。

⑥进门时，如果门是向外开的，把门拉开后，按住门，请客人先进；如果门是向内开的，把门推开后，再请客人先进。

总之，社会公共场合，一般以右为大、为尊；进门或上车，应让尊者先行；一切接待服务均从尊者开始。

第四节 印信管理

印章和介绍信的管理是秘书部门的一项重要任务，以维护组织单位形象和合法权益为目的，应该重视印章和介绍信管理的制度化和规范化。印信管理包括印章管理和介绍信管理。

一、印章管理

（一）印章的概念

印章是印和章的合称，它们是刻在固定材料上代表机关、单位、组织和个人权力的图章。

（二）印章的种类

秘书部门一般掌握三种印章：①单位印章（含钢印），是代表单位对外行使权力的标志；②单位领导人“公用”的私章；③秘书部门（办公室）的印章。

（三）印章的样式

印章的样式由印章的材料、形状、规格、印文、图案构成。

（四）印章的使用要求

1. 专人管理

印章应由责任心强的专人保管，不准随意更换或将公章交与他人管理。一般而言，秘书人员是印章的管理者，也是具体的用印者。因此，应严格审查和挑选印章管理者，并应加强对他们平时的教育和考查。

2. 保障安全

印章应选择安全保险的地方存放和保管，可以放在机要室或办公室的保险箱内。如果存放在办公桌的抽屉里，则应当装配牢固的锁。管理人员不得将钥匙委托他人保管，也不得将钥匙插入锁孔后离去，以免印章被人盗盖，造成严重后果。

3. 防止污损

要爱护印章，避免破损。同时要注意经常洗刷，保持图案和印文的清晰。

（五）印章的使用

印章使用的程序是：申请→填写用印申请单→专人审核签名→用印→登记。

1. 申请

用印人必须填写用印申请单，由单位主要负责人或被授权的专人审核，批准签名后方可用印。一般单位用印由秘书办公室主任批准。

2. 正确用印

正式公文只在文本落款处盖章，上不压正文，“骑年盖月”。带存根的公函或介绍信、证明信要分别盖骑缝章和文末落款章。盖章要端正清晰，印油要均匀。用印前，应当使实际盖印的文件数量与用印申请单上的份数吻合。

3. 用印登记

用印后应当进行用印登记。登记的项目一般有编号、用印日期、文件名称、批准人、用印人等。

二、介绍信

（一）介绍信的管理

介绍信与用印紧密相连。一般情况下，介绍信由印章管理人员管理。开具介绍信的原则是：

介绍信的保管应同印章保管一样，牢固加锁，随用随开，用毕锁好，以防被盗、丢失。

介绍信要按编号顺序使用。

介绍信使用存根联。管理介绍信的人员在使用介绍信时，要在存根上加以记载，涉及重要事项的要请批准人在介绍信存根上签字。属于口头批准的，要在存根上记下批准人的姓名，有批条的要将批条粘贴在存根上。

开出后未用的介绍信，管理人员应及时催回，粘贴在存根上。

介绍信持有者如将介绍信丢失，应及时报告单位或部门负责人，并告知介绍信管理人员，涉及重要事项的还应通知前往办事的单位，以防冒名顶替。

（二）介绍信的使用要求

严格履行审批手续。开具单位介绍信，必须经上司或办公室负责人批准。

内容明确具体。介绍信的内容不能含糊笼统，以免被不法分子钻空子。

填写有效时间。介绍信必须写明有效时间，以防时过境迁，造成不必要的麻烦。

严格检查。介绍信管理人员要对开出的介绍信负责，检查无误后方可用印。检查事项如下：

一文一个单位。一份介绍信只能用于一个单位，不能用于两个单位。持信人不能将介绍信转借他人使用。

信息填写真实准确。填写持信人的真实姓名和身份，不能弄虚作假，随意提高持信人的地位和身份。

正文与存根相吻合。介绍信的存根内容要同介绍信的正文内容相符，与持信者姓名相一致。

保持清洁。介绍信书写要工整，字迹要清楚，不能随意修改或涂抹，如有涂改，需在涂改处加盖公章，否则视为无效。

填写介绍信要用签字笔。禁止用铅笔、圆珠笔或红色墨水笔书写。

第五节　值班事务

在我国，各级党政机关、大中型企事业单位或一些性质比较特殊的单位才设立固定的值班室，平时有固定的人员值班，法定节假日则由业务部门的人员轮流值班，较小的单位大多采取轮流值班的办法。

一、值班工作的任务

值班管理是秘书部门的工作之一，各单位值班的任务都非常庞杂，主要有如下的内容：

（一）办理领导交办的事项

领导临时有些紧迫性的工作，一时找不到其他部门办理时，多数交由值班室办理。因此，值班室工作很大一部分是负责领导交办的事项，领导交办的事项范围很广，需根据具体情况灵活办理。常见的事项有：

1. 接待工作

领导有时将一些接待工作委托值班室来完成，值班室根据具体情况，自己承担或通知有关部门做好接待的工作。

2. 反馈工作

值班室有时需要查问有关部门和人员对领导某一批示和要求的贯彻落实情况，并将查问的结果及时报告给领导。

3. 临时性的会议通知

临时决定召开的会议，经常交由值班室处理，使用电话或其他方式召集有关部门和有关人员参加会议。

4. 转达指示工作

向有关单位和人员转告领导的指示等。

5. 服务工作

值班人员有时要为领导的个人生活做某些服务工作。

（二）传达沟通

上级部门经常派人到本单位检查工作，了解情况；下级单位也经常派人来汇报工作，反映问题；平级单位或无隶属关系的单位也常派人来联系、协调工作。值班人员要根据不同情况，请有关负责人或有关部门接洽处理。对上级的各项指示、通知和下级的请示、汇报，都要认真登记，及时汇报，及时处理。本单位的一些突发事件，值班室也有责任将掌握的情况如实报告给领导，通知有关人员及时处理。

（三）处理来电来函

日常的函电来往由业务部门办理，但在下班后或法定节假日，一般由值班室负责函电接收工作。值班人员对于急电、急件应及时通知相关人员知悉；对于电话请示，值班人员一般只传达，不予以答复，也不能随意表态，以免造成领导工作被动。

（四）负责接待

值班日经常有公务接洽和个人来访，值班人员要根据不同情形做出相应安排：

对于上级单位来了解或指导工作的人员，值班人员应根据相应规定并结合来访者的意愿做出适当的安排。

对于外单位来参观、学习、考察的人员，值班人员要热情接待，向客人介绍简要情况。

对于专程前来反映意见或建议的人员，值班人员要虚心听取客人的意见，并尽可能满足客人的要求。

（五）掌握领导的外出活动情况

值班人员要随时掌握和记录领导外出的有关信息，尤其是领导在外出差时，要及时与领导联系，了解领导外出所在地的住址和电话号码，以便遇到紧急情况时能随时找到领导，保证工作的正常开展。

（六）协调处理安全保卫工作

值班人员要做好安全保卫工作，防止盗窃、失火、破坏、打架、斗殴等问题的发生。

二、值班工作的要求

秘书部门要随时随地查岗，主要调查值班人员是否到岗和履行职责，如发现问题，要及时向领导汇报。一般而言，值班工作有以下几项要求：

（一）坚守岗位

值班人员在规定的值班时间内，必须做到人不离岗、人不离机（电话机），始终保持通信联络畅通。有事要提前请假，如无人接班，不得离开岗位。

（二）认真处理事务

值班室的工作庞杂、琐碎，如果出现差错或处理不当的情况，轻则耽误工作，重则造成严重后果。因此，值班人员必须有认真负责的态度，不得有丝毫大意和马虎，真正起到问事员、联络员、收发员的作用。

（三）完备记录

做好接待记录。值班人员要登记清楚外来人员的姓名、单位、来访时间、联系事由、要接洽的单位等，以备查考。

做好值班电话记录。值班人员除接待来访人员外，还有相当一部分值班工作是通过接打电话来联系处理事务。因此，必须认真做好值班电话记录。

做好值班日记，对外来的信函、电报、电话等，值班人员都要认真登记，以保证值班工作的连续性。

（四）热情接待来访者

值班室对各种来访者要根据不同情况做出恰当的处理。对于前来洽谈工作者，应验明其身份证件，问清意图后，协助并指引其办理有关事务。对于一般来访者，只要不涉及机密，应尽可能地给予帮助。

（五）加强安全保卫

值班员的职责之一就是做好单位的安全保卫工作，要严格执行安全制度，严防坏人混入作案。如遇到紧急情况和可疑人员，应及时向领导和公安保卫部门报告。值班人员要有牢固的保密观念，不能把亲戚、朋友带到值班室留宿。

（六）执行交接班手续

值班结束后，应有完备的交班手续，要注意以下几点：

必须当面交接，不能委托他人。

涉及事件的记录时，时间、地点、起因与结果要记录清楚，交接值班记录时，要交代明白在班内出现的问题及处理结果，不得隐瞒。

确认记录内容后，值班人在值班记录上手写签名。

所有值班记录簿都要收归秘书部门，并由秘书部门全面查看记录信息。

第六节　调查研究

调查研究是做好秘书工作的一项基本功，调查研究能力是秘书人员整体素质和能力的一个组成部分。秘书人员的调查研究是为满足辅助领导决策和管理的需要，有组织、有目的地获取信息材料，并对其进行分析而获得理性认识的行为过程。

一、调查研究的概念

调查研究是调查和研究这两个活动的有机结合体。调查，指运用各种技术、方法、手段和工具收集信息材料的行为过程；研究，是在收集信息的基础上，分析与解释情况，提出解决问题的方法和措施，预测事物未来发展状况的行为过程。调查是前提，研究是目的。

二、调查研究的特点

由秘书人员开展的调查研究具有以下几个特点：

切合领导工作的需要。秘书人员的调查研究主要是为领导的决策和管理活动服务的，应该以领导对于调查研究的需要作为工作的出发点。领导的调研需求是动态的，在不同时间段里，需求的内容也会发生变化；领导的需求又是多样的，既有“显性”的，也有“隐性”的，秘书人员要保持与领导之间经常性的沟通，领悟领导的信息需求状况，有针对性地开展调查研究活动。

符合突击性工作的需要。秘书人员的调查研究活动经常不能以计划的方式进行安排，往往带有突击性的特点。秘书部门是一个综合性事务的行政管理部门，工作性质决定了秘书人员必然要面对大量临时性、突发性的事务，这就需要秘书人员有快速反应、分析问题与解决问题的能力。

满足对外联络工作的需要。秘书人员应该与单位内部各部门之间，以及与有业务交往的外部单位之间建立稳固的联系，使他们成为秘书人员开展调查研究工作的联系点。定点联系非常有必要，这种制度化的联系方式能够明确定点单位的责任，规范定点单位的行为，从而保证秘书人员能够获得客观、充足的信息材料，也可以组织这些定点单位参与调查研究，共享信息成果。

三、调查研究的作用

秘书人员的调查研究活动具有以下几个方面的作用：

收集原始信息，支持领导决策管理。由于精力、时间等方面的限制，领导在很多情况下不可能过多地承担调查研究工作，特别是具体的信息收集工作，因而必然会交给秘书人员去完成，领导则在秘书人员调查、整合的基础上，再选择重点或典型进行深入研究或复审，才能作为决策管理工作的依据。

取得反馈信息，作为修订或重新决策的依据。决策在执行过程中需要依靠调查研究来检验其正确程度和执行效果。秘书人员在深入实践过程之中，要了解决策的执行情况，并将有关信息及时向领导反馈，便于领导及时修订决策或重新决策。

解决常规问题，处理突发事件。要解决日常工作、管理、经营等问题，尤其是处理一些突发事件，都离不开调查研究。例如，撰写计划、总结、报告，人事任免，意外事故的处理等，都需要一些临时性的调查研究。

提高秘书人员自身的素质。调查研究活动往往要调动秘书人员各方面的能力素养，经常参加调查研究活动可以促使秘书人员不断提高自身的素质。能够顺利开展调研工作的秘书人员至少要具备以下几个方面的能力：一是公共关系能力，善于与人进行沟通交流；二是观察能力，要准确找到领导的调研需求点，能捕捉与调研课题有关的真实的、有价值的信息；三是分析能力，能够从原始信息中获得对于事物本质的认识；四是表达能力，能够准确向被调查者表达意向和问题，能够向领导准确表达调研的结果。

四、调查研究的类型和技术

党政机关、企事业单位、社会团体等为解决工作中的实际问题，都必须首先开展调查研究，应用各种方法与技术，对所发生的问题进行考察，了解其发生的各种原因和相关联系，从而提出解决问题的对策。

（一）调查类型

调查研究是秘书人员发现问题、寻求解释或解答问题的科学研究过程。秘书人员的调查研究根据不同的内容、目的、性质和要求，可分为以下几种类型：

1. 普遍调查

普遍调查简称普查，是指对每个调查对象进行全面调查的方法。适用于重大的基本情况调查。

普查的优点是收集的信息资料比较全面、系统、准确可靠；缺点是涉及面广，工作量大，时间较长，而且人力与物力的成本高，组织工作较为繁重。

2. 典型调查

典型调查是一种非全面调查，它是从众多的调查研究对象中，有意识地选择若干个具有代表性的典型对象进行深入、周密、系统的调查研究。

典型调查的优点是调查范围小，调查单位少，灵活机动，具体深入，节省人力、财力和物力等；缺点是在实际操作中选择真正有代表性的典型对象比较困难，而且还容易受人为因素的干扰，从而可能会导致调查的结论有一定的倾向性，且典型调查的结果一般情况下难以推算整体情况。

3. 抽样调查

抽样调查是从全部调查研究对象中，抽选一部分对象进行调查，并据此对全部调查研究对象做出估计和推断的一种调查方法。显然，抽样调查虽然是非全面调查，但它的目的却在于取得反映总体情况的信息资料，因而，也可起到全面调查的作用。抽样调查的特点是：按随机原则抽选样本；总体中每一个单位都有一定的概率被抽中；可以用一定的概率来保证将误差控制在规定的范围之内。

抽样调查的优点是调查范围小，节省人力、物力、财力和时间成本；缺点是调查结果的准确率偏低。

4. 开会调查

开会调查就是召集少量调查对象开会进行调查的方法。调查会要达到效果，先要选好对象，确定人数。调查对象应是真正了解情况和敢于讲真话的人，人数一般以 3 ~ 8 人为宜。其次要事先通知，让与会者明确调查的目的和内容，以便有所准备。

开会调查法的优点是对象集中，可以相互启发、补充、分析，简便易行，不需要更多花费，所以也是常用的调查方式；缺点是受时间、空间的限制，人多，时间长，距离远，数据性资料很难获得确切结果；另外，它是一种面对面的调查，保密事项不宜采用此方式。

5. 个别调查

个别调查是通过与调查对象个别交谈来了解情况的方法。这种调查方法简便易行，便于深入挖掘有用信息，并有利于保密。个别调查常用于提供线索、探讨问题，所得的材料通常只供参考，数据性资料需核实后才能使用。采用此法要注意选好调查对象，要选能提供所需情况的知情人；要做好思想工作，解除其顾虑，使知情人愿意提供真实材料。要尊重对方，注意礼貌，防止审讯做法。要采取适当的记录方式，不轻易使用录音机，不轻易要求对方签字盖章。要善于提问题，但不提无关的问题。

个别调查的优点是形式灵活多样，可以对调查对象进行全面的、深入的、系统的调查研究，既可历史地也可现实地弄清楚调查对象的来龙去脉，又可以追踪其发展变化的情况，掌握其规律，全面、具体、深入地把握个案的全貌；缺点是缺乏代表性，调查对象不一定是典型的，作为“个别”，不能简单地用解决个案问题的方法去解决“面”上的问题。另外，对调研人员的要求高，没有专门的知识和丰富的实际经验的调查者，很难深入细致地进行调查。

6. 实地观察

实地观察就是通过直接观察现场的情况，就地发现、核实某些问题的方法。实地观察时要注意现场的真实性，防止事前布置、弄虚作假的现象发生。所以，秘书人员在安排领导人现场调查时，最好不要提前通知，除了基层按部署安排的点以外，还需自行抽几个点调查比较，把直接观察与口头、书面调查结合起来进行。

实地观察的优点是直观性和可靠性，主要是观察者不与被观察者进行人际交往和语言交流，有利于排除人际交往中可能发生的误会和干扰，有利于直接、深入、细致地了解被观察者在不同情况下的具体表现；实地观察法的最大缺点是它的表面性和偶然性，受时间、空间等客观条件的限制，观察结果往往取决于观察者的主观状况。

（二）调查技术

调查技术指为达到调查的目的和收集必要的数据，运用科学的方法，将调查的原始资料按调查目的进行审核、汇总与初步加工，使之系统化和条理化，并以集中、简明的科学方法和手段作为反映调查对象总体情况的技术支撑。

1. 问卷调查

问卷调查是通过设计问卷的形式进行调查，可以采用纸质问卷和电子问卷的形式。问卷调查的优点是经济节约，适用于大范围的调查，同时问题明确，答案标准化，易于统计和使用电脑分析。问卷调查的基本方式是设计标准化问题，印发或邮寄给被调查者，用“√”、“×”填写或用“是”、“不是（否）”等简易方式回答。对于所提出的问题，设计必须明确，切忌含糊冗长。其缺点是内容较呆板，无法了解更深层的问题。

设计调查问卷必须遵循一定的原则：

调查问卷设置的问题不能太多，整份答卷要尽可能简短。

问卷中的所有问题都应和研究的目的相符合，即题目应是研究问题和假设所要测量的变量。

调查问卷的重要问题要集中放置在中间部分，不能散落于全篇。

设计的问题要简明扼要、客观，不能交叉，不能暗示答案。

答案要有准确性、穷尽性。

所问问题不能超出回答者的知识和能力范围。

回答问题后的资料、信息、数据要易于列表提炼、说明和解释。

2. 座谈会调查

座谈会调查就是把调查对象召集在一起进行询问、讨论的方式。这种方式可以获取大量信息，可以进行分析比较，得到比较满意的结果。不足之处是数据不够准确，也难以保密。

3. 实地观察

实地观察就是深入到现场，有目的地了解问题、调查情况，掌握所需的情况和信息。

4. 文献调查

文献调查是通过查阅和研究各类文献资料来进行调查，取得所需的资料和信息。

5. 个别访问调查

个别访问调查是指通过与个别人交谈以深入了解某一问题。

6. 专家论证调查

专家论证调查指向有关专家以函询形式分别提出问题，然后将问题的回答进行综合、整理，再匿名反馈给各专家，再次征求意见，如此多次反复循环，最后得出一个比较一致的意见。特点为：

匿名。专家互不接触，坚持或修改自己的意见均无须担心损伤个人威望。

反复反馈。形成专家之间匿名的相互影响，启发服从真理的新判断。

收敛。专家必须按规定对每一轮的结果再次发表意见，经过数轮后，意见就会相对集中。

7. 电话调查

电话调查是指就一些简单问题通过打电话的形式进行了解的调查。

8. 网络调查

网络调查是指按行政或经济区域设网，把分散的调查力量组织起来，围绕特定问题展开调查的方法。这种方法的特点是：大网联小网，统一要求，步调一致，可以大面积地调查研究。

9. 民意调查

民意调查是指由调查者就某个问题设计表格或提出问题，让民众简明回答，以了解民众的态度和意见的调查。

五、确定调查研究课题的方法

（一）从原始信息中确定调查研究课题

原始信息中蕴含着极有价值的信息，从中发现线索，确定调查研究的课题，有助于抓住具有典型性、本质性的问题，获得有价值的调研信息。

（二）根据领导意图确定调查研究课题

领导的意图反映了领导工作对有关信息的需求情况。秘书人员要认真分析、领会领导的意图，从中抓住主旨和实质，确定调查研究课题。

（三）根据员工反映的主流确定调查研究课题

员工反映是领导掌握民意，有效施政的重要途径。但是，员工的反映难免存在主观片面的问题，也比较零碎。秘书人员可将员工反映中带有普遍性、代表性的问题确定为调查研究课题，这将对领导解决问题大有裨益。

（四）根据工作重心确定调查研究课题

任何单位在每一个阶段都会有工作重点和关键，并围绕这个重心工作而展开活动。重心工作展开后，会出现一些意想不到的情况和问题，及时对这些问题进行调研，有助于重心工作的顺利展开。秘书人员根据重心工作的需要确定调查研究课题，可以协助领导推进工作。

六、研究方法

从某种意义上说，有什么样的调查，就有什么样的研究方法。研究方法的正确与否，对于分析问题、解决问题、提出对策具有重要的影响。

常用的研究方法如下：

归纳法。归纳法是将多件同类个别事物归在一起，从中概括出共同属性或特征，从而用以加深认识的研究方法。归纳法是建立在直接经验反复的基础上，有一定的可靠性，但其中的某一方面具有反例的可能，会产生“以偏概全”的差错。

综合法。综合法是将众多零散事物组合串联成为一个整体的研究方法。采用综合法的目的是把个体统一为整体，把片面概括为全面，以达到认识事物整体本质的目的。

统计法。统计法是运用统计数据来描绘事物的状况和变化，以得到规律性认识的研究方法。统计法是一种定量研究的方法，通过定量分析，可以使问题的陈述变得清晰、简洁，使问题的分析变得准确、深刻。

比较法。比较法是把两个以上的事物放在一起进行比较，从而更深刻地认识各自的特征的研究方法。这是一种初级的、最基本的逻辑思维方法，可以区分不同的事物，找出它们的共同点和相异点，但由于比较往往只涉及某一方面或某几方面，所以不能全面地认识事物，无法解释事物产生的原因。

演绎法。演绎法是从一般理论或普遍法则出发，依据这一理论推导出一些具体的结论，然后将它们应用于具体的现象和事物的研究方法。最常用的演绎法是演绎三段论，即由大前提、小前提推导出结论。其基本形式是：

所有 M 都是 P。

所有 S 都是 M。

所以，所有 S 都是 P。

实证研究法。实证研究法是依据现有的科学理论和实践的需要，提出设计，利用科学仪器和设备，在自然条件下，通过有目的、有步骤的操纵，根据观察、记录、测定与之相伴随的现象的变化来确定条件与现象之间的因果关系的活动。主要目的在于说明各种自变量与某一个因变量的关系。

实验法。实验法是在不干预研究对象的前提下通过观察与调查去认识研究对象，发现其中的问题的研究方法。实验要求主动操纵实验条件，人为地改变对象的存在方式、变化过程，使它服从于科学认识的需要；科学实验要求根据研究的需要，借助各种方法技术，减少或消除各种可能影响科学实验的无关因素的干扰，在简化、纯化的状态下认识研究对象；实验是发现、确认事物之间的因果联系的有效工具和必要途径。

定量分析法。定量分析法是对调查现象的数量特征、数量关系与数量变化进行分析的方法。其功能在于揭示和描述调查现象的相互作用和发展趋势。

定性分析法。定性分析法是对研究对象进行“质”的方面的分析。具体地说，是运用归纳和演绎、分析与综合以及抽象与概括等方法，对获得的各种材料进行思维加工，从而能去粗取精、去伪存真、由此及彼、由表及里，达到认识事物本质、揭示内在规律的目的。

模拟法。模拟法是先依照原型的主要特征，创设一个相似的模型，然后通过模型来间接研究原型的一种方法。根据模型和原型之间的相似关系，模拟法可分为物理模拟和数学模拟两种。

七、调查研究的程序

调查研究的过程是了解问题、分析问题和解决问题的过程，有很强的逻辑性和条理性。这一过程决定了调查研究应该遵循的基本程序，这就是：准备工作→了解情况→分析研究→综合提炼。

（一）准备工作

首先，调研目的的准备。在开始调研之前，应该对本次调研的动机、意图和任务有充分的、正确的理解。因此，调研之前要吃透调研目的，搞清楚要调查什么、研究什么。

其次，调研对象的准备。确定调研任务后，要对所要去的地区、所要接触的人进行了解，熟悉他们的情况，以便在调研过程中因地制宜，采用不同的方式方法，以取得较好的调研效果。对地区，主要是了解与调研内容有关的地区的基本情况；对人员，主要是了解人员的基本情况、个性和其对情况的熟悉程度等。

再次，知识技术的准备。调研活动专业性强，在调研之前，调研人员必须尽可能多地掌握所要调研问题的相关知识和技术。知识技术准备一般从三个方面来做：一是学习与调研主题有关的上级规定、制度等文件；二是查阅有关研究成果和报刊资料；三是掌握相关的自然科学和社会科学知识。

最后，组织的准备。一般的调研活动涉及人员比较多，既有调研者，又有被调研者，因此，必须做好准备工作，以便顺利地落实调研任务。

（二）了解情况

了解情况是调研工作的基础，在这个阶段，调研人员应该多接触有关人员，采用多种调查手段，尽可能多地掌握第一手材料。掌握的材料越多，对下一阶段的分析研究越有利。

（三）分析研究

分析研究建立在对材料的收集积累的基础上，这是一个艰巨的工作过程，要求采用科学、合理、先进的方法，对已经掌握的调查材料进行科学、缜密的分析研究。这一阶段的工作包括调查报告提纲的准备和调查报告的写作。

（四）综合提炼

经过分析研究，对问题有了一个清楚的认识，这时就需要通过综合提炼，对存在的问题找出解决的办法。这也是整个调研活动的目的所在。提出意见和建议时要注意：一要切合实际，二要有充分的依据，三要突出重点。

八、调查研究的注意事项

调查研究要做到八防：防止伪命题，防止主观片面，防止仅看表面，防止自以为是、形而上学，防止过急或一成不变，防止个人决定，防止抽象化，防止一刀切。

第七节 信息工作

信息工作是组织信息有序化交流和利用的活动，秘书的信息工作是领导了解多方面情况的主要渠道，对领导做出正确决策、减少失误，发挥着基础性的参谋助手作用。信息工作主要包括信息的收集与筛选、信息的核校、信息的传递和存储、信息的开发、信息的利用和反馈。

一、信息

在信息全球一体化的今天，信息数量浩如烟海。就某一特定的社会活动而言，所面对的必定是所有的信息中的一部分，也就是说，所谓的信息，必须是对特定社会活动有利用价值的。

（一）信息的概念

信息是指对事物和变化的客观描述，是事物的运动状态经过一定的方式传递后的再现。它广泛地存在于自然界和人类社会。

（二）信息的特点

信息具有客观性、时效性、可塑性、依附性、传递性、共享性、开发性、无限性八个特点。

1. 客观性

客观性是信息的基本特性。因为信息是对事物的客观描述和具体反映，客观真实是信息的价值基础和生命所在。

2. 时效性

时效性是信息的价值随着时间的变化而改变的一种特性。信息只有在一定的时间内才能体现最大价值，过时的信息便丧失了使用价值。

3. 可塑性

信息可以归纳、综合、精练和浓缩，进行各种载体的转换，从而改变形态，成为所需要的形式，便于利用。

4. 依附性

信息只有依附于一定的物质载体才能保存下来。

5. 传递性

信息可以通过一定媒介或一定载体进行传递。

6. 共享性

由于信息可以在不同的载体之间转换和传播，并且在转换和传播的过程中不会减少和消失，因此，信息在一定时间内可以为众多的主体使用。共享性是信息区别于一般物质的显著特征。

7. 开发性

信息作为一种资源，取之不尽，用之不竭，可以充分开发利用。

8. 无限性

随着时间的推移，信息不断地产生和发展。

（三）信息的种类

现实生活和工作中，我们会接触到各种各样的信息。按照不同的标准，可以把信息分为不同的类型。

按照信息内容涉及的社会领域划分，信息分为政治信息、经济信息、文化信息、科技信息、教育信息、军事信息和体育信息等。

按照信息的表现形式划分，信息分为语言信息、文字信息、声像信息、计算机语言信息和缩微信息。

按照信息源的性质划分，信息分为社会信息和自然信息。社会信息是人类社会运动的状态和方式，是社会各方面有意识、有目的地发出的信息。自然信息是自然界自发产生的。

按照信息稳定状态划分，信息分为静态信息和动态信息。

按照信息来源方向划分，信息分为横向信息和纵向信息。

按照信息在秘书工作中的作用划分，信息分为预测信息、动态信息和反馈信息。预测信息是在事物发生阶段、实际工作展开前所产生的信息。动态信息是在事物发展、成长过程中形成的信息。反馈信息是事物结束某一特定过程后产生的结果。

二、信息的收集与筛选

（一）信息的收集

信息收集是通过各种渠道和方式获取信息的过程。

1. 信息收集的方法

（1）观察法。直接用感官和借助其他工具认识客观事物，获取信息。观察法简单、灵活，能获得较为客观的信息，但获得的信息量有限，深层次信息少。该方法适合对环境、人物、事件实际状况进行了解。

（2）阅读法。通过阅读书籍、报纸、杂志等获取信息。阅读法获取信息方便，获得的信息量大、涉及面广、适用性强，但书籍、报纸、杂志中的信息可能会失真，阅读者要对信息做出判断。

（3）询问法。通过询问来获取信息的方法，包括当面询问、电话询问和书面询问。询问法灵活、实用，双方直接交流沟通，能获得语言信息和非语言信息，获得的信息价值大，但费用高、时间长、规模小，且要求询问者掌握询问技巧，具备良好的素质和能力。

（4）问卷法。向被调查者提供问卷并请其对问卷中的问题作答而获取信息的方法。问卷法可以减少主观性，收集的信息客观，便于定量处理和分析，节省人力、财力和时间，效率较高，但问卷的质量、回收难以保证，要求被调查者有一定文化水平。

（5）收听法。通过各种有声媒体获取有关信息的方法。

（6）交换法。将自己拥有的信息材料与其他单位的信息材料进行交换，实现信息共享。

（7）购置法。通过订购、现购、邮购、代购等方式，购买文献资料、磁带、磁盘等。

（8）网络法。通过网络所提供的服务获取信息。

2. 信息收集的渠道

收集信息有多种渠道：

（1）大众传播媒介渠道。大众传播媒介包括广播、电视、报纸、期刊等文献载体和互联网，是现代社会获取信息的重要途径。

（2）图书馆。图书馆是信息的宝库。

（3）供应商和客户。供应商可提供的信息有产品目录、广告材料、特定服务信息；客户可提供的材料有市场调查、服务反馈和竞争对手的信息。

（4）贸易交流渠道。在展销会、洽谈会、交易会等贸易交流机会中可获得相关信息。

（5）信息机构渠道。信息机构肩负着信息传播的使命，成为信息源的集散地和人们获取、利用信息的主要场所。

（6）关系渠道。在业务往来、人际交往过程中，秘书要善于利用各种关系获取信息。

（7）调查渠道。调查是有目的、有重点地主动收集信息的重要方法。

3. 信息收集的要求

现代社会，信息复杂多样，收集到的信息要有意义才可利用，因此，要注意收集到的信息必须符合如下要求：具有价值、讲究时效、层次清晰、针对性强、内容全面。

（二）信息的筛选

1. 信息筛选的含义

筛选是对收集到的大量信息进行鉴别和选择，判断信息的价值，决定信息的取舍，提取真实、有价值、能满足需求的信息。

2. 信息筛选的要求

要选择对工作有指导意义、与业务活动密切相关的信息；选择带有倾向性、动向性或突发性的信息；选择能预见未来发展趋势，为决策提供超前服务的信息。同时，剔除虚假、过时、重复、缺少实际内容的信息。

（三）信息的分类

1. 信息分类的含义

信息分类是根据信息所反映的内容性质和特征的异同，分门别类地组织起来的一种科学方法。

2. 信息分类的方法

（1）主题分类法。按照信息的内容进行分类。

（2）时间分类法。按照信息形成日期的先后顺序进行分类。

（3）字母分类法。按照作者姓名、单位名称、信息标题等的字母顺序分类。

（4）数字分类法。将信息以数字排列，建立索引。

（5）地区分类法。按信息产生所涉及的地区或行政区划等特征对信息进行分类。

3. 信息分类的要求

（1）讲究科学性、系统性、逻辑性和实用性。

（2）认真确定分类体系，明确分类标准和分类层次。

（3）准确归类，子类之间界限清楚，不互相交叉或包容。

三、信息的校核

（一）信息校核的含义

信息校核是对经过初步甄别的信息作进一步的校验核实，分析信息的可靠性和准确性，认定信息的真实性。

（二）信息校核的方法

溯源法。对收集到的信息所涉及的有关问题进行审核查对。

核对法。依据最新、最直接的权威性材料，对信息进行对照分析，发现并纠正信息中的某些差错。

比较法。对反映某一事实的各个方面的信息材料进行比较，判断说法、结论是否一致。

逻辑法。对信息中所表达的事实和叙述方法进行逻辑分析，从而辨别真伪。

调查法。对信息中所表达的事物的运动变化情况，通过现场调查来验证其真实性和准确性。

数理统计法。对原始信息中的数据和定性分析，运用数理模式进行计算核对。

（三）信息校核的要求

信息校核首先要排除主观因素的干扰。

信息校核要以原始信息为基础。

信息校核要选择多渠道来源的同类信息进行比较。

四、信息的传递和存储

（一）信息的传递

信息传递是通过传输媒介或载体，把信息从信息发生源传递到信息接收源的过程。

1. 信息传递的方向

（1）内向传递。内向传递是为了进行协调与合作，在单位内部进行信息交流的过程。

（2）外向传递。外向传递是在日常工作中，有效利用各种媒介向单位外部传递信息的过程。

（3）交叉传递。综合上述两种传递进行相反方向的信息传递。

2. 信息传递的要素

信息传递的三要素是信源、信道和信宿。

（1）信源。即信息的来源。

（2）信道。即信息传递的通道，包括信息传递的媒介和运行方式。

（3）信宿。即信息传递的终点，是信息的接收者。信宿可以是人类个体、群体或组织。

3. 信息传递的载体

信息传递可以采用公务信件、备忘录、报告、通知、指示和传阅单等公务文书的形式，还可以通过新闻媒体来传递信息，如写新闻稿、发表声明、开新闻发布会等。通过企业内部刊物或者通过邮局直接寄发邮件的方式传递信息也是很好的信息传递形式。

4. 信息传递的要求

信息传递有语言传递、文字传递、电讯传递和可视化辅助物传递四种方法。

信息传递工作必须符合如下要求：

（1）按不同的需要，把握信息的传递对象、传递方式、传递时间。

（2）主动地、不失时机地将信息传递给接收者。

（3）保密信息按照保密范围进行传递。

（4）在传递信息的过程中保证内容不失真。

（二）信息的存储

信息存储是用科学管理的方法将有保存价值的信息系统化，以便日后使用的过程。

1. 信息存储的载体

（1）纸质载体。纸质载体是目前使用最多的信息存储载体，具有记载和阅读方便的特点。

（2）磁性载体。磁性载体包括软盘、硬盘、磁带、光盘、缩微品（包括缩微胶卷和缩微胶片）。

（3）电子载体。电子载体是使用越来越多的信息存储载体，具有传阅迅速、阅读方便的特点。

2. 信息存储的方式

（1）登记。是指建立信息的完整记录，系统地反映信息存储情况。

（2）编码。登记存储的信息要进行科学的编码。信息的编码由字母或数字组成基本数码，再由基本数码结合成组合数据。

（3）排列。对经过编码的信息要进行有序化的存放排列。常用的排列方法有：时序排列法、来源排列法、内容排列法、字序排列法。

（4）保存。信息保存有手工存储、计算机存储、电子化存储和缩微胶片存储四种方式。

（5）保管。有序化保存的信息要进行科学保管，不仅要做到防火、防潮、防高温、防虫害、防失密、防泄密、防盗窃，还要及时进行存储更新，删掉失去保存价值的信息，不断扩充新的信息。

3. 信息存储的要求

（1）要选择有价值的信息存储。

（2）要分类存储。

（3）存储的信息要便于查找和利用。

（4）按照信息内容确定存储期，对过期的信息及时进行调整和清理。

（5）防止存储的信息受到损坏、泄密。

五、信息的开发

（一）信息开发的形式

从信息开发的形式来说，有简报、索引、目录编制、文摘、简讯、调查报告六种形式。

（二）信息开发的类型

从信息开发的类型来讲，按照对信息加工的层次划分，有一次信息开发、二次信息开发和三次信息开发三种类型。

一次信息开发，主要是将无序信息转变为有序信息，提高信息的利用率。简报就属于一次信息开发。简报是指根据需求选择专题，确定时间周期，对报刊资料中有价值的信息进行选取、组合、编辑、传递等工作。

二次信息开发，是对一次信息进行加工整理后形成的新信息。索引、目录编制和文摘属于二次信息开发。索引是查找信息题名、出处等有关事项的检索工具，由一系列按字序排列的款目组成。目录编制是指根据信息的题名编制目录，系统化记载和揭示相关信息内容。文摘是指对信息简明扼要地摘录其重要内容，以便更全面地指示信息的方法。

三次信息开发，是在一次、二次信息的基础之上，通过分析、概括而形成更深层次的信息。简讯和调查报告属于三次信息开发。简讯是用简明扼要的语言报道最新动态信息。调查报告是在实地调查获得第一手信息的基础上，通过分析得出反映有关事实的本质特征信息的三次信息产品。

（三）信息开发的方法

信息开发有多种方法，在实际工作中要善于选择和运用。

汇集法。把关于某一主题的信息按照一定的标准汇集在一起。

归纳法。将关于某一主题的信息集中起来，进行系统的综合分析，明确说明某方面的工作动态。

纵深法。把若干具有内在联系的信息或不同时期的有关信息从纵向进行比较，形成新的信息材料。

连横法。把若干不同来源的信息按照某一主题进行横向连接，做出比较分析，形成新的信息材料。

浓缩法。压缩信息材料的篇幅，以求主题突出、文字简明精练。

转换法。把不易理解的数字和文字转换为易于理解的数字和文字。

图表法。将有一定规律的数据制成图表。

（四）信息编写的类型

开发的信息通常被编写为如下五种类型：

动态型信息。反映某项工作、活动或事件的发生、发展、变化的客观情况。

建议型信息。反映问题并提出解决问题的措施。

经验型信息。反映地区、单位、部门某方面经验的信息。

问题型信息。指负面信息。

预测型信息。预测社会动态、经济动态、市场前景、工作情况等方面的信息。

（五）信息开发的要求

进行信息开发要注重调查研究，通过各种渠道全面、及时地获取信息，充分利用信息网络开发系统，运用信息开发技巧，加强对信息的加工、综合分析、提炼整合，开发出有特色、利用价值大、可信度高的信息。

六、信息的利用和反馈

（一）信息的利用

1. 信息利用的含义

信息利用首先要确定信息的内容和利用需求，然后选择利用服务的途径，最后获取并提供信息加工品。

2. 信息利用的要求

信息利用要注意对日常信息的积累，最大限度地满足信息需求，同时应遵守信息法规，维护信息安全。

（二）信息的反馈

1. 信息反馈的形式

信息反馈有如下三种形式：

（1）纵向反馈和横向反馈。纵向反馈是向上级管理部门和决策层反映执行指令情况的反馈形式；横向反馈是同级组织之间的信息反馈。

（2）正反馈和负反馈。决策执行中的成绩、经验方面的信息反馈为正反馈，问题、失误方面的反馈为负反馈。

（3）前反馈和后反馈。在信息发出前，信息接收者向信息发出者提出的要求和愿望是前反馈；在信息发出后，信息接收者对信息做出的反应是后反馈。

2. 信息反馈的方法

信息反馈有连续型、系列型、广角型三种方法。

（1）连续型反馈信息。对工作过程中的某个关键问题在短期内连续不断地进行反映。

（2）系列型反馈信息。将工作活动的全过程按不同的发展阶段连续反映。

（3）广角型反馈信息。对工作活动的某个过程从不同角度进行反映。

3. 信息反馈的要求

信息反馈要求反馈时间要短，反馈内容要准确、真实、广泛、全面，要多信源、多通道反馈。

第八节　时间管理

时间都去哪儿了？时间管理的意义在于计划好时间，做好确定目标和自我管理或组织管理的工作，减少浪费时间的因素，使时间效益发挥到最大。

一、时间的特点

供给毫无弹性。时间的供给量是固定不变的，在任何情况下都不会增加，也不会减少。

无法蓄积。不论愿不愿意，每个人都必须消费时间，所以我们无法截留。

无法取代。任何一项活动都有赖于时间的堆砌，时间是任何活动所不可缺少的基本资源，没有任何资源可以取代。

失而无得。时间无法像失物一样失而复得。它一旦丧失，则永远不会再回来。倘若挥霍了时间，任何人都无力挽回。

二、时间管理的概念

时间管理，是人们对时间进行有效的计划与控制，从而在单位时间内创造最大的价值与效益。

时间是物质运动顺序性和连续性的表现，是不可缺少、又无可替代的宝贵资源。能够在事业上做出卓越成绩的人，大都是时间管理的专家，正确管理事业的基础是良好的时间管理。

三、时间管理的必要性

面对时间，有的人怨天尤人，总是抱怨时间不够用；而有的人却能轻松驾驭时间，取得生活和事业上的成功。同样是每天 24 小时，为什么有的人安排得井然有序，应对从容自如，而有的人从早忙到晚，夜以继日，废寝忘食，却依然有忙不完的事情，还不得不将“工作垃圾”带回家里？究其原因，工作效率是其中的一个重要因素，而效率的背后则是时间利用的差异，也就是时间管理的效能。只有管理好时间，才能把工作做好，才能把生活的方方面面安排好。如果你总是觉得时间不够用，经常处于忙乱中，那么就迫切需要时间管理了。

四、时间管理的理论

在时间管理领域里，理论界曾出现过“四代”时间管理的方法，但每一代理论都是在前一代理论的基础上发展起来的。

第一代时间管理方法是：普遍使用便条和办事清单，并用这些直观的方法明确工作和生活中的各种需要，以做到有效分配时间和精力。

第二代时间管理方法是：普遍使用日历和日程表来安排约会的进度计划，反映了人们需要提前计划自己的时间并预先安排未来的活动。

第三代时间管理方法是：强调最重要的就是分清日常事务的轻重缓急，要明确价值观，根据日常事务与价值观的关系区别对待。此理论提倡对每一天都进行合理规划，制订一个明确的计划来完成最重要的目标和任务。目前，此管理时间的方法盛行，它十分注重确定长期、中期以及短期的目标，然后再根据价值观合理地安排时间和精力。

第四代时间管理方法是：注重有效地管理自己而不是时间。当然，所谓的管理不再是具体的时间分配，而是“人”的管理，即注重个人管理，认为与其着重于时间与事务的安排，不如把重心放在管理具有能动性的“人”产出的效能上，并加强人际关系以获得成果。

五、时间管理的内容

时间管理的目的是让人们在耗费相同时间的情况下，为提高时间的利用率和有效性而进行的一系列控制，对时间消耗进行计划、实施、检查、总结、评价和反馈等程序，以达到预期的目标。

（一）科学利用精力最佳时间

人的智力、体力、情感都不断发生着周期性的变化，这就是人体内“生物钟”的作用。秘书人员应该熟悉自己体内的生物钟（可以通过科学的方法或积累经验测明），找出自己精力最旺盛的时间，用来处理最重要、最困难的工作，而把例行公事放在精力稍差的时间去做，这样可以提高时间的利用率和有效性。

（二）计划化、标准化、定量化消费时间

消耗在某项工作上的时间要制定出标准，预测出每项工作各需要多少时间，进行时间的定量分配，制订出耗时计划。秘书人员应以最有效的方式，利用定量的时间，有秩序地从一种行动转换到另一种行动。

（三）保持时间上的弹性

使用时间时要注意劳逸结合和精力的调节。“连轴转”是低效管理者的做法，如此只会事倍功半，只有适当调节才能使工作有持久性，保证高效率。

（四）避免事必躬亲

要懂得授权和任务分解，要从日常繁忙的工作中解放出来，增加自己的可控时间，以用到重要的工作中去。

（五）保持时间利用的相对连续性

合理利用时间的一个原则是集中时间，不要把时间分割成零星碎片。最好能够一气呵

成，不要中断。因为中断的干扰会破坏注意力集中，要经过相当长的一段时间，才能使精神和思维重新集中起来。

（六）案例化、标准化工作

秘书对已经有条例、规定的工作，按章办事即可。同样的问题反复出现后，把结果和处理过程记录下来，列入规章制度，使其案例化。同时，要大力推进业务程序的标准化，把每项工作通过标准化的业务流程规定下来，使工作达到事半功倍的效果。

（七）定期检查时间利用程度

养成定期检查时间利用情况的习惯。可充分利用台历、工作手册、记事簿、计算机等工具，随时记录时间耗费情况，及时检查，力求发现浪费时间的因素并有所改进。

（八）保留自我时间管理的最低批量时间

任何成功的管理者，都必须每天或隔一段时间给自己安排一段最低批量的自我时间管理的时间，用以计划、检查、总结自己的时间管理状况。

六、时间管理的技巧

（一）四象限法则

人们面临的工作任务有两个维度：一是重要性维度，二是紧迫性维度。这两个维度的地位是不同的，重要性是第一维度，紧迫性是第二维度。也就是说，重要性比紧迫性重要。一件事情的紧迫是我们可以直接感受到的。比如，上班时你孩子的学校突然打来电话说，你的小孩发烧住院了，必须赶快去处理一下——这件事就很紧迫。而事情的重要性理解起来要复杂一些，它需要人们站在某种角度，按照某种标准进行对比和权衡，才能分出其重要程度。

如果把要做的事情按照紧急、不紧急、重要、不重要的排列组合，能分成四个象限。这四个象限的划分有利于我们对时间进行深刻的认识及有效的管理。

第一象限。这个象限包含了一些紧急而重要的事情，这一类的事情具有时间的紧迫性和影响的重要性，无法回避也不能拖延，必须首先处理，优先解决。它表现为重大项目的谈判、重要的会议工作等。

第二象限。不同于第一象限，这一象限的事件不具有时间上的紧迫性，但具有重大的影响，对于个人或者企业的存在和发展以及周围环境的建立和维护，都具有重大的意义。

第三象限。这个象限包含的事情是那些紧急但不重要的事情，因此，这一象限的事情具有很大的欺骗性。很多人认识上有误区，认为紧急的事情都显得重要，实际上，像无谓的电话、附和别人期望的事、打麻将三缺一等事件都并不重要。这些不重要的事件往往因为它紧急，就会占据人们很多宝贵的时间。

第四象限。这个象限的事情大多是些琐碎的杂事，没有时间的紧迫性，没有任何的重要性，花费时间在这些事情上，就是在扼杀时间，就是在浪费生命。如发呆、上网、闲聊、游逛等。

“象限管理法”表明：十万火急的事未必最重要，不紧不慢的事未必不重要。在人们处理重要的事情时，常常能把“重要且紧迫的事情”做好，而不能把“重要但不紧迫的事情”做好。这主要是因为“重要但不紧迫的事”容易被人忽略。因它不紧迫，所以往往一拖再拖，最后导致任务不能按时完成。如果把所有的“重要但不紧迫的事情”做好了，就会降低“重要且紧迫的事情”发生的比例。因为相当多的“重要且紧迫的事情”就是由“重要但不紧迫的事情”演变而来的。

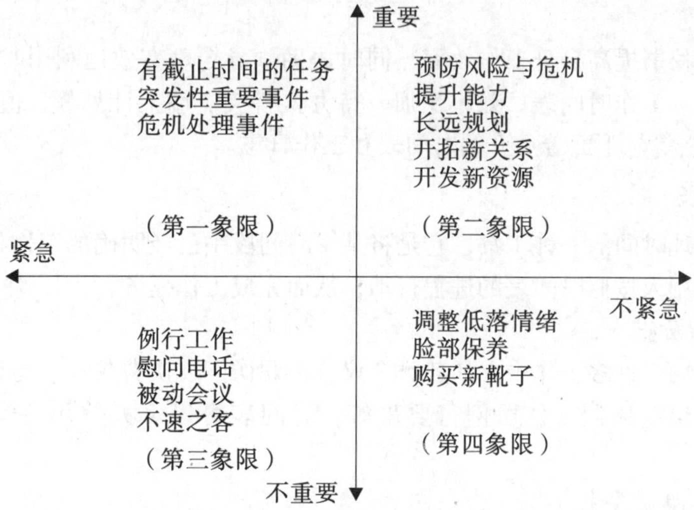

时间管理四象限图

（二）ABCD 分析法

ABCD 分析法把所有的任务都按 A、B、C、D 等级进行划分。A 级任务是指那些必须在短期内完成的任务。一旦完成，A 级任务就会产生显著的结果。如果任务未能完成，就会造成严重的后果。A 级任务需要立刻行动起来去做。B 级任务是指那些应该在短期内完成的任务。虽说不如 A 级任务那么紧迫，但它们仍然很重要，只是这些工作可以在一定期限内相应地推迟。若规定的完成期限较短，就应该将它们很快提升到 A 级。C 级任务是指那些可以推迟而不会造成严重后果的工作。该类任务中的有些工作甚至可以无限期推迟。而其他一些任务，尤其是那些有较长时间期限的任务，也会随着完成期限的临近最终转变为 A 级别或 B 级别。D 级任务是指那些理论上甚至不需要完成的工作。它们没有最后期限，完成这些事固然很好，但实际上，完全无视这些事的存在不会带来任何不利或严重的影响。

（三）帕累托法则

意大利经济学家维尔弗里多·帕累托（Vilfredo Pareto）在 1906 年考察时发现，20% 的意大利人拥有全国 80% 的财富。随着时间的推移，这一比例也被应用到不同领域，并逐渐成为一经典法则：在一组事物中，一小部分体现出的价值或重要性远远高过其余部分。比如，80% 的企业利润来自 20% 的商品；80% 的公司的销售收入来自于 20% 的客户等。帕累托法则也称为“二八定律”。在日常生活中，人们最容易犯的错误就是对所有事情一视同仁，眉毛胡子一把抓，结果就什么都没抓到。要想提高工作效率，必须做到有选择性地工作。应避免将时间花在琐碎的 80% 的问题上，因为就算花了 80% 的时间，也只能取得 20% 的成效。相反，应该将 80% 时间花于重要的、占少数的问题上，因为解决了这些重要的少数问题，即可取得 80% 的成效。

七、时间管理的工具

时间管理是秘书提高自身工作效率，同时协助领导合理有效地利用时间的有效手段。工具有工作日志、工作时间表、效率手册、待办文件夹、墙上计划板、值日表、值班表、“在不在”布告板等。下面着重介绍时间表和工作日志。

（一）时间表

时间表是管理时间的一种工具，它是将某一时间段中已经明确的工作任务清晰地记载和标明，提醒使用人按照时间表的进程行动，从而完成工作任务。

1. 时间表的功能

时间表可以用于许多工作中，如各类会议、参观访问、庆典仪式、宴请活动、报告演讲、招待宾客、出差休假、公司例行要事等。时间表可以 1 人使用，也可以部门共同使用。

2. 时间表的编制要求

（1）根据工作目标确定编制时间的周期。

（2）收集并列出某个时间段所有的工作、活动或任务。

（3）按照时间顺序将任务排列清晰。

（4）发现相互有矛盾的，要主动与负责人协商，及时调整。

（5）绘制表格，标明适合的行、列项目和列表日期、列表人。

（6）用简明扼要的文字将信息填入表格。写明内容、地点、时间等。

（二）工作日志

工作日志分为手工填写日志和电子日志两种。

1. 手工填写日志

手工填写的工作日志通常要准备两本，一本给领导使用，另一本给自己使用。使用的方法是：

（1）提前了解领导工作和活动的信息，同时在两份日志上填入有关信息，并于当日再次确定和补充。

（2）在自己的日志上清楚地标出自己应完成的工作，包括为领导的有关活动所做的准备，并逐项予以落实。

（3）在领导日志变化的同时，应更改自己的日志，并做好变更的善后工作。

（4）协助或提醒领导执行日志计划，在需要时帮助领导排除干扰。

（5）填写的信息要准确，若当日出现情况变化，应当立即更新日志，并告知领导出现的变化。

(6) 填写的信息要清楚、整洁、方便阅读，可以使用不同色彩的笔标明。

(7) 填写的信息要完整，标明各项活动的时间、地点、姓名、联络办法等必要信息。

2. 电子日志

可以使用计算机电子日志来管理时间，通过电脑程序中的 Microsoft Outlook，可以打开个人文件夹，只要在相应的时间栏内输入工作任务即可。输入的内容与手工填写日志的内容基本相同。电子工作日志比手工填写日志用起来更加方便，可以迅速修改和更新日志内容，且不留痕迹，容易保存。电子工作日志要与手工填写日志的内容保持一致。

3. 管理自己的工作日志

(1) 秘书个人的工作日志。

秘书的日志内容包罗万象，包括自己职责中应做的一切工作职责中的内容。可按时间段将自己的工作的具体内容填进日志中。

(2) 管理领导的工作日志。

管理领导的工作日志的内容包括：领导在单位内部需要参加的会议和活动，秘书要记录清楚时间、地点和内容；领导需要亲自接待的来访者，秘书要记录清楚来访者的姓名、单位详情、约会时间；领导在单位外部需要参加的会议、活动、约会等情况，秘书要记录清楚时间、地点、确切细节、对方的联络办法等；领导个人的安排，如去医院看病等，秘书不要在这段时间安排其他事宜；领导私人的信息，如亲朋好友的生日，秘书要提醒领导购买生日卡或礼物等等。

处理工作日志的变化与调整：有时会因突发事件或对方的原因而必须改变日程安排。如果是我方原因导致安排变更，会造成一些有形或无形的影响，甚至会影响企业、单位的信誉和双方的信赖关系，因此，应尽量想办法将日程安排的变更限制在最小的范围。

一般变更包括：事项原定结束时间延长或超时；追加紧急或新添的事项；调整、变更事项的原定时间；原定事项终止或取消。

调整时应注意的问题：安排的事项之间要留有 10 分钟左右或更适当的空隙，以备活动时间的拖延或新添临时的、紧急的事项；事项调整、变更时间，仍要遵循轻重缓急的原则，并将变更的情况报告领导；确定变更后，应立即做好有关善后工作，如通知对方、说明理由、防止误解，然后再次确认工作日志是否已经变更相关信息，防止漏记、错记。

秘书还应注意的问题：应对领导的日志信息进行保密，只允许领导授权的人查阅；要保持两本工作日志的信息一致和准确，若有变动，应立即变更；应熟悉领导的工作习惯，以便安排的时间符合要求；应熟悉领导用餐和休息的习惯时间，以便安排约会时避开这些时间。

4. 日志管理软件推介

(1) 工作日志管理软件。这款软件现在有很多版本，最新版本能提供工作日志、通讯录、任务列表、地址簿、即时新闻、新闻中心、今日汇率、今日证券行情、私人日记、货币换算等功能，还新加入了农历。

(2) Milogs 工作日志管理软件。这款软件可以随时记录自己每天的工作情况，包括各种"日志"和"计划"，以及和它们相关的任务、事件、各种单位、联系人。Milogs 日志软件 3.0 版可以由自己定义部分界面，从简单到复杂，变化无穷。经过自己定义界面后，可以适用于数十个行业、职业。

（3）WorkLog 工作日志管理。该软件采用 VC + 编写，程序运行高效而稳定，是一个强大的工作日志管理平台，用户可以自己编写 VC 插件、js 或 vbs 脚本。该软件对二次开发的支持使之堪称工作日志管理平台。该软件还提供了通讯录、任务计划、地址簿等个人事务处理工具，为用户提供更多方便。使用 128 位高强度加密算法的私人日记可以让用户放心地在电脑上写日记，而无须担心自己的秘密被别人发现。今日新闻、今日汇率、今日证券行情等功能，使用户可以安全地获取网上最新信息。最近又加入了货币换算计算器和新闻中心。

（4）Outlook。这是 Windows 系统的一个邮件系统，它也能用于工作日志编制与管理。

第九节　督查工作

为政之要，贵在务实，重在落实。督查工作是对领导安排、部署的工作的落实情况的监督，是促进工作落实的重要环节和工作方法，更是推动决策、落实工作、确保政令畅通的重要手段。

一、督查工作的概念

督查即督促检查，督查工作是协助领导推进工作最常用的工作方法和有效手段，在推动决策执行、矫正工作偏差、提高工作效率方面起着举足轻重的作用。

秘书的督查工作是在领导授权下进行的。

二、督查工作的特点

（一）复杂性

凡是列入督查的工作，大都是复杂棘手、涉及面广、影响较大的事项，秘书落实起来难度很大。这就需要秘书具有较强的解决复杂问题的能力，做到查则必清，清则必办，办则必果。

（二）原则性

督查工作中涉及政策、利益方面的问题时，秘书应坚持原则，分清是非，不当“和事佬”。

（三）权威性

秘书的督查工作经领导授权，代表领导的权威。秘书要正确运用这些权力，讲究督查工作的方式、方法，不越权、灵活地完成督查工作。

（四）时限性

秘书督查工作要强调工作效率，对督查对象要提出明确的时间要求，对落实难度大的事项要全程跟踪督办，避免拖拉延误。

三、督查工作的原则

秘书作为领导的参谋和助手，经常受命对贯彻不力的部门和单位进行工作督查。在督查过程中，要真正充分发挥督查的效果，就要遵循以下四个原则：

（一）系统性原则

任何一项工作，虽然有范围大小、层次高低的不同，但都是一个相对独立的系统，系统中的各要素之间，既相互联系，又相互制约。督查工作不要虎头蛇尾，有始无终，或者为了显示自己的“功绩”而抛开别人的工作基础，“另敲锣鼓另开张”，以致严重影响工作的整体性和长远效益。

（二）实事求是原则

督查工作就要深入基层、深入群众，进行各种形式和类型的调查研究，了解一线的需求和愿望，将真实的信息反馈给组织领导，便于领导做出科学的决策。

（三）主动性原则

主动性原则主要体现在日常督查工作中，其主要表现为接受督查任务，提交督查工作计划，自觉分析、调查、研究，探索快速贯彻的方法、方式和途径，周密地做好重要任务的分解、立项工作，不失时机地向领导反映意见和建议，并制定好督查预案，为领导全面督查活动的全程提供科学超前的服务。

（四）时效性原则

督查工作要高质高效、急事急办，做到适时督查、事实清楚、结论准确、处理得当。

四、督查工作的内容

一般而言，秘书的督查工作包括以下七个方面：

上级领导和本单位领导批示督办的事项。

上级部门的重要工作部署与会议精神的落实情况。

本单位的重要工作、文件和会议精神的落实情况。

外界对本单位的建议和批评的处理情况。

人大代表、政协委员和职代会、股东会的议案、提案和建议的办理情况。

下级单位请示和请求帮助解决问题的办理情况。

秘书提出并经领导批准的其他事项。

五、督查工作的程序

对领导交办事项的督查工作的程序由交办、转办、承办、催办、检查、办结、办结回告、审核、立卷归档共九个环节组成。程序如下：

（一）交办

交办指领导向有关督查人员授权转承催办。交办的方式有：批示交办、口头交办、文件式交办、会议交办；集体交办、个别交办；向督查部门交办、向督查人员个人交办；公开交办、单独交办。

（二）转办

交办事项并非都由督查人员亲自办理，很大一部分是转交给各相关单位和人员具体承办。督查人员的职责只是负责催办与督查，但有的也需深入下去协助承办者办理落实。凡属转办的事项，一般应有正式的转办通知单，并注明交办的事项、交办的意见要求以及办结回告的时限。

（三）承办

有些交办事项是由领导指导督查人员亲自承办的。这也称为“自办”。这类事项多是领导个别口头交办、单独交办的，往往带有一定的保密性质。还有些是领导顾及不过来的或者是不宜出面的事项，就委托某个督查人员去直接办理。督查人员在直接承办这类交办事项时，除了包含有领导与被领导之间上下级关系的因素外，更多的是带有同事、同志之间相互支持、帮助的感情色彩。

督查人员在承办这类交办事项时，应做到以下几点：要积极认真地去办；要按领导的要求去办；要按有关规定、政策去办，切不可给领导帮“倒忙”；遵守办事纪律、尊重领导的感情和信任，不应让他人知道的绝不可外传，办完了只给交办领导回告即可。

（四）催办

催办是对那些领导交办后又转交他人、其他单位承办的事项而言的。催办的方式、方法有发正式通知单催办、电话催办、口头催办、登门催办、会议催办等。催办应在办理时限要求办结之前进行，办结时限已到但还没有呈报办结回告的，需及时催办。

（五）检查

督查人员对转、交办事项，要深入下去对承办单位、承办人办理的情况、办理的结果和实际效果进行检查。不仅要听取承办人员的口头汇报和文字回告，还要查看实际效果。督查人员对转、交办事项的督查或是在承办单位或承办人办理过程中，或是在办理完毕之后进行。前者是检查其办理的行动、进展状况，后者是检查、评估其办理结果的实际效果。

（六）办结

办结是指领导交办事项办理完毕。凡办结的事项，秘书必须向交办领导报告办理后的结果，呈报办结报告。

（七）办结回告

办结回告是指承办单位或承办人在办理领导交办事项完毕后，向交办领导人回报、反馈办理结果的报告。办结回告的方式，有书面的，也有口头的，应视交办领导者的要求而定。办结回告一定要真实报告办理结果，切不可弄虚作假，也不能回避存在的问题和矛盾。还要对存在的问题和矛盾提出积极的意见和建议。办结回告的内容一般应有：领导交办的时间；交办的问题或事项内容；办理的过程以及办理过程中所采取的方法与措施；办理的结果与实际效果；办理过程中和办理完毕后存在的问题；今后或下一步改进的意见、建议和措施等。

（八）审核

审核指对办结回告进行审查评估。如果是转交承办，那么督查人员应先进行初步审核，并签署意见，然后再呈送交办的领导审核。对承办者呈报的办结回告的审核，要做到以下几点：认真审核其办结回告的内容；听取承办者的口头汇报情况；下去查看办结的实际效果；对办结的结果做出评估；对存在的问题提出改进的意见或建议。

（九）立卷归档

办结回告经交办领导审核认可之后，将领导交办事项的原则和办结回告的文本，按有关规定、规范装订在一起，装入有关卷宗，以保证领导交办的事项从交办到办理完毕过程的全貌以及相关资料的完整性。

六、督查工作的主要方式

督查工作依其轻重缓急不同，可采取不同的方式，具体来说主要有：

（一）书面督查

对要督查的问题，根据领导指示，印发督查通知、督查简报等文件形式，督查通知将上级机关领导人的有关批示转给被督查的有关部门或主管人员，请他们核实情况，予以处理，并将处理情况及时报送上级主管单位。督查简报的内容主要是反映承办单位办理过程中的进度状况、可取的做法、推广经验、宣传好的典型、反映存在的问题或下级承办单位的意见、建议或要求。

（二）会议督查

运用召开会议的方法开展督查。会议督查的常见形式有：

某项督查事项、问题等涉及两个或两个以上单位的，常常采取召开督查协调会的方式进行督办协调。实际上，督查工作中召开的各类协调会均为会议督查方法的运用。

某项督查事项的办理落实过程中，有关部门、单位之间发生了某些矛盾纠纷，往往也是采用召开会议的形式进行协调督办。

某些督查事项没有明确的承办职能部门，鉴于部门、单位中无人具体负责承办的状况，除了督查部门自己承办（即自办）之外，还有些需要召开一定的会议，委托、指定或责成有关部门、单位承办落实，或者由某一个单位主办、某几个有关单位协办。

召开单位、部门人员会议，由各单位、各部门汇报各自对某项督查任务完成的进度或执行落实的情况，也属于会议督查的范围。

督查工作中采用联合督查、综合督查、组成督查组等方式进行督办检查活动时，也都经常采用会议督查的方法。

某些棘手问题的解决落实，急情要事、重大突发事件的处理，也都会采取会议督查的方法。

会议督查方法运用得当，常常可以较大地提高督办的工作效率，起到事半功倍的作用。但是，在使用会议督查方法时，一定要事先做好充分准备，要有明确的意见或建议，同时还需注意参加会议的单位、人员不宜过多。一般均是小型的座谈会、汇报会等。督查会议的召开可以在领导部门，也可以在有关单位的实施现场。

（三）电话督查

即打电话督查。在督查过程中，对于一些比较急迫而又简单的问题，函件往返不便，又不必召开会议的，则可用电话直接询问，或核实有关问题，或通知抓紧办理，以免延误时间。电话督查应注意的事项是：

受话方应是承办人、负责人或熟知具体办理落实情况的有关人员。

督查人员在通话后应将对方在电话中所述的办理情况记录下来，并注明电话催办的日期、对方的姓名以及其他有关情况等。

督查人员应及时给对方提出尽快办理落实的建议、意见和具体要求。

督查人员可将电话催办了解的情况口头或整理成文字向交办领导反馈，如果领导对该项事项办理有新的意见和要求，督查人员应及时转告承办者。

督查人员应及时将打电话催办的日期、了解的情况等，记入督查事项的立项登记簿中相应的栏目内。特别是对于某些领导口头交办，且只需承办者口头回告的督查事项，做好电话催办记录并记载于立项登记簿是尤为重要的。

（四）登门督查

指督查人员深入实际，面对面督查，研究、解决问题。这一般是指遇到特殊情况，或事关重大的问题时，通过派人下去实地调查，掌握第一手材料，弄清事情真相和问题实质，并与有关部门领导和群众商量，协助部门领导正确查处，直到解决问题。

第十节　信访工作

信访工作是密切党和政府与广大人民群众联系的特殊桥梁和纽带，是党和政府做群众工作的重要窗口和阵地，是促进科学发展的基础性工作和有力保障。信访工作要求认真倾听群众诉求，了解民意，化解矛盾，排解纠纷，理顺情绪，解决问题。通过这个纽带、桥梁、窗口和阵地，宣传党的路线方针政策、国家的法律法规，宣传单位组织现阶段工作中的一些重大部署和改革发展所取得的进步与成绩，宣传今后继续努力的方向、目标、措施，通过这些措施来凝聚人心，构建和谐社会、和谐单位，建设更加美好的社会。

一、信访工作的概念

信访指群众来信和群众来访，负责处理群众来信来访的工作，即信访工作。

二、信访工作的要素

信访工作的要素包括信访者、信访受理者、信访形式、信访内容、信访处理者、信访结果。其中，信访形式分为书信、电子邮件、传真、电话、走访（信访人到来）等。来信同样包含了书信、电子邮件、传真、电话等形式。

三、信访工作的任务

受理本地区、本系统和上级领导机关交办的来信来访问题。

定期研究来信来访的情况和问题，及时反映并提出建议。

向有关地区、部门和单位交办来信来访的问题，并进行督促、检查，直到解决问题为止。

协助党政领导机关检查本地区、本系统、本单位的信访工作，组织交流经验。

四、信访工作的作用

（一）桥梁纽带作用

信访工作是党和政府联系人民群众、组织与员工之间的桥梁和纽带，是密切联系群众的重要渠道。做好信访工作可为群众排忧解难，满足群众的合理要求，增强群众对党和政府的向心力。通过做信访工作，可以及时有效地调整人与人、人与组织、人与社会之间的关系，减少和消除不安定因素，促进社会的安定团结。信访工作是维护单位、集体与社会和谐发展的有效手段。

（二）信息反馈作用

信访工作是吸纳民意以正确决策和正确实施决策的重要条件之一。各级领导机关及领导者能够通过来信来访等了解各种会议、资料和调查中难以得到的重要信息，广泛了解社情民意，掌握群众的情绪及群众对各项政策的态度，以便有的放矢地调整有关政策，进行合理决策。

（三）民主监督作用

信访工作也是发扬民主的重要“窗口”，是保障人民民主权利并接受群众监督的有效方式，可以广开言路，直接听取群众的呼声，采纳群众的意见和建议。同时，信访工作还是接受群众监督的重要渠道，做好信访工作，有助于揭露官僚主义作风和各种违法乱纪行为，加强对各级干部的监督。

五、信访工作的原则

实事求是、依据政策法规办事的原则。

属地管理、分级负责、归口办理的原则。

疏导和教育相结合、双向规范的原则。

标本兼治、预防和化解矛盾的原则。

“件件有着落，事事有结果”的便民原则。

六、信访工作的制度

信访工作的制度共计十项：登记制度、呈阅制度、交办制度、转办制度、催办制度、回告制度、审查结案制度、复信制度、信访档案制度和领导接待日制度。

七、信访工作的程序

（一）受理、登记

1. 受理

根据信访工作的原则，政府机关与企事业单位只受理本地区、本系统或本单位管辖之内的信息事项，新闻单位则不受此限制。因此，信访工作的第一步就是对信访事项进行区别与分流，该受理的即受理，不该受理的也应负责地转到有关单位或部门去。

如果来访者所谈之事属于受理范围，应请来访者先填写登记表，然后进行详谈。

对于来信，要小心拆封，仔细阅读，必要时将信封、信笺、附件等以左上角为准对齐装订。来信不论是否属于受理范围，都要登记。

不属于受理范围的信件不可退回，应登记后将信件以简明函件的形式转到对口单位，并回信告知写信人。根据国务院《信访工作条例》、《关于创新群众工作方法解决信访突出问题的意见》和《关于进一步规范信访事项受理办理程序引导来访人依法逐级走访的办法》的规定，以下四种情形的信访事项，各级人民政府信访工作机构及其他行政机关不予受理：

（1）各级国家权力机关、审判机关、检察机关职权范围内的信访事项。

（2）已经或者依法应当通过诉讼、仲裁、行政复议等法定途径解决的信访事项。

（3）信访人对已经受理或正在办理的事项在规定期限内向受理、办理机关的上级机关再提出同一信访事项的，该上级机关不予受理。

（4）信访人对复核意见不服，仍然以同一事实和理由提出投诉请求的，信访工作人员不再受理。

2. 登记

需要登记的内容有：

（1）来信来访者的姓名、性别、年龄、民族、职业、工作单位、通信地址、电话号码、同信或同访人、信访次数等基本情况。

（2）信访的内容摘要，即事情的时间、地点、当事人、起因、过程、结果、性质、人证、物证、信访人的要求或建议、有关部门的意见等。接谈过程中，要认真做到“一听、二问、三记、四分析”。

（3）领导的批示、处理意见。

（4）处理结果、答复情况、接待人、接待时间等。

登记往往不是一次就能马上完成的，表格中应留些空白，准备信访者多次来访并登记。

（二）立案、呈批

有些信访事项内容比较简单，性质轻微，如亲属、邻里之间的非原则性纠纷，一般的建议或批评，询问有关政策、法规等。秘书和信访工作人员可按规定自行处理，如进行劝说、调解、解释、答复等。

凡是重要的信访案件，要认真核实后，提出拟办意见，正式立案，具文上报给上级主管批示后才能办理。

（三）承办、交办、转办

经批示后的信访事项，由信访工作人员按具体经办原则进行分流，即区别为承办、交办、转办三种情况。

1. 承办

有些信访事项原来就属于本地区、本级信访部门办理的层级、范围，自然应该由原信访部门直接受理。承办部门自己组织人力进行调查取证，提出处理意见，经领导批准后将处理结果直接答复给信访人。如属重大、紧急的事项，应及时提出建议并报请本级人民政府决定。

2. 交办

交办即有些信访事项属于第一受理部门的下级或基层单位职责范围之内，应将这些信访事项交给下属单位或部门处理。

交办信访应有交办函，函内应简要地写明该信访事项的主要内容、性质及办理要求，但原件不可一并交出。交办还要求下级将办理结果回告给原受理单位，由原受理单位审查后，再将受理结果答复给信访人。

3. 转办

转办即某些信访事项不属于第一受理单位的职责范围，则应负责将这些信访事项转至对口的单位或部门去办理。转办也必须具函，并把原信一起转去，这是与交办的不同点之一。

转办的信访事项可以要求回告，也可以不要求回告。

（四）调查、处理

调查处理是信访工作的中间阶段，也是最关键的阶段。

1. 调查

查清事实是信访处理的前提，信访工作人员应按照原件提供的线索和上级批示的意见，采用适当的方法进行调查。如实地观察、访问当事人和知情人，听取陈述，并记录在案。还可以查阅文献等。

2. 处理

查清事实，得出结论后，信访承办者才能根据党的方针政策和国家的法律法规或其他有关规定去衡量，提出具体的处理意见。

对重大、复杂、疑难的信访事项，可以采用听证形式加以处理。

（五）催办、回告

1. 催办

处理信访事项有严格的时间限制。信访工作人员收到信访事项后，能当场答复是否受理的，应当场书面答复；不能当场答复的，应在收到信访事项之日起 15 日内书面告知信访人。信访事项应当自受理之日起 60 日内办结；情况复杂的，经批准可适当延长期限，但延长期限不得超过 30 日，并告知信访人延期理由。

原信访受理单位对所有受理的信访事项，不论是本单位、本部门承办的，还是交给下属单位部门办理的，或是转给有关单位部门办理的，都要负责到底。这种负责的表现之一，就是催办。

催办已作为信访工作的一项制度而得到保证。

催办可以通过电话、电子邮件的形式进行，可以发文，也可以直接派人去。

2. 回告

凡是接到上级交办信访事项的单位、部门，应在期限之内将信访事项的调查结果和处理意见回告给上级，而不能推诿或拖延。

（六）审查、结案

1. 审查

承办单位将信访材料及处理意见回告原受理单位，原受理单位应进行认真审查。审查的要点包括：事实是否清楚；证据是否确凿；定性是否正确，结论是否合理；处理意见是否符合政策、法律、法规；手续是否完备；对处理意见，信访当事人是否接受，意见如何。

新《信访条例》规定，假如信访人对做出的处理意见不服，可以在收到书面答复之日起 30 日之内请求原办理机关的上一级行政机关复查；行政机关应当在 30 日之内提出复查意见，并予以书面答复。信访人对复查意见不服的，可以自收到书面答复之日起 30 日之内向复查机关的上一级行政机关请求复核，行政机关应在 30 日之内提出复核意见。

假如信访人对复核意见不服，仍然以同一事实和理由提出投诉请求的，信访工作机构不再受理。

2. 结案

经过以上的工作程序，重要信访事项便可终结。终结的方式是由经办人写出结案报告。结案报告应呈报主管部门并抄送有关单位、部门。

（七）复信、督查和督办

1. 复信

新《信访条例》规定：无论行政机关做出的信访处理意见是支持还是不支持信访人提出的投诉请求，都要给予书面答复。

复信的内容可以是告知性、答复性的，也可以是解释性、交代性的，还可以是感谢性、鼓励性或批评性的。

复信要严格依照有关政策、法律的要求，文明有礼，署名时间，加盖公章，并留存底稿。

2. 督查

督查的着手点，一是时间督查，即督促信访事项是否得到及时的处理。二是质量督查，就是督促检查信访处理是否保证了质量。三是落实督查，即督查信访处理结果是否真正得到了落实。

3. 督办

信访批示件交办后，要及时或定期督办，并做好记录，对紧急和重要的信访批示，要随时检查办理进度，催促加快办理，推动批示落实。

（八）总结、综合研究

信访工作要及时总结经验教训，以求不断改进和提高。重大信访事项应进行个案总结，一般信访事项可定期进行综合性总结。

在总结的基础上，更重要的是进行综合研究。尤其是政府机关的信访工作，不能停留在仅仅是帮助群众解决一些实际问题的基础上，要发现带有普遍性、倾向性的问题，看出政治、经济和社会发展的趋势，这就要求进行有概括性的研究。

（九）立卷

信访工作中产生的文字材料，既有原始材料，如信件、来访登记表与记录、电话记录、电报稿、各种单据、照片、图纸等；又有办理过程中形成的文字材料，如立案报告、转办与交办单、调查记录、结案报告等。这些材料总称为信访文书。

信访文书要进行分类整理、立卷归档。

八、信访工作中的挡驾工作

在接待来访过程中，有些来访者会提出直接面见领导人的要求，秘书人员不能一概应允，应区别对待。对一般性的来访者或非善意的来访者所提出的这类要求，应加以拒绝。拒绝的用意是：可以帮助领导节约宝贵的时间；可以帮助领导摆脱繁杂事务的纠缠；可以帮助领导避免陷入无谓的纠纷之中。

（一）对于不同的来访者应区别对待

对于外部来访者，来自上级单位和有重要事项联系的一般不能挡驾，应直接引见给领导人，其余则需酌情而定。

对于内部来访者，原则上不予引见，除非事关重大，或时间紧迫。

无论是内部或外部的来访者，凡属心理不健康、精神上有缺陷的，都应予以挡驾。

（二）做好挡驾的要求

1. 了解来访者的详细情况和来访的目的

秘书人员要准备一个记事本，专门记载来访者的有关情况，可在交谈中了解清楚来访者的姓名、性别、年龄、工作单位、职业、性格类型、精神状态、来访时间、反映的情况、提出的要求、是否重复来访等。尤其是对要求面见领导人的来访者，要弄清对方面见领导的意图，以及预测对方面见领导后可能采取的行为方式等，可在记事本中予以记载，日后若再次来访且性质相同，便可根据前次的情况决定是否挡驾。

2. 领会领导人的态度和潜意识中的意图

领导对于是否面见来访者，是根据不同的来访者、不同的时间、不同的问题等决定的，秘书人员应依据即时情况做出决定，比如，对于无理取闹、态度恶劣、脾气暴躁的来访者，不宜让领导接待，应坚决挡驾。来访者所反映的情况比较重要，但领导者因要处理更重要的事情而分身乏术，可暂缓安排面见。秘书人员如暂时还不能确定问题的性质和领导者的态度时，可先行挡驾，待请示领导后再作安排。

3. 具备良好的心理素质和判断分析能力

多数来访者都是通情达理的，当他们提出面见领导的诉求被拒绝后，一般都会听从秘书人员的安排，转向相关的职能部门去寻求帮助，然而，也有少数来访者会执意坚持自己的要求，一旦遭到拒绝，就会以冲动的方式表示他们的愤怒，这就要求秘书人员有良好的心理素质和较强的判断分析能力。秘书人员对来访者所反映的问题的性质和来访者的即时心态能做出较准确的分析判断，才能决定是否挡驾和如何挡驾。

（三）信访工作中的挡驾技巧

在接待来访的过程中，有的来访者会提出面见领导的要求，秘书人员就要慧眼识真假，有的人是怀揣善意来解决问题的，而有的人“来者不善”，纯粹就是来闹事的，那么，秘书人员对会面要求不应一概放行，也不该一概挡驾。在这个处理过程中，秘书人员要善于区别来访者的类型，并掌握一定的挡驾技巧。

1. 来访者类型

（1）上、下级单位来访者。

（2）紧急、重要事情来访者。

（3）媒体来访者。

（4）推销型来访者。

（5）抱怨型来访者。

（6）抑郁型来访者。

2. 秘书的挡驾技巧

“挡驾”是秘书人员辅助领导管理的过程中一项艺术性极强的重要工作，做得好，会让领导满意，也让来访者高兴；做不好，两头落埋怨不说，还会将领导、来访者和自己都置于尴尬局面，甚至给工作带来损失。因此，秘书人员不仅要能够慧眼识人，还要果断采取对无关紧要或无理取闹的来访者进行处理的把关措施。秘书人员只有熟练运用有声语言和体态语言才能更好地实现挡驾的目的。

（1）运用有声语言挡驾。

①察言观色。要因人制宜，见什么人说什么话，例如，抱怨型和抑郁型来访者，情绪易变，不合心意时就会大吵大闹，针对这类来访者，要认真听取他们的想法，给予其考虑问题和做出反应的时间，耐心劝说，真诚开导，引导他们要一分为二地看问题，以求得好的结果。

②言辞得体。“一句话可令人发笑，一句话也可使人暴跳。”说话要讲究分寸，不能用干部腔调。说话要有亲和力，表意准确，逻辑性强，富有感染力，起到疏导、劝解、宣传、教育的作用。

③巧妙逐客。有的来访者面见领导时逗留时间过长，领导又不便下逐客令，这时秘书人员要巧妙地帮助领导脱离窘境。例如，可以走进去假装看看时钟，打断他们的谈话，提醒领导应该立即动身赴约了，或者说有人正在办公室等待领导，有事商议等，而且，秘书人员应马上站在来访者一边，等着送客。

（2）运用体态语言挡驾。

①表情坚定。当秘书人员表示态度坚决，无任何通融之处时，表情应是严肃、坚定的；当秘书人员委婉拒绝并提出建议时，表情要彬彬有礼，尽量让来访者感到自己的建议是合理、合适的。

②动作果断。秘书人员为表示否认态度坚决，可以摇头或摆手；为表示关系密切、极愿意帮忙之意，可以下意识碰碰对方的胳膊肘或拍拍对方的肩头；当秘书人员要下逐客令的时候，可以马上站在来访者一边，意味着等待送客。

③距离远近。秘书人员为表示亲近、认可和不许的意思时，可以从与对方的空间距离来表示亲疏远近的态度。当秘书人员与来访者之间保持相距120厘米以上时，表明对来访者疏远的态度坚决，正在拒绝来访者的要求；秘书人员与来访者之间相距在50厘米以内，表明秘书人员与来访者亲近，一般不会拒绝。

第十一节　办公用品与备用金管理

管理办公用品与备用金是秘书部门既重要又“琐碎”的一项工作，秘书要确保办公所需，倡导勤俭节约、物尽其用，使办公用品与备用金的管理走向规范化、制度化。

一、办公用品管理

（一）办公用品的概念

办公用品即办公所使用的杂项物品，因种类繁多，又涉及各个部门，所以，如何管控好办公用品这个环节，是秘书人员工作能力的具体体现。

（二）常用办公用品的种类

办公用品的常用种类有：

笔尺刀类：铅笔、橡皮、钢笔、水笔、荧光笔、白板笔、圆珠笔、签字笔、彩笔、修正液、尺子、美工刀、剪刀、铅笔刀、切割刀等。

纸簿类：复印纸、记事贴、信纸、稿纸、便笺、复写纸、信封、笔记本、档案袋、现金收据本等。

归档用品类：档案袋、文件夹、文件盒等。

办公设备耗材类：打印机、磁盘、U盘、硬盘、打印机墨盒、色带、光盘、光盘盒等。

装订类：订书机、订书钉、起钉器、胶水、双面胶、装订夹、大头针、曲别针、打孔机、胶带、细绳、包装带、牛皮纸等。

印刷单据类：饭卡、饭票、请假卡、施工单、名片、厂牌、员工奖惩单、付款凭证、申请单、申购单、来访凭条等。

清洁用品类：扫把、垃圾桶、垃圾袋、洗洁精、纸巾、空气清新剂、洗手液、垃圾铲、洗衣粉、清洁球等。

办公设备维修工具类：钳子、螺丝刀、镊子、酒精等。

大件物品类：办公用品柜、文件柜、档案柜等。

文字资料类：字典、词典、报纸、杂志、宣传品、电话号码本、火车时刻表、航班表等。

（三）选购办公用品

1. 编写预算方案

编写预算方案的注意事项有：

（1）编制预算要根据单位的实际情况，经调查研究后，实事求是地编制。

（2）要节约，根据实际需要选择适合的产品。

（3）购置物品须确有必要。

（4）谨慎选择供应商。

（5）编制预算方案要广泛征求意见。

（6）选择适合的位置放置购买物品，以方便工作流程的进行。

2. 选择供应商

选择办公用品供应商时，要在以下四个方面对其进行比较：

（1）价格和费用。

首先应该考虑供应商的要价。另外，还要考虑购买后会有一定的费用支出，如存储中的损耗、设备更新所带来的存储用品的报废、存储所占用空间的费用等。因此，在购买时要综合考虑价格及费用。

（2）质量和交货。

应仔细检查、比较货物的质量，最好选择那些可以更换不合格物品的供应商，以免造成浪费。还要比较供应商的交货时间，选择能在需要时快速交货的供应商，以减少库存和占用资金。

（3）服务和位置。

要比较供应商提供的服务是否方便，联系是否便捷，是否可以定期结算，是否可以退货，是否可以供应全部单位所需的办公用品等。同时，选择尽量离本单位近一些的供应商，以方便联络和交货。

（4）安全和可靠性。

要比较供应商在供货的整个过程中能否保证货品的安全，供应商的卖货手续及相关发票单据是否齐全，还要了解商家的规模大小、经营的信誉度等。

3. 办公用品的采购程序

（1）申请。申请购买者填写《办公用品申购表》，说明所需购买的物品的详细信息。

（2）审批。《申请表》和《采购预算方案》经各级领导签字后，交财务部门衡量，落实经费来源。

(3) 招标。采购者发出购买需求，若是大宗交易，可发出招标书，以选择合适的供应商。

(4) 签订合同。经过比较或评标，选出供应商，与之依法签订供货合同。依据合同，双方填写订货单与交货单。

(5) 接货入库。收到供货商的货物后，对照订货单与交货单，严格验收，及时入库。双方签字备查。

(6) 支付货款。拿到发票后，到财务部门审核无误后，支付货款。

4. 选择办公用品的订购方式

(1) 商店购买。可以直接去商店购买公司所需要的办公用品。

(2) 网络订购。如大宗办公用品的订购，需要给供应商发电子邮件，详细列出所订购货物的名称、数量、类型、送货时间等细节。供应商会按照要求通过物流送货上门。

(3) 电话订购。大多数的日常办公用品都可以通过电话订购。

5. 接收办公用品

在接收货物时，要做到以下五点：

(1) 核对送来的货物与订购单的货物完全一致。

(2) 核对货物数量、质量和型号，做好笔录。

(3) 准确详细地填写库存卡，保证办公用品准确无误地入库。

(4) 更新原有库存卡上的余额数据。

(5) 按办公用品的存放要求一一存放。

(四) 管理办公用品

1. 保存办公用品

办公用品进库后，必须保存在安全的地方，并有序地摆放，以防物品损坏、浪费或失窃，消除事故和火灾隐患，当需要时能快速找到。此外，要注意以下七点：

(1) 办公用品设专人进行管理。保管员要按照规格、数量、质量认真验收、登记、上账和入库，精心加以保管，使办公用品处于随时可供使用的状态。

(2) 库房内要有良好的通风和照明条件。

(3) 要及时登记库存卡，定期（季度或半年）盘点和清理库存，做到账物相符。为方便盘点，必须在各办公用品上贴上管理标签和序号。

(4) 还要根据库存和需求情况，定期提出采购计划。

(5) 对于可能给工作造成重大影响的办公用品，需要定期组织专人进行检查和保养，以免发生故障。若有必要，可事先准备代替品。

(6) 特殊的办公用品必要时可由办公用品负责人指导其使用。

(7) 各种物品摆放要合理，并做到整齐、美观。大而重的物品放在下面，小物品放在大的前面，便于发现。新进物品放在原旧物品下面，便于旧物品最先发放，避免过期浪费。易碎、易折的物品做上标记，以免受到碰撞。

2. 发放办公用品

(1) 办公用品的调配与合理利用。

办公用品的调配与合理利用可以减少浪费，提高办公用品的使用效率。基本要求是：

① 掌握所有用品的基本情况。包括名称、功能、数量、放置地点等。

② 分类管理。可根据库存量情况分类，如纸簿类、笔尺刀类等。

③ 建立办公档案。对每一类办公用品都要建档，并记录应用情况。

④ 定期进行数据分析。根据记录情况，定期进行利用率分析。

（2）发放办公用品的程序。

办公用品虽小，但积少成多，因此，办公用品的发放必须有严格的制度保障，可按照以下流程进行：

①审核办公用品领用申请表。领用人根据工作需要领取办公用品时，必须详细填写办公用品领用申请表。经部门主管签字批准才能领取。发放人和领用人都必须签字备查。

②发放物品。发放人要严格按照办公用品领用申请表中核准领取的用品名称和数量进行发放，不得擅自增减。

③更新库存记录。办公用品发放后，要及时更新库存记录，以便准确掌握办公用品的供应情况。

④记录备案清单。办公用品发放后，秘书还要填写备案清单。上面详细记录何人在何时领取了何物，以备查询。

二、备用金管理

为了方便工作，避免支票、银行卡难以支付零用现金的麻烦，经单位领导和财务负责人批准，秘书部门管理着一笔备用金（也叫零用现金）。备用金可用来支付接待茶点费、水果费、饮料费，临时出差的短途交通费、停车费，添置少量办公用品的费用等。不同单位的用途与用量不同，备用金的数额也不等。

（一）备用金的管理要求

秘书人员应认真保管和按单位财务制度支出备用金。

详细记录备用金开支情况，建立一本"备用金账簿"。记录内容包括：收到现金日期；收据编号及金额；支出现金日期、用途；备用金凭单编号、金额和余额等。

严格遵守单位财务制度，不私自建立"小金库"。

制作"备用金凭单"，内部工作人员需要现金时应认真填写此单。

认真核对备用金凭单的手续，待手续准确、齐全后才可支付现金。

认真核对发票与备用金凭单内容是否吻合，核对无误后将发票等证据附在备用金凭单后面。

支出现金后应及时做账，并做好记录。

在现金支付达到一定数额或到一定期限时，应到财务处报销后再领取下一个周期的备用金，以保证今后有充足的备用金继续周转。

备用金的"进、出口"都要经相关领导、经办人使用签字笔手写签字和盖章。

（二）报销的要求

报销前需找主管领导签字同意报销，再按单位财务制度履行报销程序，相关负责人要在票证上履行手写签字手续，费用发票要正规合法，支出现金数目要与费用发票金额保持平衡，即所谓的“正 + 负 = 零”，按照财务人员的要求粘贴、装订、填写报销单据。报销要及时，不能拖拉。

第十二节　档案工作

一、文书立卷

（一）文书立卷的概念

文书立卷工作，是由各部门的文书立卷人员把本部门工作中形成的、处理完毕的、具有查考和保存价值的文件材料进行系统整理，编立成案卷。

立卷工作是文件转化为档案的必不可少的环节，它是文书工作的结束，又是档案工作的开始。

（二）立卷与不需立卷的范围

1. 立卷的范围

（1）上级来文，包括：

①属于本单位主管业务并要贯彻执行的法规性文件。

②上级领导检查本单位工作时的重要指示、讲话等。

③会议主要文件材料。

④转发本单位的文件。

（2）下级来文，包括：

①工作计划、总结、统计报表等。

②简报、情况反映、典型材料等。

③请示、报告等。

（3）同级或非隶属单位来文，包括：

①需要贯彻执行的法规性文件。

②检查本单位工作的文件。

③商洽、答复工作的文件等。

（4）本单位发文，包括：

①会议文件。如会议通知、名单、日程、报告、讲话、典型材料、会议纪要、会议记录等。

②红头文件。如印发的、转发的、合发的正本和定稿等。

③白头文件。如工作计划、总结、调查报告、统计报表、党团名册、干部名册、工资审批名册、介绍信及存根、组织沿革、大事记、年鉴、刊物、出版物、合同、协议书、重要的信件、电报、剪报等。

2. 不需立卷的范围

（1）上级来文，包括：

①任免奖惩非本单位人员的文件。
②供下级开展工作参考的文件。
③征求意见稿。
（2）下级来文，包括：
①参阅的简报、情况反映等。
②不必备案的文件。
③越级抄送的不需办理的文件。
（3）同级或非隶属单位来文，包括：
①非主管机关召开的会议中不需贯彻执行的文件。
②非隶属机关抄送的不需办理的文件。
（4）本单位发文，包括：
①重复文件（《发文汇集》除外）。
②无查考利用价值的事务性、临时性的文件。
③未经领导签发的未生效文稿。
④一般文件的修改草稿。

二、归档

（一）归档的概念

归档是指各单位在工作中形成的具有保存价值的文件材料，由单位的秘书部门或业务部门整理，定期移交给档案室或负责管理档案的人员集中保存的行为。

（二）归档制度

1. 确定归档范围

一般而言，凡是反映本单位工作活动，具有考查价值的文件材料均属归档范围。

2. 遵守归档时间

秘书部门和业务部门一般要在立卷后第二年的上半年内将需要归档的文件移交给档案部门。

3. 符合归档要求

秘书部门和业务部门向档案部门移交的档案要达到相应的质量标准。

三、档案

（一）档案的概念

档案是国家党政机关、企事业单位、社会组织和个人在社会工作和实践活动中形成的，用于保存备查的文字、图像、声音及其他各种形式的原始记录。

（二）档案的特点

档案具有社会性、历史性、确定性和原始记录性等特点。原始记录性是档案的实质特性，是档案区别于其他事物的本质所在。

（三）档案的分类

根据不同的标准，档案可以被划分为不同的种类。

1. 公务档案和私人档案

公务档案是公务机关或其他社会组织在公务活动中形成的原始记录。私人档案是个人在私人活动中形成的原始记录。

2. 历史档案和现行档案

历史档案是形成时间较早，主要起历史文化作用的原始记录。现行档案是形成时间较晚，对人们的现实工作、生活产生实际作用的原始记录。

3. 文书档案、科技档案和专业档案

文书档案是在党政机关管理活动中由各种党政机关公文及其他文书转化而成的档案。科技档案是人们在科技、生产活动中形成的科技文件材料转化而成的档案，如图纸、设计、任务书、科研报告。专业档案是在专业活动中形成的档案，如会计档案、人事档案、诉讼档案、医院的病例档案等。

4. 纸质档案、电子档案、胶质档案、实物档案

这是根据载体材料的不同而形成的档案。

（四）实用档案的分类

1. 实用档案分类的概念

实用档案指利用率较高的档案，它的分类是按照来源、时间、内容和形式等方面的异同，将归档文件划分为若干层次和类别，构成一个有机体系。

2. 档案分类的方法

利用率最高的档案分类法有年度分类法、组织机构分类法和问题分类法。在实际工作中常常是几种分类方法综合使用，形成复式分类法。如：

（1）“年度 + 组织机构”分类法。先将立档单位的档案按年度分开，然后在每个年度内再按组织机构进行分类。

（2）“年度 + 问题”分类法。先将立档单位的档案按年度分开，然后在每个年度内再按问题进行分类。

（3）“组织机构 + 年度”分类法。先将立档单位的档案按照内部机构分类，然后在每个机构类下再按年度分类。

（4）“问题 + 年度”分类法。先将立档单位内的档案按照问题分类，然后在每个问题类下再按年度分类。

有时，还结合保管期限对档案进行分类。

3. 档案分类的要求

档案分类要求正确判定档案文件所属年度和所属机构。

（五）档案的检索

1. 档案检索工作

档案检索工作是对档案信息进行加工和存储，并根据需要进行查找的工作，包括档案

信息存储和信息检查两方面。档案检索工作是档案提供利用的基础和前提，是开发档案信息资源的必要条件。

2. 档案检索工具

档案检索工具是揭示档案内容和查找档案的工具。档案检索工具是连接档案管理者与利用者的纽带，档案管理者借助它可以迅速准确地按需提供档案，利用者通过它可以了解存储档案的基本情况。

实际工作中要根据需要编制不同类型的档案检索工具：

（1）归档文件目录。由不同条目按照一定的体系和方法排列而成，包括件号、责任者、文号、题名、日期、页数和备注等项目。

（2）分类目录。按照体系分类法的基本原理，将档案主题按《中国档案分类法》的逻辑体系组织检索工具。分类目录一般采用分类卡片，一文一卡或一卷一卡。

（3）主题目录。按照主题法的原理，依据主题词的字顺组织起来的检索工具。

（4）人名索引。揭示档案中涉及的人物并指明其出处的检索工具。

（5）全宗指南。以文章叙述形式介绍某一全宗档案内容、成分和意义的书本式检索工具。

（六）档案的鉴定

1. 档案鉴定的概念

档案鉴定是按照一定的原则、方法和标准，判定档案的价值，确定档案的保管期限，剔除失去保存价值的档案并予以销毁的档案业务工作。

2. 档案鉴定的方法

档案鉴定工作应按照如下方法进行：

（1）判断文件是否需要保存。对文件价值进行初步判断，确定文件是否有保存价值。

（2）分析档案价值。第一，分析档案的来源。一般来说，重要单位、著名人物形成的档案的价值相对较大；本单位形成的档案比外单位形成的档案的价值要大；以单位名义形成的文件的保存价值大于单位内部组织机构形成的文件。第二，分析文档的内容。档案的价值是通过内容体现出来的。一般来说，反映党和国家有关方针政策、反映本单位主要职能活动的文件保存价值较大，内容独特新颖的档案保存价值较大。第三，分析档案的形式特征。一般来说，文件产生的时间越早，保存量越小，越珍贵；决定、决议、命令、批示、条例、纪要、报告等比通知、简报、来往函件的价值要高；定稿、正本的保存价值大于草稿、副本；档案上有著名人物的重要批示、签字的价值较大。第四，分析档案的技术因素。档案所记载内容的技术水平越高，档案的价值也就越大，保管期限也就越长。第五，分析档案的功能因素。档案所具有的功能直接影响其价值的大小。

（3）确定文件的保管期限。其期限分为短期、长期和永久三种。短期保管的档案主要是在较短时间内对本单位工作具有查考利用价值和参考作用的文件材料。短期保管一般指保存 15 年以下（含 15 年）。长期保管的档案主要是反映本单位一般的工作活动、在较长时期内对本单位工作有查考和利用价值的文件材料。长期保存一般指保存 16 年至 50 年左右。永久保管的档案主要是反映本单位主要职能活动和基本历史面貌的，对本单位、国家建设和历史研究有长远利用价值的文件材料。永久保存是将档案无限期地保存下去。

保管期限的计算，通常是从文件产生和形成后的第二年算起。

(4) 对保管的档案进行复审。定期保存的档案在保管期满时，要对其价值进行复审，审查其是否丧失保存价值，以确定是继续保存还是予以销毁。

3. 档案鉴定的要求

档案鉴定时要逐件、逐页阅读档案内容，综合分析文件的各方面特征，并结合档案的需求判定档案的价值。

（七）档案的利用与管理

1. 档案利用

档案利用工作是档案管理部门及其人员为了解和查询问题的利用者直接提供档案，以满足利用者的档案需求的工作。档案利用是档案工作的目的和出发点，档案价值的实现，关键在于积极主动、及时地提供给人利用。

2. 档案管理

档案管理是根据档案的成分和状况对其进行的存放管理和维护其完整与安全的工作。

(1) 纸质档案、胶质档案、实物档案的管理工作的内容：档案的库房管理、档案流动中的保护以及为延长档案寿命而采取的技术处理。档案保存工作要求做到：防火、防水、防潮、防霉、防光、防尘，并保持库房的清洁卫生等。

(2) 电子档案的管理内容：电子档案是在计算机系统中形成的具有查考和利用价值的社会活动的原始记录。电子档案的管理要做到：①真实。保证电子档案的真实，确保电子档案的内容、结构和背景信息经过传输、迁移处理后保持不变，与形成时的原始状态一致。②完整。确保电子档案的齐全完整，每份电子档案的内容、结构、背景信息没有缺损。③可读。确保电子档案在经过存储、传输、压缩、加密、媒体转换、迁移等处理后，能够被人们识别。

3. 档案库房（馆、室）管理

(1) 合理安排库房布局。

库房布局是指对库房的使用、安排及对库区房间和保管区段的划分。库房区域应尽可能集中，同一基本大类的档案应尽量安排在一个房间或几个相邻的房间中；办公室、阅览室等应靠近库房门口及楼梯间，业务技术用房应尽量布置在库房的一楼；利用频率较高的档案应存放在靠近办公室的房间里。

(2) 科学排列档案柜架。

各种不同形状、不同质地、不同规格的柜架应分类集中使用。柜架的两端应与墙壁保持一定距离，排列方式应与窗户垂直，以防阳光的直接照射。

(3) 档案日常管理。

①建立库房管理制度。包括安全制度、档案进出库房登记制度、库藏档案定期检查制度、设备管理制度、清洁卫生制度等。

②调节温度和湿度。根据有关规定，保管一般纸质档案的温度为14至20摄氏度，相对湿度是50%至65%，一昼夜连续变化范围温度为±2摄氏度，湿度为±5%。因为一般微生物繁殖所需温度为20摄氏度以上，湿度要大于60%，纸张的含水量要在7%左右。

③档案流动中的保护。在日常工作中，借阅、退还以及必要的再整理、重排架、复

制、展览等都要移动档案。搬运档案时要轻拿轻放，运输工具以轻便、牢固、无震荡为宜。工作人员接触档案时，应穿工作服、戴手套，以防汗水玷污档案。

④安全检查。定期和不定期地对档案进行安全检查，是库房管理工作的一项重要内容。检查可采用定期与不定期相结合，定期检查一般是一年一次，不定期检查一般是在保管人员变动，发生意外事故和重大节日、活动时进行。

⑤库房卫生。库房卫生是库房管理中的经常性工作，是档案保护技术诸多内容中的一个重要项目，它与档案生虫、长霉、污染、磨损等有直接关系，必须予以重视。

（八）档案管理的制度和模式

1. 档案管理的制度

档案管理制度是人们科学管理档案，做好档案工作的重要依据，也是监督、指导、检查本单位档案工作的必要手段。档案管理制度有档案业务管理制度和档案行政管理制度两大类。档案业务管理制度，是关于档案收集、整理、鉴定、保管、统计、利用等业务工作的操作性的制度，具有使用范围的专有性和专业性的特点。档案行政管理制度，是保证档案工作在单位全面落实的行政性管理制度，具有适用范围的广泛性和发挥作用的间接性的特点。档案管理制度的制定要注意：要符合有关法律法规的要求，不能互相冲突；有一定的灵活性；与单位内部其他各项管理制度相衔接，符合本单位的工作活动及形成文件的实际；制度的内容要具体、明确，有可操作性。

2. 档案管理的模式

档案管理的模式是由专门的档案机构承担单位的档案工作任务。常见的档案机构是档案室和档案馆。档案机构的主要职责包括：贯彻执行档案工作法律、法规和相关政策，建立健全本单位档案工作的各项规章制度；统一管理本单位的档案和档案工作；对本单位下属单位的档案工作进行监督和指导；对本单位业务职能部门的文件材料的形成、积累和整理归档工作进行指导。

第七章　公文拟制与处理

第一节　党政机关公文拟制

各级党政机关文秘部门应当高度重视党政机关公文拟制与处理工作，确保公文的质量和处理工作的正常进行。

一、党政机关公文

（一）党政机关公文的概念

党政机关公文（含电子公文）是党政机关实施领导、履行职能、处理公务的具有特定效力和规范体式的文书，是传达、贯彻党和国家的方针政策，公布法规和规章，指导、布置和商洽工作，请示和答复问题，报告、通报和交流情况等的重要工具。

（二）党政机关公文的种类

为统一中国共产党机关和国家行政机关公文处理工作，2012 年 4 月 6 日，中共中央办公厅、国务院办公厅联合印发了《党政机关公文处理工作条例》（以下简称《条例》）。《条例》自 2012 年 7 月 1 日起施行，共规定公文种类 15 种：决议、决定、命令（令）、公报、公告、通告、意见、通知、通报、报告、请示、批复、议案、函、纪要。

（三）党政机关公文的作用

党政机关公文在处理党政公务活动的过程中起着非常重要的作用。诸如：

颁布法令、法规。党政机关公文是依法行政和进行公务活动的重要工具，大到国家的宪法及刑法、民法、诉讼法等各种法律条文，小到办理某一具体事务的规定、办法，在制定后，都要通过行政公文予以颁布实施。

指挥管理。党政机关、企事业单位、团体等，都在特定的范围内担负着组织、指挥、管理的职责，实施这些职责的基本工具，就是公文。在党政公文中，命令、决定、指示、批复等文种，就属于指挥、管理性的下行公文。这些公文一经下发，下级机关必须遵照执行。

交流信息。党政机关公文中的公告、通告、通知、通报，上行文中的报告、请示，还有作为平行文的函，都有交流信息的基本功能。公文作为信息流通的媒介，一方面使上情下达，下情上报，另一方面使平行或不相隶属的机关之间互通信息。

宣传教育。党政机关公文中的决议、公告、通报、纪要等文体，还有着很明显的宣传教育作用。针对现实生活中普遍存在的某一问题或认识的偏差，摆事实、讲道理，进行启发诱导，使大众明确立场，坚持原则，进而知道该做什么、怎样去做。

商洽协调。很多工作往往需要相关单位给予配合、帮助，这就需要地区与地区之间、单位与单位之间、团体与团体之间加强联系，互相协商，协调工作。党政机关公文中的通知、函等可以在没有隶属关系的机关之间起到沟通、协调的作用，使各个机关形成一个有机的整体，共同协作完成某项工作。

凭证依据。上级机关发布的公文，是下级机关开展工作的依据；下级机关上报的公文，是上级机关决策的依据；一个机关自己制作的公文，是自己履行职能、开展工作的记录和凭证。因此，党政机关公文，都需要归档保存很长时间，以便需要时查找。

（四）党政机关公文的特点

政策性。各级党政机关制发的公文，都必须用来贯彻执行党和国家的有关政策，执行国家的法律和法令，丝毫不能偏离党和国家的政治目标和政策轨道。

权威性。党政机关公文是观点鲜明、严肃郑重的文体，有着一定法律和组织程序赋予的法定的权威性，要求作者必须有严肃认真的态度。

实用性。党政机关公文是用来处理问题的公务文书，有着明确的写作目的，因此要根据现实需要，针对实际问题而制发。

可靠性。党政机关公文内容要求真实、准确。公文写作一定要核准事实和数据，确保材料的可靠性。

定向性。党政机关公文都是由某一个特定党政机关制发的，并且大部分都是写给特定对象阅读的，作者与读者之间有具体、明确的对应关系。

规范性。党政机关公文有自身特有的写作格式和办理程序。中共中央办公厅和国务院办公厅对公文的种类、用途、文面都有统一规定。其他常用文种在结构、用语等方面，也有着约定俗成的程式。

时间性。公文所针对的问题，存在于特定的时间范围之内。因此，公文的拟写、传递和办理，都要求迅速及时。

（五）党政机关公文的格式

为提高党政机关公文的规范化、标准化水平，2012 年 6 月 29 日，国家质量监督检验检疫总局、国家标准化管理委员会发布了《党政机关公文格式》国家标准（GB/T 9704—2012）。该标准于 2012 年 7 月 1 日起正式实施。

党政机关公文的格式摘要如下：

1. 术语和定义

下列术语和定义适用于本标准。

（1）字。

一字指一个汉字宽度的距离。

（2）行。

一行指一个汉字的高度加 3 号汉字高度的 7/8 的距离。

2. 公文用纸主要技术指标

公文用纸一般使用纸张定量为 $60g/m^2$ ~ $80g/m^2$ 的胶版印刷纸或复印纸。纸张白度为

80% ~90%，横向耐折度≥15 次，不透明度≥85%，pH 值为 7.5 ~9.5。

3. 公文用纸幅面尺寸及版面要求

（1）幅面尺寸。

公文用纸采用 GB/T 148 中规定的 A4 型纸，其成品幅面尺寸为：210mm×297mm。

（2）版面。

①页边与版心尺寸。

公文用纸天头（上白边）为 37mm±1mm，公文用纸订口（左白边）为 28mm±1mm，版心尺寸为 156mm×225mm。

②字体和字号。

如无特殊说明，公文格式各要素一般用 3 号仿宋体字。特定情况可以作适当调整。

③行数和字数。

一般每面排 22 行，每行排 28 个字，并撑满版心。特定情况可以作适当调整。

④文字的颜色。

如无特殊说明，公文中文字的颜色均为黑色。

4. 印制装订要求

（1）制版要求。

版面干净无底灰，字迹清楚无断划，尺寸标准，版心不斜，误差不超过 1mm。

（2）印刷要求。

双面印刷；页码套正，两面误差不超过 2mm。黑色油墨应当达到色谱所标 BL100%，红色油墨应当达到色谱所标 Y80%、M80%。印品着墨实、均匀；字面不花、不白、无断划。

（3）装订要求。

公文应当左侧装订，不掉页，两页页码之间误差不超过 4mm，裁切后的成品尺寸允许误差±2mm，四角成 90 度，无毛茬或缺损。

骑马订或平订的公文应当：

①订位为两钉外订眼距版面上下边缘各 70mm 处，允许误差±4mm；

②无坏钉、漏钉、重钉，钉脚平伏牢固；

③骑马订钉锯均订在折缝线上，平订钉锯与书脊间的距离为 3mm~5mm。

包本装订公文的封皮（封面、书脊、封底）与书芯应吻合、包紧、包平、不脱落。

5. 公文格式各要素编排规则

（1）公文格式各要素的划分。

本标准将版心内的公文格式各要素划分为版头、主体、版记三部分。公文首页红色分隔线以上的部分称为版头；公文首页红色分隔线（不含）以下、公文末页首条分隔线（不含）以上的部分称为主体；公文末页首条分隔线以下、末条分隔线以上的部分称为版记。页码位于版心外。

（2）版头。

①份号。

如需标注份号，一般用 6 位 3 号阿拉伯数字，顶格编排在版心左上角第一行。

②密级和保密期限。

如需标注密级和保密期限，一般用3号黑体字，顶格编排在版心左上角第二行；保密期限中的数字用阿拉伯数字标注。

③紧急程度。

如需标注紧急程度，一般用3号黑体字，顶格编排在版心左上角；如需同时标注份号、密级和保密期限、紧急程度，按照份号、密级和保密期限、紧急程度的顺序自上而下分行排列。

④发文机关标志。

由发文机关全称或者规范化简称加“文件”二字组成，也可以使用发文机关全称或者规范化简称。

发文机关标志居中排布，上边缘至版心上边缘为35mm，推荐使用小标宋体字，颜色为大红色，以醒目、美观、庄重为原则。

联合行文时，如需同时标注联署发文机关名称，一般应当将主办机关名称排列在前；如有“文件”二字，应当置于发文机关名称右侧，以联署发文机关名称为准上下居中排布。

⑤发文字号。

编排在发文机关标志下空二行位置，居中排布。年份、发文顺序号用阿拉伯数字标注；年份应标全称，用六角括号“〔 〕”括入；发文顺序号不加“第”字，不编虚位（即1不编为01)，在阿拉伯数字后加“号”字。

上行文的发文字号居左空一字编排，与最后一个签发人姓名处在同一行。

⑥签发人。

由“签发人”三字加全角冒号和签发人姓名组成，居右空一字，编排在发文机关标志下空二行位置。“签发人”三字用3号仿宋体字，签发人姓名用3号楷体字。

如有多个签发人，签发人姓名按照发文机关的排列顺序从左到右、自上而下依次均匀编排，一般每行排两个姓名，回行时与上一行第一个签发人姓名对齐。

⑦版头中的分隔线。

发文字号之下4mm处居中印一条与版心等宽的大红色分隔线。

（3）主体。

①标题。

一般用2号小标宋体字，编排于红色分隔线下空二行位置，分一行或多行居中排布；回行时，要做到词意完整，排列对称，长短适宜，间距恰当，标题排列应当使用梯形或菱形。

②主送机关。

编排于标题下空一行位置，居左顶格，回行时仍顶格，最后一个机关名称后标全角冒号。如主送机关名称过多导致公文首页不能显示正文时，应当将主送机关名称移至版记。

③正文。

公文首页必须显示正文。一般用3号仿宋体字，编排于主送机关名称下一行，每个自然段左空二字，回行顶格。文中结构层次序数依次可以用“一、”“（一）”“1.”“（1）”

标注；一般第一层用黑体字、第二层用楷体字、第三层和第四层用仿宋体字标注。

④附件说明。

如有附件，在正文下空一行左空二字编排“附件”二字，后标全角冒号和附件名称。如有多个附件，使用阿拉伯数字标注附件顺序号（如“附件：1. ××××××”）；附件名称后不加标点符号。附件名称较长需回行时，应当与上一行附件名称的首字对齐。

⑤发文机关署名、成文日期和印章。

其一，加盖印章的公文。

成文日期一般右空四字编排，印章用大红色，不得出现空白印章。

单一机关行文时，一般在成文日期之上、以成文日期为准居中编排发文机关署名，印章端正、居中下压发文机关署名和成文日期，使发文机关署名和成文日期居印章中心偏下位置，印章顶端应当上距正文（或附件说明）一行之内。

联合行文时，一般将各发文机关署名按照发文机关顺序整齐排列在相应位置，并将印章一一对应、端正、居中下压发文机关署名，最后一个印章端正、居中下压发文机关署名和成文日期，印章之间排列整齐、互不相交或相切，每排印章两端不得超出版心，首排印章顶端应当上距正文（或附件说明）一行之内。

其二，不加盖印章的公文。

单一机关行文时，在正文（或附件说明）下空一行右空二字编排发文机关署名，在发文机关署名下一行编排成文日期，首字比发文机关署名首字右移二字，如成文日期长于发文机关署名，应当使成文日期右空二字编排，并相应增加发文机关署名右空字数。

联合行文时，应当先编排主办机关署名，其余发文机关署名依次向下编排。

其三，加盖签发人签名章的公文。

单一机关制发的公文加盖签发人签名章时，在正文（或附件说明）下空二行右空四字加盖签发人签名章，签名章左空二字标注签发人职务，以签名章为准上下居中排布。在签发人签名章下空一行右空四字编排成文日期。

联合行文时，应当先编排主办机关签发人职务、签名章，其余机关签发人职务、签名章依次向下编排，与主办机关签发人职务、签名章上下对齐；每行只编排一个机关的签发人职务、签名章；签发人职务应当标注全称。

签名章一般用大红色。

其四，成文日期中的数字。

用阿拉伯数字将年、月、日标全，年份应标全称，月、日不编虚位（即1不编为01）。

其五，特殊情况说明。

当公文排版后所剩空白处不能容下印章或签发人签名章、成文日期时，可以采取调整行距、字距的措施解决。

⑥附注。

如有附注，居左空二字加圆括号编排在成文日期下一行。

⑦附件。

附件应当另面编排，并在版记之前，与公文正文一起装订。“附件”二字及附件顺序号用3号黑体字顶格编排在版心左上角第一行。附件标题居中编排在版心第三行。附件顺序号和附件标题应当与附件说明的表述一致。附件格式要求同正文。

如附件与正文不能一起装订，应当在附件左上角第一行顶格编排公文的发文字号并在其后标注“附件”二字及附件顺序号。

（4）版记。

①版记中的分隔线。

版记中的分隔线与版心等宽，首条分隔线和末条分隔线用粗线（推荐高度为0.35mm），中间的分隔线用细线（推荐高度为0.25mm）。首条分隔线位于版记中第一个要素之上，末条分隔线与公文最后一面的版心下边缘重合。

②抄送机关。

如有抄送机关，一般用4号仿宋体字，在印发机关和印发日期之上一行、左右各空一字编排。“抄送”二字后加全角冒号和抄送机关名称，回行时与冒号后的首字对齐，最后一个抄送机关名称后标句号。

如需把主送机关移至版记，除将“抄送”二字改为“主送”外，编排方法同抄送机关。既有主送机关又有抄送机关时，应当将主送机关置于抄送机关之上一行，之间不加分隔线。

③印发机关和印发日期。

印发机关和印发日期一般用4号仿宋体字，编排在末条分隔线之上，印发机关左空一字，印发日期右空一字，用阿拉伯数字将年、月、日标全，年份应标全称，月、日不编虚位（即1不编为01），后加“印发”二字。

版记中如有其他要素，应当将其与印发机关和印发日期用一条细分隔线隔开。

（5）页码。

一般用4号半角宋体阿拉伯数字，编排在公文版心下边缘之下，数字左右各放一条一字线；一字线上距版心下边缘7mm。单页码居右空一字，双页码居左空一字。公文的版记页前有空白页的，空白页和版记页均不编排页码。公文的附件与正文一起装订时，页码应当连续编排。

6. 公文中的横排表格

A4纸型的表格横排时，页码位置与公文其他页码保持一致，单页码表头在订口一边，双页码表头在切口一边。

7. 公文中计量单位、标点符号和数字的用法

公文中计量单位的用法应当符合GB3100、GB3101和GB3102（所有部分），标点符号的用法应当符合GB/T 15834，数字用法应当符合GB/T 15835。

8. 公文的特定格式

（1）信函格式。

发文机关标志使用发文机关全称或者规范化简称，居中排布，上边缘至上页边为30mm，推荐使用红色小标宋体字。联合行文时，使用主办机关标志。

发文机关标志下4mm处印一条红色双线（上粗下细），距下页边20mm处印一条红色双线（上细下粗），线长均为170mm，居中排布。

如需标注份号、密级和保密期限、紧急程度，应当顶格居版心左边缘编排在第一条红

色双线下，按照份号、密级和保密期限、紧急程度的顺序自上而下分行排列，第一个要素与该线的距离为3号汉字高度的7/8。

发文字号顶格居版心右边缘编排在第一条红色双线下，与该线的距离为3号汉字高度的7/8。

标题居中编排，与其上最后一个要素相距二行。

第二条红色双线上一行如有文字，与该线的距离为3号汉字高度的7/8。

首页不显示页码。

版记不加印发机关和印发日期、分隔线，位于公文最后一面版心内最下方。

（2）命令（令）格式。

发文机关标志由发文机关全称加“命令”或“令”字组成，居中排布，上边缘至版心上边缘为20mm，推荐使用红色小标宋体字。

发文机关标志下空二行居中编排令号，令号下空二行编排正文。

签发人职务、签名章和成文日期的编排同上“签发人”处。

（3）纪要格式。

纪要标题由“××××纪要”组成，居中排布，上边缘至版心上边缘为35mm，推荐使用红色小标宋体字。

标注出席人员名单，一般用3号黑体字，在正文或附件说明下空一行左空二字编排“出席”二字，后标全角冒号，冒号后用3号仿宋体字标注出席人单位、姓名，回行时与冒号后的首字对齐。

标注请假和列席人员名单，除依次另起一行并将“出席”二字改为“请假”或“列席”外，编排方法同出席人员名单。

纪要格式可以根据实际制定。

（六）党政机关公文用语

1. 党政机关公文的语言特点

公文语言的主要特点是：准确、精练、庄重、得体。这些特点体现在公文词语、语句、表达方式和修辞中。“一字入公文，九牛拔不出”，优秀的公文不能有一字虚设，不能有半语空谈。

（1）准确。

公文语言的准确指：一是叙述事实应客观真实，公文对各种情况和问题要做出实事求是的表述。二是遣词造句严谨、妥帖、无歧义。各种概念、判断确切地反映事物的本质和规律。三是表情达意不能含糊其辞，公文中不能出现诸如“估计”、“或许”、“大概”等表意不严密的词语，否则会使受文单位无法判断文件的内容而无所适从。

（2）精练。

公文语言的精练指：语言要言简意赅，文约事丰，不说空话、套话，力求以最少的语言表达最丰富的信息。为使公文的语言精练，应做到删繁就简，重视专业术语的运用，如称谓用语“贵厂”、经办用语“经”、引述用语“收悉”等。

（3）庄重。

公文语言的庄重指：庄重有气度、有分寸。公文写作应使用规范的书面语，少用或不用方言土语。多用直陈的叙述、说明，少用或不用抒情、描写等艺术手法，即便使用修辞格也要十分谨慎。数字、度量衡单位的书写应严格按照有关规定。公文语言仍然保留了某些雅致的文言词语，如承蒙、从速、为荷等。

（4）得体。

公文语言的得体指：体现不同的行文关系。上行文的语气和用词应体现服从和请求的特点，如请示的结语“特此请示”、“以上报告如无不妥，请批转各地贯彻执行”等。平行文应相互尊重、不卑不亢，语气和用词应体现出平等商洽的行文关系。下行文应交代明确，针对性强，切忌故弄玄虚，模棱两可，如在命令条款之后对执行者提出希望、要求等。

2. 党政机关公文的专业术语

党政机关公文专业术语对公文内容的准确表达具有十分重要的作用。可以说，专业术语的运用是充分发挥公文社会效用的重要因素。没有专业术语，就显现不出公文的特色。因此，必须充分重视公文中各类专业术语的使用。

（1）党政机关公文专业术语的概念。

党政机关公文专业术语即专门用在党政机关公文中具有特定功用的固定词语，以词居多，也含有少量的句子。

党政机关公文专业术语是在长期行文实践中形成的，有约定俗成的特定含义。它们已经成为公文语言体系中一个稳定的、程式化的重要组成部分。掌握并恰当地运用这些词语，可使公文内容简明、格式规范、语言庄重、行文得体。

（2）党政机关公文常用的专业术语。

①按语，也叫“编者按”或“按语”，是编者对编发文章的提示、说明、补充、批注、评价等。按语按内容可分为：说明性按语，说明材料来源和编发原因，或特别说明何人要发和发至什么范围；提示性按语，指出材料的中心、要点或内容；批示性按语，对下发单位作出指示，提出具体要求；评论性按语，对编发的材料进行评论，表明意见和态度。针对全篇材料的按语，一般置于正文之前；针对材料的某一部分的按语，一般夹在文中，加括号注明。

②谦敬用语，对行文对象表示礼仪、敬重的用语。多用于公文的开头或结尾处。按使用范围可分为：各种行文通用的，如“请、奉告、奉悉、奉送、奉还、谨、谨悉、敬悉、谨启、拜托、拜会、拜读、承蒙、光临、光顾、缅怀、不胜、惠于、鼎力支持、大力协助”；上行文常用的，如“奉、呈送、报请、拜谒、见示、见教、见谅”；平行机关之间使用的，如“函邀、函请、拟”等。

③雅语，指典型庄重的语言。适当地运用雅语，可使公文内容的表达平实、庄重。运用雅语要求使用规范化的书面语言，不用口头语；恰当使用少量的文言词语，如“斟酌”、“光临”等。

④简语，即简称用语，指经过简化的词语。其作用是可使行文简洁，内容概括鲜明，便于掌握和记忆。使用地名、机关名称简称必须是规范化的简称，如“中共中央”是“中国共产党中央委员会”的规范化的简称。事物名称使用简称用语有三种：节缩式，把较多的词语用较少词语表示出来，如“北京大学”简称为“北大”；统括式，把若干词语

中的共同成分抽取或概括出来，冠以数词，概括表述，如“不抓辫子，不扣帽子，不打棍子”简称为“三不主义”；选点式，用词语中有特点的部分代替整个词语，如“九一八事变”简称为“九一八”等。

⑤开端用语，也称起首语，公文中用在正文的全篇或段落开头表示行文目的、依据、原因、背景等的词语，如“据、依据、奉、兹、按照、依照、为了、鉴于、随着”等。

⑥期请用语，表示作者某种期望和请求的词语。多用于上行文，少用于平行文和下行文。常用的期请用语有“请、敬请、恳请、提请、报请、拟请、希、切望、热望、切盼”等。

⑦申述词语，表示申述说明性的用语，如“申述、申诉、申辩、申明、申报、申请”等。

⑧协商词语，表示共同商量、讨论的用语，如“协商、协议、商榷、商议、商酌、商斟、会商”等。

⑨综合用语，用以连接具体情况叙述和总括性叙述的词语。综合用语具有承上启下的作用。常见的综合用语有“为此、据此、值此、至此、有鉴于此、综上所述、总之、总而言之、概而言之、依据上述、据前所述”等。

⑩称谓用语，表示对机关、单位、集体、个人不同人称称呼的词语。称与对方有关的事物常用“你”，如“你省”、“你部”。如是平行文则宜用敬语“贵”，如“贵部”、“贵局”、“贵市”、“贵会”、“贵社”、“贵公司”、“贵单位”等。称与自己有关的事物常用“我”、“本”，如“我省”、“本（厅）”、“我局”、“本公司”等。公文中间接称呼有关的人或单位常用“该”，如“该同志”、“该人”、“该地区”、“该单位”等。

⑪承启用语，用来承接上文并引起下文的词语。常用于通知、决定、报告、计划、规章制度等公文。一般结构特点：前面以一介词结构承接上文，后面用一个基本固定的结构形式引起下文，如“根据……特作如下决定”、“特此命令你们”、“为了……提出如下意见”等。承启用语的上文一般较为简短，下文是文中内容的主体部分。

⑫批转用语，表明对下级来文批示意见或向下批转、转发公文的词语。常用的有“批示、审批、阅批、核阅、阅示、批转、转发、颁发、印发、发布、公布、下发、下达”等。

⑬表态用语，表示作者意见、态度的词语。按表态用语的轻重程度可分为明确表态用语、模糊表态用语。明确表态用语有“应、应该、同意、不同意、批准、照此办理、遵照执行、组织实施、贯彻落实”等。模糊表态用语有“原则同意、原则批准、拟应、拟同意、参照执行、供参考、可借鉴、酌情处理”等。

⑭征询用语，表示征请、询问对有关问题的意见的词语。主要用于上行文的结尾和平行文的结尾。常见的有“当否、可否、妥否、能否、是否、是否可行、是否妥当、是否同意、如有不当、如无不当、如有不妥、如无不妥、如果不行、如果可行、意见如何”等。

⑮引叙用语，表示引述来文的词语。主要用于批复、复函、指示、决定等公文。常用的有“收、接、悉、前收、前接、现收、现接、近收、近接、惊悉、欣悉、收悉、闻、惊闻、欣闻、喜闻”等。

⑯强调用语，表示突出强调的用语，如“必须、必需、务必、务须、务期、务请、特

此、特予、特请、均须、均应、切记、切实、切勿、非经、不得、严禁、严词、鉴于、基于”等。

⑰审核词语，表示审查核实的用语，如“审核、审查、审阅、审定、审议、审批、审处、核实、核定、核对、核准、核减、查明、查照、查处、查办、查实、查访、查询、查对、查证、查收、查究、清查、追查、追究、复议、复核、复查、考查、考核、校阅、校订、鉴别”等。

⑱时限用语，表示时限或时间的用语，如“迅即、即、立即、迅予、火速、当即、及时、届时、届期、庚即、应即、须即、请即、希即、望即、即予、即行、即日、定期、当务之急”等。

⑲ 结尾用语，简称结语，在公文正式结尾时表示收束、强调等的用语。不同的文种对结尾用语有不同的要求。如请示的结尾用语可用“以上请示当否，请批复”、“妥否，请批示”、“以上各项，望各地遵照执行”、“请结合本地区、本部门实际情况，认真贯彻执行”、“是否妥当，请予批复”、“当否，请批示”、“请予审批”、“当（妥、可）否，请批复（批示）”、“以上请示如无不妥，请批复（批准、审批）”、“特此请示，请批复（批示）”、“以上请示如无不妥，请转报……审批”、“以上报告如无不妥，请批转各地、各有关部门执行”、“上述意见如果可行，请批准”等；报告的结尾用语可用“以上报告如有不当，请指示”、“以上报告如无不当，请批转各地执行”等；布告的结尾用语可用“特此布告”、“此布”等。批复用语按用途可分为：批复下级请示的批语、批转下级报告的批语、批示有关资料的批语，如“此复”、“特此批复”、“上述批复如无不妥，请参照执行”、“上述批复如有不妥，请予回函”等。

除上述专业用语外，在公文中还有几种情况：

经常使用所在行业的专业术语，如经济部门的“产品、市场、销售、合同”；司法部门的“传讯、诉讼、勘验、拘传”；军事部门的“训练、装备、动员、指挥”；外事部门的“阁下、荣幸、谅解、顺致敬意”；科技部门的“选题、成果、项目、课题、结题”等。

二、党政机关公文拟制

（一）党政机关公文的起草

根据《党政机关公文处理工作条例》（以下简称《条例》）规定，“公文处理工作是指公文拟制、办理、管理等一系列相互关联、衔接有序的工作”。其中，公文拟制包括起草、审核、签发3个环节。公文的起草也就是公文的拟写，属于公文拟制的第一个环节。《条例》强调，公文起草应当做到：符合党的理论路线方针政策和国家法律法规，完整准确地体现发文机关意图，并同现行有关公文相衔接；一切从实际出发，分析问题实事求是，所提政策措施和办法切实可行；内容简洁，主题突出，观点鲜明，结构严谨，表述准确，文字精练；文种正确，格式规范；深入调查研究，充分进行论证，广泛听取意见；公文涉及其他地区或者部门职权范围内的事项，起草单位必须征求相关地区或者部门意见，力求达成一致；机关负责人应当主持、指导重要公文的起草工作。秘书经常起草的文书有党政机关公文、事务文书、商务文书等，本书只介绍党政机关的15种公文：

1. 决议

（1）决议的概念。

决议适用于会议讨论通过的重大决策事项。

（2）决议的分类。

决议一般分为公布性决议、批准性决议和阐述性决议三种类型。

①公布性决议是为公布某种法规、提案而写作的文件。

②批准性决议是肯定或否定某种议案的文件。

③阐述性决议是对某些重大结论的具体内容加以展开阐述的文件。

（3）决议的特点。

①权威性。决议只有经过党的会议讨论通过才能生效，并由党的领导机关发布，是党的领导机关意志的反映。决议的内容事关重要决策事项，一经公布，全党、全国上下都必须坚决执行。

②原则性。决议一般是针对一个重要问题做出的决定，原则性较强，表达需要严谨。决议一般情况下都要上报或下发，需要有关部门贯彻执行。

③指导性。决议表述的观点和对事项的评价都具有指导意义。

（4）决议的内容要素。

决议一般由标题、成文时间、正文等构成。

①标题。决议的标题有两种方式：一种是由发文机关（或会议名称）、事由加文种构成；另一种是事由加文种构成。

②成文时间。即决议正式通过的日期。决议文种有些特殊，成文时间由文末改为文前位置，一般放在标题下正中处，在小括号内注明会议名称及通过时间，有时也可只写年、月、日。

③正文。由决议根据或缘由、决议事项和结尾组成。

决议缘由：一般简要说明有关会议审议决议涉及事项的情况，陈述做出决议的原因、根据、背景、目的或意义。

决议事项：写明会议通过的决议事项，或会议对有关文件、事项做出的评价、决定，或对有关工作做出的部署安排和要求、措施。

结尾：一般紧扣决议事项有针对性地提出希望、号召和执行要求。有的决议可不单列这部分，即所谓的秃尾现象。

（5）写作要求及注意事项。

第一，必须紧扣会议精神和主题，准确阐明会议决策事项，体现与会者的集体意志，做到中心明确、重点突出。

第二，必须要更注重结构严谨、决议事项条理清晰。要恰当运用习惯用语区分决议的不同段落层次。常用的习惯用语有“会议决定”、“会议同意”、“大会要求”、“大会指出”等专门术语，表示会议的决定事项是与会者集体讨论的结果。

第三，决议缘由要充分、准确、合理。缘由是决议事项的依据、理由。要注意交代清楚，做到既简明扼要，又有理有据，令人信服。

（6）决议的例文。

注册新公司首次股东会决议

河南××文化传播有限公司首次股东会于2014年6月30日在本公司召开。本次会议召开的时间和地点，已于15日前以口头、电话和传电子邮件的方式通知了全体股东。代表公司表决权100%的股东参加了会议。

会议由出资最多的股东安娜召集主持。经代表公司表决权的100%股东同意，会议审议并通过了以下事项：

一、审议通过了《河南××文化传播有限公司章程》。

二、决定设立执行董事，选举××为公司执行董事兼经理，并担任公司法定代表人。

三、决议设立监事1名，选举××为公司监事。

公司法人（股东）盖章
法人代表签字：××
2014年6月30日

（注：本文摘自百度文库，http：//9521. net/read/zealccdc602f237700806303. html，内容格式均有改动。）

2. 决定

（1）决定的概念。

决定适用于对重要事项做出决策和部署、奖惩有关单位和人员、变更或者撤销下级机关不适当的决定事项。

（2）决定的分类。

按照内容和性质，决定可分为法规性决定、指挥性决定和知照性决定。

①法规性决定。此类决定往往由国家立法机关或权力机关做出，内容涉及法律、法规，一般由重要会议通过并发布，具有很强的权威性和行政约束力。

②指挥性决定。此类决定是对某些重要事项或重大行动做出决策部署，确定大政方针，并提出措施，要求下级贯彻执行的公文。这类决定一般篇幅较长，说理成分较多。

③知照性决定。此类决定是就有关具体事项做出，知照下级机关及有关各方，起到通知、关照作用的公文，如批准或修订法规、召开重要会议、安排或处理人事问题、设置或撤销组织机构、表彰或处分有关单位和人员等。这类决定的突出特点是把决定事项简要地告诉有关单位和人员，不必写出执行要求。

（3）决定的特点。

①权威性。决定的权威性仅次于命令，任何单位部门都必须无条件执行。还有的决定具有法规作用，一旦违反将会受到相应的处罚。

②指导性。在对重要事项进行决策的同时，提出工作任务、具体措施和实施方案，给受文单位以依照执行的明确导向。

③稳定性。传达上级安排及有关决策事项，一般在长时间内都会有效或要求在相当长

的时期内贯彻执行。

（4）决定的内容要素。

决定一般由标题、题注（日期）、主送机关、正文、结语等构成。

①标题。标题一般有两种方式：一种是“发文机关 + 事由 + 文种”，如《中共中央关于高等教育体制改革的决定》；第二种是“事由 + 文种”，这种结构前要加上介词“关于”，如《关于环境保护工作的决定》。

②题注（日期）。会议通过的决定，需要在标题下的小圆括号内写明这一决定是什么会议、什么时间通过的。

③主送机关。指要求执行本决定的单位名称，第二行顶格书写后加冒号。此项有时可省略。

④正文。正文篇幅的长短由内容的多少决定。篇幅较长的决定，其内容通常包括两层意思：一层是说明形势和有关情况，做出决定的目的与意义；另一层是说明决定的具体事项、落实决定的政策、措施和要求等。周知性决定与法规性决定、指挥性决定比较，周知性决定大多不用“措施和要求”。法规性决定、指挥性决定篇幅较长，正文在结构上可分为开头、主体、结尾三个部分。开头：本部分一般用一个自然段，主要用以说明背景形势，分析或阐述做此决定的原因、目的及意义，其语言要求简洁、概括性强，段末用承启语“特做决定如下”或“特做如下决定”与主体部分衔接。主体：本部分表述决定的具体内容，因为是下级机关、相关单位及所属个人必须执行的准则，所以要求写得明确、具体，其表达方式常采用条文式的写法，在这些具体内容的“条”、“项”之间可以是并列关系，也可以是递进关系，无论何种关系，都要形成完整和严谨的整体，本部分也可用简述式写法，对所决定的事项做出直接公布，这种方式适合于内容比较单一的事项，简短几句话就可将内容阐述清楚。结尾：本部分一般提出希望、号召和要求等。

⑤结语。决定的正文之后，一般会写“本决定自发布之日起施行”，通常情况下文末不再写上发文单位和成文日期。当决定见诸报刊时，可在文末署明发文机关。结语有时也可省略。

（5）写作要求及注意事项。

第一，当主送机关范围较大且不确定时，主送机关可省略。

第二，一般法规性决定、指挥性决定篇幅长于知照性决定。

第三，如果标题中含有发文机关，文末即省略发文机关；如果标题下有题注，文末不再写上成文日期。

第四，当决定见诸媒体时，务必在文末署明发文机关全称。

特别提示：

决议与决定的区别：

形成过程不同。决议是经过正式会议或法定会议按照一定程序表决通过后形成的文件；决定大都是由机关领导者直接签发，正式下达的文件。

发布名义不同。决议必须以会议名义发布，即通过决议的会议是决议的法定发布者；决定则主要以机关名义发布。

内容安排不同。决议多为宏观性、原则性和关系全局的重大问题，大多旨在肯定会议成果，统一思想认识；决定多数涉及重大事件、法定事件或较具体的工作事项，侧重于贯彻执行。

（6）决定的例文。

中共北辛街道委员会北辛街道办事处
关于表彰2014年度先进单位和先进个人的决定

2013年，在党委、办事处的正确领导下，街道上下认真学习贯彻党的十八大及十八届三中全会精神，围绕市委、市政府建设“区域性中心城市”的总体目标，努力打造城市品质卓越的中心城区、生态环境优美的宜居家园、高端品牌集聚的商贸中心、专业市场繁荣的物流枢纽、现代要素活跃的创业基地、文化资源富足的活力名城，圆满完成了全年各项目标任务，有力推动了经济社会又好又快发展，涌现出了一大批表现突出、成绩优异的先进单位和先进个人。

为表彰先进，进一步激发街道各部门各单位和广大干部群众的积极性，在新的一年里创造更加辉煌的业绩，街道党委、办事处决定，对在年度工作中做出突出贡献的先进单位和先进个人进行表彰。授予北关村居等6个居“居级目标考核一等奖”；授予杏西居等7个居“居级目标考核二等奖”；授予西北坛居等13个居“居级目标考核三等奖”；授予滕北社区等3个单位“社区年度工作一等奖”；授予北郊社区等4个单位“社区年度工作二等奖”；授予党政办公室等32个单位“先进单位”称号；授予高强等74名同志“先进个人”称号；授予山东三圣实业有限公司等10个单位“招商引资暨重点项目建设突出贡献单位”称号；授予国家级食品安全检测中心及专供市场建设工作组等5个工作组“重点项目建设帮扶先进工作组”称号；授予招商分局等10个单位“优化重点项目建设环境先进单位”称号；授予滕北社区等15个单位“城市创卫暨城乡环卫一体化、美丽乡村工作先进单位”称号；授予东北坛居等7个单位“居级规范化管理先进单位”称号；授予周庄居等10个单位“居级道路建设先进单位”称号；授予信访办公室等11个单位“平安建设暨信访稳定先进单位”称号；授予陈秀双等12名同志“机关干部大调研活动优秀奖”。

希望受到表彰的先进单位和先进个人要谦虚谨慎、戒骄戒躁、再接再厉、再铸辉煌。街道各级各部门和广大干部群众要以先进单位和先进个人为榜样，开拓创新、锐意进取，为加快建设“区域性中心城市”，打造美丽幸福的新北辛而努力奋斗！

附件：北辛街道2013年度先进单位和先进个人名单（略）

中共北辛街道委员会北辛街道办事处
2014年1月29日

（注：本文摘自滕州政府网，http：//info. tengzhou. gov. cn/tzsifgkm/gzjdbsc/0117/201402/t20140224_ 2596940. html，内容格式均有改动。）

3. 命令（令）

（1）命令（令）的概念。

命令（令）适用于公布行政法规和规章、宣布施行重大强制性措施、批准授予和晋升衔级、嘉奖有关单位和人员。

（2）命令（令）的分类。

根据适用范围和作用，命令可划分为发布令、行政令、奖惩令和撤销令。

①发布令。依照有关法律规定，发布行政法规和规章时使用。

②行政令。发布施行重大强制性行政措施时使用。

③奖惩令。是嘉奖令和惩戒令的合称，嘉奖或惩戒有关单位或人员时使用。

④撤销令。撤销下级机关不适当的决定时使用。

除上述命令外，还有特赦令、动员令、戒严令和通缉令等。

（3）命令（令）的特点。

①严肃性。命令（令）所涉及的事项，有的是发布行政法规和规章，有的是宣布施行重大行政措施。运用命令来奖惩有关单位或人员，往往也是在全国或某一地区影响较大的事情。

②权威性。命令文种与其他公文有着根本的不同，是因为制发主体有着严格的限定。《中华人民共和国宪法》和《中华人民共和国各级人民代表大会和地方各级人民政府组织法》规定，只有全国人大常委会及委员长，国家主席、国务院及国务院总理，国务院各部委、部长或主任，地方各级人民政府和各级人大，才有权力发布命令。党的领导机关可以和同级人民政府联合发布命令，但是必须采用行政公文的形式。就法院来讲，命令仅适用于授予司法警察警衔、奖励有关人员等事项。

③强制性。上级机关发布命令，下级机关无论是否同意，无论有什么困难或问题，都必须坚决无条件地执行。“令出必行”，违反或抗拒执行命令，必受惩处。在国家行政机关所有的公文中，命令是最具有强制性的。

（4）命令（令）的内容要素。

命令（令）一般由标题、文号、正文、签发者、成文日期等要素构成。

①标题。标题一般有三种方式：由“发文机关 + 事由 + 文种”构成，如《中华人民共和国国务院关于发行新版人民币的命令》；由“发文机关或领导人职务 + 文种”构成，如《中华人民共和国主席令》；由“事由 + 文种”构成，如《关于在我国统一实行法定计量单位的命令》。

②文号。即发文字号，位置处在标题之下，居中。发文字号的写法有两种：一是按序编号，如果该命令由国家机关发布，则以年度为单位按序编排；如果该命令由领导人发布，则由领导人任职开始按序编号，到其任职期满为止，下任领导人不再与该领导人续接，而是另行编号。二是与其他公文的文号写法相同，即“机关代字 + 年度号 + 序号”，如“国发〔2008〕16 号”。

③正文。以发布令、行政令、嘉奖令、戒严令为例：发布令正文包括“发布机关 + 发布对象 + 发布决定 + 执行要求”；行政令正文包括“引语（一般用来阐明发令的原因，说明发令的根据，提示发令的目的及意义）+ 主体部分（写明发令机关所提出的将要实施的

重大强制措施的具体内容）+结语（写对命令的执行要求，包括生效实施时间等内容）”；嘉奖令正文包括“嘉奖原因+嘉奖内容+号召希望”；戒严令正文包括“引语（阐明戒严的原因，指出戒严的目的，说明戒严的根据）+主体部分（具体说明采取的非常性措施）”。

④签发者。签发者应是发文权力机关或发文权力机关的最高领导人。发文权力机关的最高领导人虽然用的是个人名义，但他代表着权力机关，具有与权力机关相同的法定效力。

⑤成文日期。指签发的日期，如果标题下有文号，成文日期就要移到文末，无文号的日期就放在标题之下。

（5）写作要求及注意事项。

第一，命令是具有最高权威性和强制力的文种，必须严格按照法定权限制发文件，不能越权行文。

第二，命令所针对的事项必须是重要问题或重大事件，一旦发布，就要求不折不扣地执行，没有商量的余地。因此，撰写命令时，要斟酌是否确需发布命令，防止小题大做，更不能随意发号施令。

第三，正文的写作，要求表意必须十分准确，切忌模棱两可；语言庄重严肃，简洁精练；正确运用禁令语言。令行与禁止相辅相成，前者规定应该做什么和怎样做，后者规定不准做什么和不准怎样做。

第四，要明确规定命令的生效施行日期，确保行文时效。

（6）命令（令）的例文。

中华人民共和国国务院令

第652号

《事业单位人事管理条例》已经2014年2月26日国务院第40次常务会议通过，现予公布，自2014年7月1日起施行。

附件：《事业单位人事管理条例》（略）

总理　李克强

2014年4月25日

（注：本文摘自百度文库，http：//wenku. baidu. com/view/45e7011df01dc281e53af08e. html。）

4. 公报

（1）公报的概念。

公报适用于公布重要决定或者重大事项。

（2）公报的分类。

按照内容和用途，可分为会议公报、事项公报和联合公报。

①会议公报。是用以报道重要会议或会谈的决定和情报的公报。这种公报一般在党和

国家政府高级别会议中使用。

②事项公报。党和国家政府的高级领导机关用以发布重大情况、重要事件的文件。高层行政机关向人民群众公布重大决策、重要事项或重大措施时，有时也使用此类公报。

③联合公报。这是一种特殊用途的公报，用以发布国家之间、政党之间、团体之间经过会议达成的某种协议。

（3）公报的特点。

①重大性。公报的发布机关级别很高，或者是以中央的名义，或者是以国家的名义，或者是以中央政府的名义。公报所涉及的内容，应是党内外、国内外普遍关心和瞩目的重大事件或重要决定。

②公开性。公报是公之于众的文件，无须保密，一般也没有主送机关、抄送机关，而是普告天下，一体周知。

③新闻性。公报的内容都是新近发生的事件或新近做出的决定，属于人民群众关心、应知而未知的事项，要求制作和发布迅速、及时，因此又具有新闻性特点。

（4）公报的内容要素。

公报一般由标题、成文时间、正文构成。

①标题。公报的标题常见的有三种形式。一种是新闻公报；第二种是由会议名称和文种构成的公报；第三种是联合公报，由发表公报的双方或多方国家的简称、事由、文种构成。

②成文时间。用括号在标题之下正中位置注明公报发布的年、月、日，也可以称为题注。

③正文。正文包括开头、主体、结尾三部分。

开头：即前言部分。事项公报要求用最鲜明、最精练的语言概述事件的核心内容，即何时、何地、发生了什么重大事件；会议公报要求概述会议的名称、时间、地点、参加人员等；联合公报要求概述公报的来由，即在何时、何地、谁与谁举行了什么会谈或谁对谁进行了什么性质的访问等。

主体：是公报的核心部分，要求把公报的内容完整、系统、有序地表述清楚。常见的有三种写作方式：一种是分段式，即每段说明一层意思或一项决定；第二种是序号式，多用于内容复杂、问题头绪较多的公报；第三种是条款式，多用于联合公报。

结尾：事项公报和会议公报一般没有尾部，称为秃尾现象；联合公报要在正文之后写明双方签署人的身份、姓名、年、月、日，并写明签署地点。

（5）写作要求和注意事项。

①会议公报因发布目的的不同而有不同的写法，不可千篇一律。

②事项公报必须由党和国家政府的高级领导机关或指定的机构发布，一般机构不得随意向全国发布任何事项。

③联合公报一旦涉及对外关系，其发布应遵循法定的审批手续和途径。其内容涉及各方的观点和承诺，行文要十分准确和庄重。

（6）公报的例文。

2013年中央城镇化工作会议公报

2013年12月12日至13日中央城镇化工作会议在北京举行。

中共中央总书记、国家主席、中央军委主席习近平，中共中央政治局常委、国务院总理李克强，中共中央政治局常委、全国人大常委会委员长张德江，中共中央政治局常委、全国政协主席俞正声，中共中央政治局常委刘云山，中共中央政治局常委、中央纪委书记王岐山，中共中央政治局常委、国务院副总理张高丽出席会议。

习近平在会上发表重要讲话，分析城镇化发展形势，明确推进城镇化的指导思想、主要目标、基本原则、重点任务。李克强在讲话中论述了当前城镇化工作的着力点，提出了推进城镇化的具体部署，并做了总结讲话。

会议指出，城镇化是现代化的必由之路。推进城镇化是解决农业、农村、农民问题的重要途径，是推动区域协调发展的有力支撑，是扩大内需和促进产业升级的重要抓手，对全面建成小康社会、加快推进社会主义现代化具有重大现实意义和深远历史意义。改革开放以来，我国城镇化进程明显加快，取得显著进展。2012年，城镇人口达到7.1亿，城镇化率基本达到世界平均水平。

会议认为，在我们这样一个拥有13亿人口的发展中大国实现城镇化，在人类发展史上没有先例。城镇化目标正确、方向对头，走出一条新路，将有利于释放内需巨大潜力，有利于提高劳动生产率，有利于破解城乡二元结构，有利于促进社会公平和共同富裕，而且世界经济和生态环境也将从中受益。

会议要求，城镇化是一个自然历史过程，是我国发展必然要遇到的经济社会发展过程。推进城镇化必须从我国社会主义初级阶段基本国情出发，遵循规律，因势利导，使城镇化成为一个顺势而为、水到渠成的发展过程。确定城镇化目标必须实事求是、切实可行，不能靠行政命令层层加码、级级考核，不要急于求成、拔苗助长。推进城镇化既要积极、又要稳妥、更要扎实，方向要明，步子要稳，措施要实。

会议要求，要紧紧围绕提高城镇化发展质量，稳步提高户籍人口城镇化水平；大力提高城镇土地利用效率、城镇建成区人口密度；切实提高能源利用效率，降低能源消耗和二氧化碳排放强度；高度重视生态安全，扩大森林、湖泊、湿地等绿色生态空间比重，增强水源涵养能力和环境容量；不断改善环境质量，减少主要污染物排放总量，控制开发强度，增强抵御和减缓自然灾害能力，提高历史文物保护水平。

会议要求，要以人为本，推进以人为核心的城镇化，提高城镇人口素质和居民生活质量，把促进有能力在城镇稳定就业和生活的常住人口有序实现市民化作为首要任务。要优化布局，根据资源环境承载能力构建科学合理的城镇化宏观布局，把城市群作为主体形态，促进大中小城市和小城镇合理分工、功能互补、协同发展。要坚持生态文明，着力推进绿色发展、循环发展、低碳发展，尽可能减少对自然的干扰和损害，节约集约利用土地、水、能源等资源。要传承文化，发展有历史记忆、地域特色、民族特点的美丽城镇。

会议强调，推进城镇化，要注意处理好市场和政府的关系，既坚持使市场在资源配置中起决定性作用，又更好发挥政府在创造制度环境、编制发展规划、建设基础设施、提供公共服务、加强社会治理等方面的职能；注意处理好中央和地方关系，中央制定大政方针、确定城镇化总体规划和战略布局，地方则从实际出发，贯彻落实总体规划，制定相应规划，创造性开展建设和管理工作。

会议提出了推进城镇化的主要任务。

第一，推进农业转移人口市民化。解决好人的问题是推进新型城镇化的关键。从目前我国城镇化发展要求来看，主要任务是解决已经转移到城镇就业的农业转移人口落户问题，努力提高农民工融入城镇的素质和能力。要根据城市资源禀赋，发展各具特色的城市产业体系，强化城市间专业化分工协作，增强中小城市产业承接能力，特别是要着力提高服务业比重，增强城市创新能力。全面放开建制镇和小城市落户限制，有序放开中等城市落户限制，合理确定大城市落户条件，严格控制特大城市人口规模。推进农业转移人口市民化要坚持自愿、分类、有序，充分尊重农民意愿，因地制宜制定具体办法，优先解决存量，有序引导增量。

第二，提高城镇建设用地利用效率。要按照严守底线、调整结构、深化改革的思路，严控增量，盘活存量，优化结构，提升效率，切实提高城镇建设用地集约化程度。耕地红线一定要守住，红线包括数量，也包括质量。城镇建设用地特别是优化开发的三大城市群地区，要以盘活存量为主，不能再无节制扩大建设用地，不是每个城镇都要长成巨人。按照促进生产空间集约高效、生活空间宜居适度、生态空间山清水秀的总体要求，形成生产、生活、生态空间的合理结构。减少工业用地，适当增加生活用地特别是居住用地，切实保护耕地、园地、菜地等农业空间，划定生态红线。按照守住底线、试点先行的原则稳步推进土地制度改革。

第三，建立多元可持续的资金保障机制。要完善地方税体系，逐步建立地方主体税种，建立财政转移支付同农业转移人口市民化挂钩机制。在完善法律法规和健全地方政府性债务管理制度基础上，建立健全地方债券发行管理制度。推进政策性金融机构改革，当前要发挥好现有政策性金融机构在城镇化中的重要作用，同时研究建立城市基础设施、住宅政策性金融机构。放宽市场准入，制定非公有制企业进入特许经营领域的办法，鼓励社会资本参与城市公用设施投资运营。处理好城市基础设施服务价格问题，既保护消费者利益，又让投资者有长期稳定收益。

第四，优化城镇化布局和形态。推进城镇化，既要优化宏观布局，也要搞好城市微观空间治理。全国主体功能区规划对城镇化总体布局做了安排，提出了“两横三纵”的城市化战略格局，要一张蓝图干到底。我国已经形成京津冀、长三角、珠三角三大城市群，同时要在中西部和东北有条件的地区，依靠市场力量和国家规划引导，逐步发展形成若干城市群，成为带动中西部和东北地区发展的重要增长极，推动国土空间均衡开发。根据区域自然条件，科学设置开发强度，尽快把每个城市特别是特大城市开发边界划定，把城市放在大自然中，把绿水青山保留给城市居民。

第五，提高城镇建设水平。城市建设水平，是城市生命力所在。城镇建设，要实事求是确定城市定位，科学规划和务实行动，避免走弯路；要体现尊重自然、顺应自然、天人合一的理念，依托现有山水脉络等独特风光，让城市融入大自然，让居民望得见山、看得见水、记得住乡愁；要融入现代元素，更要保护和弘扬传统优秀文化，延续城市历史文脉；要融入让群众生活更舒适的理念，体现在每一个细节中。建筑质量事关人民生命财产安全，事关城市未来和传承，要加强建筑质量管理制度建设，对导致建筑质量事故的不法行为，必须坚决依法打击和追究。在促进城乡一体化发展中，要注意保留村庄原始风貌，慎砍树、不填湖、少拆房，尽可能在原有村庄形态上改善居民生活条件。

第六，加强对城镇化的管理。要加强城镇化宏观管理，制定实施好国家新型城镇化规划，有关部门要加强重大政策统筹协调，各地区也要研究提出符合实际的推进城镇化发展意见。培养一批专家型的城市管理干部，用科学态度、先进理念、专业知识建设和管理城市。建立空间规划体系，推进规划体制改革，加快规划立法工作。城市规划要由扩张性规划逐步转向限定城市边界、优化空间结构的规划。城市规划要保持连续性，不能政府一换届、规划就换届。编制空间规划和城市规划要多听取群众意见、尊重专家意见，形成后要通过立法形式确定下来，使之具有法律权威性。

会议指出，城镇化与工业化一道，是现代化的两大引擎。走中国特色、科学发展的新型城镇化道路，核心是以人为本，关键是提升质量，与工业化、信息化、农业现代化同步推进。城镇化是长期的历史进程，要科学有序、积极稳妥地向前推进。新型城镇化要找准着力点，有序推进农村转移人口市民化，深入实施城镇棚户区改造，注重中西部地区城镇化。要实行差别化的落户政策，加强中西部地区重大基础设施建设和引导产业转移。要加强农民工职业培训和保障随迁子女义务教育，努力改善城市生态环境质量。在具体工作中，要科学规划实施，加强相关法规、标准和制度建设。坚持因地制宜，探索各具特色的城镇化发展模式。

会议强调，各级党委和政府要按照中央要求，从实际出发，锐意进取，扎实工作，齐心协力把推进城镇化工作切实抓好抓实。

会议号召，我们要紧密团结在以习近平同志为总书记的党中央周围，推进城镇化健康发展，为城乡居民带来更多福祉，为全面建成小康社会和实现中华民族伟大复兴的中国梦做出更大贡献。

会议还讨论了《国家新型城镇化规划》，有关部门将根据会议讨论情况做出修改。

中共中央政治局委员、中央书记处书记、国务委员、最高人民法院院长、最高人民检察院检察长等出席会议。

各省、自治区、直辖市和计划单列市、新疆生产建设兵团的党政主要负责人和城镇化工作的负责人，党中央有关部门、国务院有关部委和有关单位的主要负责人，中央管理的部分企业和金融机构负责人，军队及武警部队有关负责人参加会议。

（注：本文摘自中国民主促进会重庆市委员会网，http：//www. cqmjsw. org. cn/newscdisplay. aspx？ nuid =2758。）

5. 公告

（1）公告的概念。

公告适用于向国内外宣布重要事项或者法定事项。

（2）公告的分类。

根据性质和使用范围，可分为宣布重要事项公告、宣布法定事项公告。

①宣布重要事项公告。此类公告由较高级别的国家领导机关发布，发送对象是国内外，有时甚至通过新华社用媒体的形式向国内外发布，宣布的内容通常为重大事项。如“宣布我国将向太平洋发射运载火箭试验”。

②宣布法定事项公告。此类公告由较高级别的国家领导机关，发送对象是国内外，有时甚至通过新华社用媒体的形式向国内外发布，宣布的内容是法定事项。如“公布宪法”、“国家领导人选举结果”等。

（3）公告的特点。

①发文机关的特定性。公告的发文机关仅限于国家最高权力机关、最高行政机关及其工作部门。

②事项的规定性。公告所宣布的事项是国内外极为关注的重大事项，所宣布的内容是能够向国内外公开的重大决定。并不是任何公务事项都可向国内外公告。

③内容的严肃性。宣布的事项体现着国家及其权力机关的威严，它的使用要考虑在国内国外可能产生的政治影响。

④告知的广泛性。公告向国内外发布，其告知的范围相当广泛。

⑤传播的新闻性。公告不用“红头文件”下发，而是通过新闻媒介公开发布。

（4）公告的内容要素。

公告一般由标题、正文、发文机关和成文日期构成。

①标题。标题的形式有三种：第一种由“发文机关名称 + 事项 + 文种”组成，如《中国人民银行关于国家货币出入境限额的公告》；第二种由“发文机关名称 + 文种”组成，如《中华人民共和国中央军事委员会公告》；第三种只写出文种“公告”即可。

②正文。正文是公告的核心部分，一般包括因由、事项和结语。因由要求用简练的语言写出公告的依据、原因、目的；事项要求明确写出公告的具体决定和要求；结语一般用“现予公告”、“特此公告”等专门用语，以体现公告的庄重性和严肃性。

③发文机关。发布公告的机关要写全称，如机关名称已在标题中出现，在落款处可省略。

④成文日期。要用阿拉伯数字写全年、月、日。有时日期写在了标题的下方，此处即可省略。

（5）写作要求和注意事项。

第一，切忌望文生义。以为“公告”就是公开告知有关事项，造成文种使用混乱，把公告当作“启事”、“声明”、“广告”使用，例如声明某人与本单位无关，或揭露有人冒充某种身份行骗等。

第二，切忌大文小用。“公告”代行“通告”，以为凡是公布性事项，事无巨细都用“公告”，例如街道告知居民领取物价补贴使用“公告”。

特别提示：

有的公告是属于专业性的或向特定对象发布的，如经济上的招标公告，按国家专利法规定公布申请专利的公告，属专业性公告；也有按国家民事诉讼法规定，在法院递交诉讼文书无法送达本人或代收人时，可以发布公告间接送达，是向特定对象发布的，这些不属于党政机关公文。

（6）公告的例文。

中华人民共和国财政部公告

根据国家国债发行的有关规定，财政部决定第二次续发行2014年记账式附息（十三期）国债，已完成招标工作。现将有关事项公告如下：

一、本次国债计划续发行280亿元，实际续发行面值金额280.10亿元。

二、本次续发行国债的起息时间、票面利率等要素均与2014年记账式附息（十三期）国债相同，即起息日为2014年7月3日，票面年利率为4.02%，按年付息，每年7月3日（节假日顺延，下同）支付利息，2021年7月3日偿还本金并支付最后一次利息。经招标确定的续发行价格为99.84元，折合年收益率为4.17%。本次续发行的国债从招标结束后至9月5日进行分销，从9月10日起与之前发行的同期国债560.2亿元合并上市交易。

其他事宜按《中华人民共和国财政部公告》（2014年第1号）规定执行。

特此公告。

中华人民共和国财政部

2014年9月3日

（注：本文摘自财政部网站，http：//gks.mof.gov.cn/redianzhuanti/guozaiguanli/gzfxzjs/20140903_1135297.html。）

6. 通告

（1）通告的概念。

通告适用于在一定范围内公布应当遵守或者周知的事项。

（2）通告的分类。

根据性质和使用范围，可分为法规性通告和知照性通告。

①法规性通告。指政府有关部门公布的确保某一重要事项的执行，让有关单位和人员遵守的，具有一定法规性和行政约束力的通告。撰写时语言中包含强制性的“必须”、“严禁”、“不得”等词语。

②知照性通告。这类通告一般内容单一，篇幅短小，对公众约束力很小。包括两类，即工作性通告和事项性通告。它仅告知一些行业性的事务工作或临时性事项的通告，如迁址通告、停水停电通告、禁止机动车辆在某地段通行的通告、某工程指挥部请行人绕道而行的通告等。这种通告，语气平缓，目的在于告知有关单位和人员应遵守的事项或周知的事项，撰写中语气包含着希望理解、支持和协作的意思。

（3）通告的特点。

①局部性。内容要求在一定范围内的人们或特定的人群普遍知晓，以使他们了解有关政策法令，遵守某些规定事项，共同维护社会公务管理秩序。

②法规性。常用来颁布地方性的法规，这些法规一经颁布，特定范围内的部门、单位和民众都必须遵守和执行。

③实务性。有的公文只是告知某事，或者宣传某些思想、政策，并不指向具体事务。通告则是一种直接指向某项事务的文种，实务性比较突出。

④行业性。通告具有鲜明的行业性特点，是针对其所负责的那一部分的业务或技术事务发出的通告。因此，行文中要时常引用本行业的法规、规章，常使用本行业的专门术语。

（4）通告的内容要素。

通告一般由标题、正文、发文机关和成文日期构成。

①标题。通告的标题有四种构成形式：一种是“发文机关名称 + 事由 + 文种”，如《沈阳市地方税务局关于开展地方税务登记的通告》；第二种是“发文机关 + 文种”，如《中国人民银行通告》；第三种是“事由 + 文种”，如《关于依法维护城市新区建设征地拆迁秩序通告》；第四种只是以文种“通告”作为标题。

②正文。通告的正文包括开头、主体和结语三部分内容。开头主要交代通告的缘由、根据和目的，然后用“通告如下”转入主体部分；主体要求明确写出通告的具体内容、通告事项的要求和实施措施；结语一般另起一行，用“特此通告”专门用语作结。

③发文机关。在标题中有发文机关名称的，落款处可以省略，只写年、月、日。

④成文日期。写在发文机关之下，也可将发文日期的年、月、日写在标题下方、正文上方。两处只写一处即可。日期要使用阿拉伯数字。

（5）写作要求和注意事项。

第一，在标题中有发文机关名称的，落款处可以省略发文机关名称，否则，一定要写明发文机关名称。

第二，要把好政策关，发布的通告不能与党和国家的方针政策相抵触，不能制定违背国家现行政策规定的“土政策”。

第三，通告可以用来处理带有一定专业性的公务，因此拟写通告要使用专业术语，但要尽量选择大多数人熟悉的行业用语。

第四，通告一般见诸媒体，可以张贴，也可以文件的形式下达。

（6）通告的例文。

武汉市公安局交通管理局关于二环线水果湖隧道交通管理的通告

为充分发挥二环线水果湖隧道交通功能，保障交通安全畅通，根据《中华人民共和国道路交通安全法》等法律法规的规定，现将二环线水果湖隧道交通管理事项通告如下：

一、二环线水果湖隧道每周日00：00至5：00临时封闭进行维护，禁止机动车通行。

二、需通行施工路段的机动车，可绕行天鹅路、八一路、珞狮北路等相关道路。

三、机动车驾驶人应服从交通警察及现场管理人员的指挥，按照交通标志的指示通行。

四、违反本通告的，公安机关交通管理部门将依照《中华人民共和国道路交通安全法》等有关法律、法规的规定，予以处罚。

五、本通告自2014年8月31日起实行。

特此通告。

武汉市公安局交通管理局

2014年8月22日

（注：本文摘自武汉市公安局交通管理局网，http：//www. whjg. gov. cn/tabid/68/InfoID/2695/frtid/72/Default. aspx，内容有改动。）

7. 意见

（1）意见的概念。

意见适用于对重要问题提出见解和处理办法。

（2）意见的分类。

按性质和内容分，有规划性意见、实施性意见和工作性意见。

①规划性意见。这类意见类似于“计划”中的规划、纲要等。不同之处在于，计划有较强的约束力，一经会议通过或由上级批准，便成为在其所涉及的范围内开展工作和进行监督、检查的依据；而意见只是参考性意见，具体执行时有较大的灵活性。

②实施性意见。是指在实施政策、法规性文件时，就如何贯彻会议或上级文件精神提出的原则性要求。

③工作性意见。是就某一时期或某一方面工作提出大体构想的意见，供有关单位进行工作时参考和借鉴。

（3）意见的特点。

①灵活性。意见可以是下行文、上行文和平行文。下行文，即由上级直接把意见发给下级贯彻执行；上级将下级发来的意见转发给下级，也是下行文。上行文，即下级把意见上报给上级，也可按请示性公文的程序办理。这类意见对上级领导有参考、研究、帮助决策的作用，如果能解决、处理好重大问题，并被采纳，受文的上级机关就会批转、转发其所属单位贯彻执行。平行文，提出的意见仅供对方参考。

②指导性。意见虽然在文种的字面含义上没有指示、批复那样具有明显的指导性色彩，似乎只是对某一工作提出些意见供参考，可实际上它也是指导性很强的一种文体。之所以不采用指示等指导性色彩强的文种行文，主要有下列一些原因：一是为体现党政分开的原则，党的机关在涉及政务时不宜采用指示等文种；二是有关部门虽然对下级同类部门有业务指导权，但并没有行政领导权，采用指示显然不如采用意见合适；三是意见的内容业务性强、规划性强、组织性强，而这些内容采用较生硬的文种不如采用意见这样较委婉的文种更合适。尽管如此，意见对受文机关来说，仍然有较强的约束性，下级机关要遵照执行。

③针对性。针对当前工作中出现的某些新情况、新问题需要有针对性地提出处理办法与解决措施。

④原则性。意见通常不是具体的工作安排，而是从宏观上提出见解和意见，要求受文单位结合具体情况，参照文件中提出的精神来办理。下级机关在落实意见时，根据自身客观情况有着比较大的灵活处理的余地。

（4）意见的内容要素。

意见一般由标题、成文日期、主送机关、正文、结语和发文机关构成。

①标题。意见的标题有三种常见写法。一种是由“发文机关 + 主要内容 + 文种”组成，如《中共辽宁省委辽宁省人民政府关于〈关于中国教育改革和发展纲要〉的实施意见》；第二种“由主要内容 + 文种”组成，如《关于提高县以上党和国家机关党员领导干部民主生活会质量的意见》；第三种是“发文机关 + 时间 + 内容 + 文种”构成，如《辽宁省交通局 2014 年工作意见》。

②成文日期。成文年、月、日，要使用阿拉伯数字并写在标题之下，放于圆括号之中。有时也可放置文末。

③主送机关。有两种情况，一是需要转发的意见，没有主送机关这一项；二是直接发布的意见，要有主送机关，主送机关的排列方法与一般公文相同。

④正文。正文由发文缘由、意见条文、执行要求构成。发文缘由：这是意见的开头部分，主要写出发布意见的背景、根据、目的、意义等，但不能面面俱到。文字根据具体情况可长可短，然后以“现提出以下意见”、“特制定本实施意见”等过渡性语句转入下文。意见条文：这是意见的主体，要把对重要问题的见解或处理办法一一写明。如果是规划性意见，内容繁多，可列出小标题作为各大层次的标志，小标题下再分条表述。每一小标题下列出若干条文。如果是内容较单纯集中的工作意见，主体部分直接列条即可，不必再设小标题。执行要求：有些意见需要对贯彻执行提出一些要求，可以列入条款，也可单独在正文最后写一段简练的文字予以说明，如无必要，此项免除。

⑤结语。用简短的语句做出说明，如“本意见由县财政局与县房管局共同负责解释”。

⑥发文机关。写明发文机关单位全称。标题中包括发文机关的，此处即省略。

（5）行文方向。意见可以是上行文、平行文，也可以是下行文。

作为下行文，一般是上级机关对重大问题、重要事项、重要工作提出指导性、指示性的意见，对重要工作部署做出安排。在文字表述上一般就某重大问题有分析，有指导性意见，指导性意见应有一定的理论高度，提出的解决办法和措施要切实可行。

作为上行文，一般是下级机关将对重大问题提出的见解、解决问题的办法作为建议请求上级机关批转、转发。在文字表述上应把重点放在解决问题的办法、措施上。

作为平行文，一般是涉及两个或两个以上的单位部门，且要表达发文机关对某一问题的意见和见解，这类意见和见解，要带有商榷、建议的意思，还要提出解决的办法。

（6）意见的例文。

四川省人民政府关于2014年深化行政审批制度改革工作的意见

各市（州）、县（市、区）人民政府，省政府各部门、各直属机构：

为进一步深化行政审批制度改革，继续简政放权，推进政府职能转变，努力做到省本级行政审批“项目最少、程序最简、办理最快、费用最低、服务最优”，营造科学发展、加快发展的良好政务环境，现就我省2014年行政审批制度改革工作提出以下意见。

一、抓好下放行政审批事项的承接落实

（一）抓好国家下放行政审批事项的承接落实。国家明确下放至省级的审批事项，省直有关部门要主动与国家部委对接，及时制定审批办法和办事指南，纳入省政务服务中心办理；国家直接下放至市县的审批事项，省直有关部门要积极衔接国家部委和市县，确保无缝对接，下放到位；国家未明确下放层级的审批事项，原则上同步下放到市县。

（二）市（州）做好下放行政审批事项的承接落实。市（州）、县（市、区）要及时承接国务院和省政府下放的审批事项，纳入同级政务服务中心办理，并加强与原实施机关的工作衔接，明确责任分工，落实工作要求；原实施机关要指导市县规范办理，避免出现空档。

二、深入清理行政审批事项

（一）继续清理行政许可项目。严格执行国务院取消调整行政许可项目决定，及时对应清理，重点清理行政许可项目的子项。严格控制新设行政许可，规范并落实行政许可设定审查程序，不得在法律法规之外设立面向社会公众的审批事项。公布省市县三级行政许可项目目录，目录之外的事项均由市场主体依法自行决定；省直部门要加强指导、监督和检查，确保本系统（行业）同一审批事项的名称、申请条件及办理流程在不同层级、不同地区统一。

（二）逐步取消非行政许可审批项目。严格界定非行政许可审批项目范围，省政府规章以下规范性文件设定的非行政许可审批项目一律取消。面向公民、法人或其他组织的非行政许可审批事项原则上予以取消，确需保留的要通过法定程序调整为行政许可，其余一律废止。

（三）全面清理行政审批前置条件。无法律法规规章依据的行政审批项目前置条件，原则上一律取消；确需保留的，报省深化行政审批制度改革领导小组审定。一个申请事项涉及部门内部多项审批的，由内设行政审批机构合并审批。一个申请事项需主审部门提供相关意见的，由主审部门提供；需其他部门提供意见的，由主审部门书面征求其他部门意见，其他部门应积极配合，限时回复。

（四）切实清理减少行政事业性收费和服务性收费项目。重点清理和减少我省设定的行政事业性收费和服务性收费项目、收费标准，清理各类年审、年检和与之挂钩的培训、收费。除法律法规明确规定外，行政机关不得以任何形式实施年检、年审和注册。依法需年检、年审和注册的，不得强制要求培训，不得指定培训机构，不得将参加培训、加入协会或者缴纳费用等作为前置条件。

三、规范运行保留的行政审批事项

（一）继续推进“两集中、两到位”。构建审管分离的行政审批体制机制，行政审批事项较多、办件量较大的部门，应将本部门所有的行政审批事项集中到一个内设部门承担，并整建制进入政务服务中心；部门要充分授权首席代表，建立以窗口服务群众为主导的行政审批运行机制。

（二）落实行政审批标准化要求。保留的行政审批事项和面向企业、个人的非行政许可审批项目、公共服务事项，行政机关出具的与行政审批相关的规划确认书、审查意见、批准文件等前置审批材料，应进入政务服务中心规范办理。有数量限制的，应公布数量和遴选规则；涉及资源配置和特许经营事项的，应通过招标、拍卖等方式进行。需按有关规划进行前置审批的，其规划要依法制定并公布。切实防止变相审批，备案事项，企业和个人只需事后告知行政机关即可；服务事项，只要申请人资料齐备，行政机关必须当场办理。

（三）建立省市县三级联动服务机制。深入推进省市县三级政务服务体系建设和联网运行，实现“一窗进出”，即企业和群众在同一个窗口递交审批申请、领取审批结果。需上级政府部门审批的事项，统一由设在政务服务中心的部门窗口报送上级政务服务中心窗口。各级政务服务中心牵头组织协调投资建设项目并联审批，提供代办服务。公布我省政府核准的投资项目目录，精简投资项目审批环节，清理取消没有法律法规依据的初审转报环节，目录外的投资项目全部实行备案制。

（四）规范中介服务行为。大力培育中介服务市场，取消区域性、行业性的中介服务执业限制，促进市场发育，形成充分竞争。加快推进中介机构与行政机关脱钩，除法律法规明确规定外，行政机关不得指定中介机构，不得将中介机构的检验检测报告、鉴定审查意见或专家评审意见等作为审批要件。继续强化对市场中介组织的监督管理，督促中介组织公开服务流程、服务承诺、收费标准和依据。有条件的地方应将与行政审批有关的中介机构纳入政务服务中心规范运行、加强管理，职能部门要健全行业自律性管理制度、职业道德准则及业务规范，加强诚信建设，建立完善行业自律性管理约束机制和清退淘汰机制。

四、充分发挥行政权力依法规范公开运行平台作用

强化行政职权目录管理，健全行政权力动态调整机制，应列入而未列入目录的行政权力不得行使，列入目录的行政权力（除涉密事项外）必须在网上依法规范公开运行。丰富完善电子政务大厅功能，探索建立移动政务服务模式。充分发挥电子政务大厅的社会服务功能，强化网上申请受理、办理状态查询和结果反馈等功能，完善行政权力运行基础平台和监察平台建设，试点建设移动执法终端，实现省市县三级全部行政权力事项网上办理和实时监察监控。加强数据对接和交换，促进行政权力依法规范公开运行平台、行政审批通用软件系统、电子监察系统、部门业务专网的深度融合，实现不同层级、不同地区的协调联动、信息共享，真正实现互联互通。今后部门不再单独设置网上办理系统。

五、加强公共资源交易监管

（一）推进集中交易。加快全省统一规范的公共资源交易市场体系建设，出台《四川省公共资源进场交易目录》，做到“应进必进”。大力推进公共资源交易平台建设，实现省市县三级一体运行；加快建设公共资源电子化交易平台，强化信息统一发布制度，推行计算机辅助评标和异地开评标，确保安全、规范、有效运行。

（二）组建省公共资源交易综合评审专家库。打破行业壁垒，建立统一规范的综合专家库和专家管理制度，及时严肃处理并公开通报典型案例，建立专家黑名单淘汰机制，保证入库专家的专业水准和职业操守。全面推进公共资源交易流程再造优化，推行标准化服务。

（三）强化现场监管。建立完善公共资源交易信用体系，强化信用信息管理和使用。制定《四川省公共资源交易现场监督管理办法》，明确对违规违法行为现场处理与部门处理的分工，将行政执法和刑事司法相衔接，涉嫌犯罪的移送司法机关。

六、进一步完善保障措施

各地、各部门要转变观念，切实增强改革的自觉性和主动性，主要领导亲自抓，明确机构和人员，落实任务和责任，制定具体实施方案。转变管理方式，切实加强市场和行业日常监管，建立健全适应事中事后监管的体制机制，做到放管结合。完善行政审批投诉受理、调查、处理办法，充分运用电子监察系统开展行政审批效能监督。开展专项执法检查，加强行政审批后续监管，逐项制定监管方案，明确监管措施、责任主体，实施分类监管，重点监督人民群众反映强烈、对经济社会发展可能造成重大危害的食品安全、环境保

护等领域。充分发挥社会监督作用，构建政民互动机制，努力营造良好的政务环境和发展环境。

四川省人民政府

2014 年 1 月 22 日

（注：本文摘自四川省人民政府网站，http：//sg. sc. gov. cn/10462/10883/11066/2014/1/24/10292161. shtml。）

8. 通知

（1）通知的概念。

适用于发布、传达要求下级机关执行和有关单位周知或者执行的事项，批转、转发的公文。

（2）通知的分类。

根据性质和使用范围的不同，通知可分为批转或转发性通知、指示性通知、发布性通知、会议性通知和任免性通知等。

①批转或转发性通知。这种类型的通知包括上级机关批转下级机关公文或者转发上级机关、同级机关和不相隶属机关公文等几种情况。

②指示性通知。又称指挥性通知，一般用于上级机关要求下级机关执行某种精神或办理某项工作，对下级机关的工作做出指示和要求，具有强制性、指挥性和决策性。

③发布性通知。是向各有关方面告知周知事项时使用的通知，如发布规章或规定、宣布该规章或规定的执行标准和有效性、向有关单位和人员通知要办理的具体事项的通知（如会议通知、节假日放假通知、变更组织或刊物名称通知、成立或撤销某个机构的通知等），不具有强制性。

④会议性通知。主要用于告知有关单位和与会人员届时参加会议的通知。

⑤任免性通知。是上级机关任免下级机关工作人员或聘用干部时所发出的通知。这种通知一旦发出就生效，知照性强。

（3）通知的特点。

①广泛性。是指通知使用范围的广泛性，即不受发文单位级别、性质的限制，无论国家大事还是单位小事，都可使用通知的形式发布。受文对象既可以是国家机关，也可以是普通群众。

②双重性。是指行文功用的双重性。通知作为下行文使用时，一般会对受文对象提出需要知晓、执行或办理的事项，具有指挥、指导的作用；通知作平行文使用时，受文单位是平级单位或不相隶属单位，通知内容则主要起知照作用。

③时效性。是指执行通知的时效性。通知事项往往要求在规定时间内办理、执行或知晓，不容拖延。有些通知如会议通知等，只在特定的时间里才有效，会议结束即失去效力。

（4）通知的内容要素。

通知一般由标题、主送机关、正文、附件、发文机关和成文日期构成。

①标题。通知的标题大多有三种形式：第一种是由“发文机关+事由+文种”组成的完全式标题，如《国务院关于发布〈国家行政机关公文处理办法〉的通知》；第二种由“事由+文种”组成的标题，如《关于搞好春节期间消防安全工作的通知》；第三种单独用文种“通知”做标题，根据需要，可在文种“通知”前，加程度词“紧急”、“重要”等，对于发布、批转或转发性通知，应在标题中表明其性质，如《国务院批转国家统计局关于建立国家普查制度改革统计调查体系请示的通知》、《国务院办公厅转发国家教育司关于高校教师工资制度改革意见的通知》。

②主送机关。指通知的主要受理机关，也叫收文机关或受文机关，顶格写在标题之下，正文之前，后加冒号。主送机关名称应当使用全称或者规范化简称、统称。

③正文。由开头、主体和结尾三部分组成。开头主要交代通知缘由、根据；主体说明通知的具体事项；结尾提出执行要求。如果是会议性通知，结尾处还要附上发文单位的联络信息。有的通知在文尾还要写上结语，即文种的专门用语，如“特此通知”等。不同种类的通知，正文也有不同写法。

第一类，批转或转发性通知的正文，由发布通知缘由、对批转或转发文件的评价、执行要求等部分构成。

批转或转发的对象，要写清原公文名称和原发文机关。

批转意见。这一部分实际上就是通知本身，应写明对所转公文的态度、意见、执行要求。后面所附被批转或转发的文件，应作为通知的具体内容出现。

批转性通知有时对所批转的公文表明态度和执行要求之后，还另起一段，针对所批转或转发公文的内容做进一步的阐发，或指出此项工作的意义，或指出执行重点，或提出注意事项，或结合本系统、本部门的实际情况予以补充。

第二类，指示性通知的正文，由发布通知缘由、通知的具体事项和执行要求三部分组成，要用概括的语言说明发布通知的背景、依据、目的及意义。然后用承启语“特作如下通知”、“现将有关事项通知如下”等转入通知事项部分。

通知的具体事项要用明确的语言说明指导思想、原则规定、工作任务、基本措施、注意事项等。

执行要求要写明通知的具体事项从何日起开始执行，或用“以上通知，望认真执行”等惯用语作结。

第三类，发布性通知的正文，由发布通知的缘由、目的和通知的具体事项三部分构成。

发布性通知正文要写明通知事项，如设置、调整、合并机构的通知正文，要写明机构设置、调整、合并的目的、依据，写清新机构的名称、任务、组成人员、办公地址及相关内容。

撤销机构的通知正文，要写明撤销的原因，撤销的决定者，主管工作的转交接情况等。

第四类，会议性通知的正文应简要介绍召开会议的原因、根据、目的；写明会议报到、召开的时间、地点；需要携带何种证件；会议召开多久；写明会议参加者、联系人；不是保密的会议，还应写明会议内容、议程、议题及需要准备的材料等。

第五类，任免性通知的正文应写明何机关、何会议决定何人担任或免除何职务。

④附件。写清附属公文正文的材料，位置在正文下隔一行、前空两格。

⑤发文机关。在正文右下方写明发文机关名称，重要的通知需要发文机关盖章。

⑥成文日期。成文日期在发文机关下方，采用规范的阿拉伯数字。

（5）写作要求及注意事项。

通知种类较多，拟写中有四点要求：

第一，通知的事项不仅要具体明确，还必须符合客观实际，语言要准确简洁，行文要条理清晰，以便受文者正确理解通知精神。

第二，一份通知只能说明一件事，不能同时表述多件事情。

第三，通知的拟写、传递要及时、快捷，不可拖沓，以免影响公务的办理。

第四，要注意公文通知与日常通知的区别。公文通知是国家党政机关的正式文件，内容多为重大事项或重要行为，必须严格按照公文的拟写程序、审批程序、发文程序处理。日常通知是机关里日常使用的普通应用文，内容多为一般性事务，由事项主管部门书写发布即可。

（6）通知的例文。

关于做好2014年度公路运输出疆棉现场核查工作的通知

各出疆棉所有权人：

根据新疆维吾尔自治区财政厅《关于印发〈出疆棉运费补贴操作细则〉的通知》（新财建〔2013〕42号）有关规定，交易市场于2014年9月1日在中国棉花信息网（网址：www.cottonchina.org）建立“2014年度出疆棉运费补贴”专栏，开始接受2014年9月1日起通过公路运输出疆棉花的现场核查和网上申报，有关流程和注意事项按照《全国棉花交易市场关于规范出疆棉申请公路运输费用补贴审核监管有关事项的通知》（2013年第10号）和《关于做好2013年度出疆棉花运费补贴申报工作的通知》（新财建〔2014〕247号）的规定执行。

特此通知。

全国棉花交易市场

2014年9月4日

（注：本文摘自中国棉花信息网，http：//www.cottonchina.org/news/pubzmb.phg？articleid=170171，内容略有改动。）

9. 通报

（1）通报的概念。

通报适用于表彰先进、批评错误、传达重要精神和告知重要情况。

（2）通报的分类。

根据内容和功用，可分为表彰性通报、批评性通报、情况性通报。

①表彰性通报。选择先进集体和先进个人，予以通报，以期给人们树立学习的榜样，

激励人们的积极性。此类通报着重介绍先进典型中值得人们学习、效法的事迹，分析其精神实质，然后发出号召，提出学习先进的意见。

②批评性通报。选择犯有错误的集体或个人典型，予以通报批评。此类通报着重叙述错误典型的问题或错误事实，分析其产生的原因和危害性，然后做出处理的决定，指出人们应当从中吸取教训，引以为戒。

③情况性通报。将某一方面的重要情况，或者上级领导机关和会议的重要精神，予以通报，以引起下级机关或有关方面的注意和重视，及时采取必要的措施，更好地开展工作。此类通报，一般要求讲清“精神”、“情况”或“问题”，阐述有关道理，对下级机关工作有指导和借鉴作用。

（3）通报的特点。

①告知性。通报的内容，常常是把现实生活中一些正反面的典型或某些带倾向性的重要问题告诉人们，让人们知晓和了解。

②指导性。主要用来传达重要情况、沟通信息、互通情报、交流经验、倡导、警戒，给人们以启迪诱导，然后做出选择。

③教育性。通报的目的，不仅仅是让人们知晓内容，它主要的任务是让人们知晓内容之后，从中接受先进思想的教育，或警戒错误，引起注意，接受教训。这一目的，不是靠指示和命令方式来达到，而是靠正、反面典型的带动，真切的希望和感人的号召力量，使人真正从思想上确立正确的认识，知道应该这样做，而不应该那样做。

④广泛性。其内容要求具有普遍的教育意义、指导意义和作用，材料要求准确、典型，立场、态度、观点要鲜明，语言要朴实、生动和简练。

（4）通报的内容要素。

通报一般由标题、主送机关、正文、发文机关和成文日期构成。

①标题。标题一般有三种：一是“发文机关 + 事由 + 文种”，如《广西壮族自治区人民政府关于防城港市、北海市人民政府对破坏森林资源重大案件查处不力情况的通报》；二是“事由 + 文种”，如《对上半年纪律整顿情况的通报》；三是只写文种“通报”，这种标题是在通报内容比较简单、不作为正式文件发布、在机关内部使用的标题。

②主送机关。写被通报者的名称，在第二行顶格书写，后加冒号。

③正文。正文是通报的核心部分，一般有原因或依据、事项、处理意见、经验教训、要求及希望、号召等内容。其实，写法应视通报内容的实际情况而定。常规写法是：首先，写明制发通报的缘由；其次，写明通报的事项，比如可贵的精神、主要经验等，通常是采用分段、分层逐步深入叙述和分析的表达方法；结尾，写明有关的态度和决定，比如属于表彰性的通报，可以写明给予表彰的荣誉称号或奖励；属于批评性的通报，可以写明应该吸取的教训，提出的希望要求；若是情况性通报，一般无此类结尾。

④发文机关。正文之后右下方写明发文机关全称。

⑤成文日期。成文日期在发文机关下方，采用规范的阿拉伯数字。

（5）写作要求及注意事项。

第一，通报不需要结语，这是通报与其他文种的区别。

第二，情况性通报不同于表扬性通报和批评性通报，有时采用“秃尾”形式。

第三，告知范围较小时，一般用纸质形式张贴出来，相反，即可采用多种媒体发布。

（6）通报的例文。

梁河县2014年高考情况通报

2014年，在县委、县政府的正确领导下，通过社会各界的大力支持，全县教育工作者的辛勤工作和广大考生的努力进取，全县普通高考整体成绩有了明显提升，本科上线率取得较大突破，现将相关情况通报如下：

一、基本情况

2014年全县普通高考参考人数565人，比去年增加64人。其中，文史类338人，比去年增加18人；理工类227人，比去年增加46人。

二、2014年高考情况

（一）2014年500分以上考生40人，其中文史类27人，理工类13人，最高分589（2013年最高分563分）；

（二）2014年本科上线271人，其中一本7人，二本134人，三本130人，本科上线率47.96%；

（三）2014年专科上线288人，其中一专73人，二专215人，专科上线率50.97%；

（四）2014年实际参考学生565人，总上线559人，总上线率98.93%。

三、对比2013年情况分析

（一）2014年500分以上考生40人，比2013年增加31人。其中文史类增加21人，理工类增加10人；

（二）2014年本科上线人数271人，比2013年增加62人，其中一本与上年持平，二本增加28人，三本增加34人，本科上线率比2013年增加5.6个百分点。

（三）2014年专科上线288人，比2013年增加6人，其中一专增加37人，二专减少31人。

附件：2013年、2014年高考情况比较表

年份	500分以上人数	本科上线	专科上线	总上线人数
2013	9	209	282	491
2014	40	271	288	559

梁河县招生考试委员会

2014年6月25日

（注：本文摘自梁河教育信息网，http：//www.dh/hedu.cn/Item/14740.aspx，格式略有改动。）

10. 报告

(1)报告的概念。

报告适用于向上级机关汇报工作、反映情况、回复上级机关的询问。

下级机关按有关制度规定向上级报告，这是半主动半被动行文；下级机关凭自己的自觉性和责任感及时向上级机关报告有关工作和情况，提出合理化的建议或重要意见，这是主动行文；答复上级机关询问，这是被动行文。不管是哪种形式，报告都是下级机关向上级机关达情献策的重要上行文。报告在拟写方面存在这样一些情况：汇报工作，大多为事后行文，也有事中行文，而无事前行文；反映情况，多为事中行文或事后行文，而无事前行文；答复询问，多为事中行文或事后行文。

(2)报告的分类。

根据内容、性质和功用的不同，报告可分为工作报告、情况报告、建议报告、答复报告和报送报告等。

①工作报告。是向上级机关或重要会议汇报工作情况的报告。它主要用以总结工作情况，反映某一阶段、某个方面贯彻落实政策、法令、批示的情况。工作报告内容较全面，包括基本情况概述、经验总结、存在的问题、工作中的不足之处及今后的改进措施或工作的具体打算。

②情况报告。是指用于向上级机关反映工作中的重大情况、特殊情况和新动态等的报告。这种报告便于上级机关根据下级情况，采纳合理化意见和建议，及时采取措施，指导工作。

③建议报告。是指根据工作中的情况动向和存在的问题，向上级机关提出相关建议的报告。建议报告重点是提出建议，不是反映情况。因此必须处理好情况与建议的关系，说明情况是为提出建议打好基础，建议必须在说明情况的基础上提出。

④答复报告。答复报告是对上级机关所询问的问题经过调查研究后做出答复的报告。

⑤报送报告。是以报告的形式，向上级呈报文件、物件的报告。

(3)报告的特点。

①内容的真实性。报告的内容或是对本单位所做工作的回顾和总结，或是反映情况、答复上级机关的询问。总之，都要实事求是，不能弄虚作假。

②表述的概括性。报告是以叙述和说明为主要表达方式的文种，它的叙述和说明是概括性的，不必详述过程，只要求作粗线条的勾勒。偶有议论也多限于夹叙夹议。力求篇幅短小精悍又有分量。

③行文的单向性。报告是下级机关向上级机关汇报工作的文种，一般不要求回复，属于单向行文。

④沟通的双向性。报告是事中或事后行文，虽不需要批复，但却是下级机关取得上级机关支持和指导的桥梁，也是上级机关获取信息、了解下情的渠道。

(4)报告的内容要素。

报告一般由标题、主送机关、正文、发文机关和成文日期构成。

①标题。报告的标题常见的形式有两种：一种是“发文机关 + 事由 + 文种”的形式，如《民政部关于抗灾救灾工作情况的报告》；另一种是“事由 + 文种”的形式，如《中国

宏观经济分析报告》等。

②主送机关。主送机关是发文机关的直属上级机关，可以是一个，也可以是多个。标题之下顶格书写，后用冒号。

③正文。报告正文的结构一般由开头、主体和结语组成。

开头即导语：交代报告的缘由和根据，概括说明报告的起因、缘由或说明报告的目的、意义、根据和主旨，它承接标题中的事由，落笔入题。写作时，文笔要集中、概括、直接，然后用“现将有关情况报告如下”转入下文。

主体：这是报告的核心部分，用来说明报告事项，一般包括两方面内容：一是工作情况及问题，二是进一步开展工作的意见。一般要围绕主旨展开陈述，写明情况、措施与结果、成效与存在问题，有些还要写经验或教训、意见或建议、打算或安排。

不同类型的报告的正文中，报告事项的内容可以有所侧重，如工作报告是在总结情况的基础上重点提出下一步工作的安排意见；建议报告的重点应放在建议的内容上；答复报告则根据真实、全面的情况，按照上级机关的询问和要求回答问题；报送报告，只需要写清楚报送材料（文件、物件）的名称、数量即可。

结语：报告的种类不同，一般都有不同的专门结语，应另起一段来写，如工作报告和情况报告的结束语常用“特此报告”；建议报告常用“以上报告，如无不妥，请批转各地执行”；答复报告多用“专此报告”；报送报告则用“请审阅”或“请收阅”等。

④发文机关。一般情况下，要求在正文右下方署上机关单位名称或主要负责人姓名。如果标题中有发文机关名称，这里就不再署名。要加盖单位公章或主要负责人印章。

⑤成文日期。署名下方写全年、月、日，采用规范的阿拉伯数字。

（5）写作要求及注意事项。

第一，主旨鲜明，重点突出。报告的内容，一般涉及的面宽而且复杂，很容易写得篇幅较长而又重点不够突出，泛泛而谈。这就要求在拟写时，力求围绕主旨组织材料，详略得当，重点突出，观点鲜明，条理清楚，简洁深刻。

第二，材料要真实，要遵循实事求是的原则。向上级机关汇报工作应该本着实事求是的态度，如实汇报。无论是成绩还是失误，都应该全面、真实地反映，不能只报喜不报忧，也不能夸大和虚构。上报的公文应该在调查研究、全面掌握本单位情况的基础上拟写。

第三，坚持一文一事，注重实效。一份报告不能同时汇报多个工作。同时，向上级机关反映情况、汇报工作、提出建议要及时，注重实效，便于上级机关及时、准确地掌握各项工作的动态，从而做出科学决策。

第四，严格使用文种，尤其应当注意不要与请示混用。报告事项不得夹带请示事项，否则会因报告不需批复而影响请示事项的处理和解决。

特别提示：

有的报告属于专业性的一般文体，如市场调查报告，财务审计报告、经济报告等，不属于党政机关公文。

（6）报告的例文。

关于贯彻落实全县干部大会的报告

2014 年 6 月 15 日全县干部大会结束后，我镇于 6 月 20 日召开了职工会议，对县干部大会上王青书记的重要讲话精神和吴南屏县长对“现阶段全县干部存在的问题”进行了全面的传达，结合本镇实际，做出了合理安排。现将这次全县干部大会落实情况汇报如下：

一、加强学习，依法行政

不断提高干部解决问题的能力，采取有力措施切实解决依法行政中存在的突出问题，强化“以法律为准绳，以事实为依据”的思想，对人民高度负责，接受群众监督，自觉维护宪法和法律的权威，确保政令畅通。

二、营造良好发展环境，提高政府职能

以贯彻实施《中华人民共和国行政许可法》为契机，体察民情，方便基层和群众办事。认真践行“三个代表”的思想，牢固树立科学的发展观，扩大对外开放，努力提高镇域经济。

三、规范执法行为，提高执法水平

部分干部的法律意识欠缺，法律知识不全面，从而导致不能有效地运用法律知识来解决存在的实际问题。加之群众的法律意识逐渐增强，对当前的镇、村干部的工作要求更高。为此动员和提倡采取多种形式进行学习。努力改掉服务跟不上的工作作风。建立制度，采取竞争上岗，实行优胜劣汰，把干部的执法水平与干部的工资挂钩，严格执行奖惩制度。

特此报告。

风田镇

2014 年 6 月 22 日

（注：本文摘自文秘网，http://www.wenmi114.com/wenmi/zongjie/gongzuohuibao/2007-02-07/2007020729100.html，内容略有改动。）

11. 请示

（1）请示的概念。

请示适用于向上级机关请求指示、批准。

（2）请示的分类。

根据行文的目的，可将请示分为指示性请示、批准性请示、批转性请示三类。

①指示性请示。常用于对涉及上级的指示、决定以及在施行有关政策、法令过程中，遇到一些不太清楚或需要变通执行的地方，请求上级机关给予明确的指示或做出相应的解释。

②批准性请示。它是指下级机关需要办理、解决而自己无法办理、解决的事项和问题，请求上级帮助解决所使用的请示。

③批转性请示。它是指职能部门就自己分管业务范围内出现的新情况、新问题所提出的解决办法和措施，因职权所限不能自行向有关地区、部门发出指令性文件，需请求上级

机关审定批准后转发有关方面执行时使用的请示。

（3）请示的特点。

①一文一事性。请示遵循一文一事原则，一份请示只能请求指示、批准一件事或解决一个问题。

②事前行文性。任何请示事项需在得到上级机关批准后才能付诸实施，不可“先斩后奏”或“边斩边奏”。

③请求批复性。请示行文的目的性非常明确，即要求上级机关对请示的事项做出明确的指示和批准，要用祈请的语气进行请求。

④行文单向性。请示只能是下级机关向上级机关行文，请示的问题是自己无权做出决定和处理的事情。

（4）请示的内容要素。

请示一般由标题、主送机关、正文、附件、发文机关、成文日期和附注构成。

①标题。请示的标题一般有两种构成形式：一种是“发文机关名称＋事由＋文种”的形式，如《××市人民政府关于××××的请示》；另一种是“事由＋文种”的形式，如《关于春节期间禁止燃放烟花爆竹的请示》。

②主送机关。请示的主送机关是负责受理和答复该文件的机关，只能是一个，即收文和办文的上级主管机关，不能多方请示。如果主送机关以外的上级也需要了解请示的内容，可用“抄送”形式在文后注明。

③正文。正文一般由开头、主体和结语构成。

开头：交代请示的缘由，它是请示事项能否成立的前提条件，也是上级机关批复的根据，原因讲得客观、具体，理由讲得合理、充分，上级机关才能及时决断，予以有针对性的批复。

主体：主要说明请示事项，向上级机关提出有关问题，要求上级指示或批准，有的要求提出解决问题的建议和意见，供上级机关参考。提出的请示，要符合有关方针、政策，要切实可行，不可自相矛盾。请示事项要写得具体、明确、条项清楚，以便上级机关给予明确批复。

结语：结尾写明请示要求，多用祈请式语句，如“当否，请批示”，“妥否，请批复”、“以上请示，请予审批”、“特此请示，望批复”、“以上意见如无不妥，请批转执行”等。

④附件。一般批转性请示要有附属材料，位置在正文隔一行、前空两格、署名左上方。

⑤发文机关。请示单位和日期应写在请示结语之下，在右下方署上请示单位名称，如标题已写明发文机关，正文右下方可不再署名。要加盖单位公章。

⑥成文日期。写明成文时间的年、月、日，要写规范的阿拉伯数字。

⑦附注。附注是指对正文的某些内容或有关事项、要求的注解与说明，如需要解释的名词术语，或者是公文发送范围和阅读、传达对象等。如有附注，应用3号仿宋体字，居左空二字加圆括号标注在成文时间下一行。请示文件，则应在该处注明联系人的姓名和电话。联系人一般以本机关经办处负责人为宜。

（5）写作要求及注意事项。

第一，请示必须遵循一文一事的原则，以便上级机关及时答复。

第二，请示必须事前行文，不可事后行文。

第三，必须按级请示，不能越级行文。如有特殊情况，需要越级请示，也应当抄送直属的上级机关。

第四，不能多头请示，不能主送领导者个人。

第五，用语要谦恭，通常用习惯用语作结。

（6）请示的例文。

关于调整五处乡镇土地利用总体规划的请示

南阳市地级市人民政府：

随着我市招商引资工作的深入发展，我市拟对北兴县市江门镇等五处乡镇土地利用总体规划进行局部调整，以适应新引进项目对建设用地的需求。

这次调整规划的原则是：北兴县规划建设用地指标不变，耕地占用指标不变，基本农田保护面积不变，土地利用分区面积不变，只对建设用地布局和土地利用分区布局作相应调整。规划调整详细情况见北兴县规划与国土资源局所做的说明。

当否，请批复。

附件：《北兴市江门镇土地利用总体规划图》（略）

北兴市人民镇政府

2014 年 9 月 8 日

（注：本文摘自范文网，http：//www. fwjia. com/2007/0116/7432. html，内容格式均有改动。）

12. 批复

（1）批复的概念。

批复适用于答复下级机关的请示事项。

（2）批复的分类。

根据内容、性质的不同，批复可分为审批性批复和指示性批复两种类型。

①审批性批复。主要是针对下级机关的批准性请示和批转性请示的公务事宜，经审核后所做的审批答复，如关于机构设置、人事安排、项目设立、资金划拨等事项的审批。

②指示性批复。主要是针对方针、政策性问题进行答复。这类批复，不只是对请示机关提出的请示事项的答复，而且批复的指示性内容，在其管辖范围内具有普遍的指导和规范作用。另外，授权政府职能部门发布或修改行政法规和规章的批复，也属于指示性批复。

（3）批复的特点。

①行文的被动性。批复依赖下级机关的请示而被动行文，任何批复都是针对请示做出的。

②内容的针对性。针对性体现在两个方面：一是批复内容必须紧扣请示的内容，请示什么事项就批复什么事项，批复的内容直接针对请示的内容；二是批复的主送机关是请示

的下级机关，即谁请示就给谁批复，涉及的有关单位必要时可抄送，但要有一定范围。

③效用的权威性。批复是上级机关领导意图和领导权威的具体体现，应当概括地说明方针、政策以及执行中的注意事项，对下级机关具有行政约束力。有了批复，下级机关就必须执行上级机关的批复意见。

④态度的明确性。批复的内容要具体明确，不能含糊其辞，不能模棱两可，要避免导致请示单位不知如何处理的情况。

（4）批复的内容要素。

批复一般由标题、主送机关、正文、附件、发文机关和成文日期构成。

①标题。批复的标题有多种构成形式：第一种是“发文机关名称＋事由＋文种”的形式，如《国务院关于同意辽宁省××××请示的批复》；第二种是“事由＋文种”的形式，如《关于解决城镇户口管理工作中几个问题的批复》。在标题下一般要标明发文字号。

②主送机关。批复的主送机关是指与此批复相对应的请示的来文机关。对于授权性的批复，主送机关应当是被授权发布施行行政法规和规章的下级机关。

③正文。主要说明批复事项。应当根据国家的方针、政策、法令、法规和实际情况，针对请示的内容给予明确的、肯定（或否定）的答复或具体的指示，一般不进行议论。也有的批复，在批复事项后面概括提出希望和要求，进一步强调批复的主旨。正文是批复的核心部分，内容比较单一，一般由引语、主体和结语三部分组成。

引语：批复的开头通常要引述下级机关的请示来文作为批复的依据，引述的方法有：结合请示的日期和文号引述，如“××××年××月××日××号来文收悉”；结合来文日期和来文名称引述，如“××××年××月××日《关于×××××的请示》收悉”；结合来文日期和请示事项引述，如“××××年××月××日关于×××××问题的请示收悉”。一般的批复依据要简明扼要，态度明确。

主体：说明批复的具体事项。应当根据国家的方针、政策、法令、法规和实际情况，针对下级机关请示的问题和事项给予明确具体的指示，表示肯定或否定的态度。一般用“经研究”、“经会议决定”、“现批复如下”作领起语，然后表述批复的事项。内容简单则直接阐述，内容较多要分条列项逐一写明。

结语：批复内容的收尾，常用“此复”、“特此批复”等专门用语作结束语，有时也可省略，答复完自然结束。

④附件。批复如有附属材料，在日期下方标明。

⑤发文机关。写明批复机关单位全称。标题中如果已包括发文机关，则正文右下方可省略。要加盖公章，以此作为下级机关执行的依据。

⑥成文日期。成文时间写明年、月、日，要用规范的阿拉伯数字。

（5）写作要求及注意事项。

第一，批复的态度要鲜明，语气要肯定。无论是审批性批复还是指示性批复，上级机关的态度要明朗，不能模棱两可，以免使下级机关无所遵循。

第二，要有指导性。批复只用于对有隶属关系的下级机关来文请示做出答复，由上级机关制发，约束下级机关的行动，具有一定的指导性和约束性。

第三，注意行文的针对性。下级机关请示什么事项，上级机关就应针对该事项所请示的问题表明肯定或否定的态度。

第四，批复要一文一批，不能几个请示合并批复，要做到言简意赅，庄重周严，以充分体现批复的权威性。

第五，时间要及时。批复是因下级机关的请示而行文，凡下级机关能够向上级机关行文请示的，说明事关重要，时间紧迫，急需得到上级机关的指示和帮助，所以上级机关应当及时批复，否则就会贻误工作，甚至会造成重大损失。

(6) 批复的例文。

××部关于职业病诊断与鉴定有关问题的批复

卫法监发〔2014〕173号

××省卫生厅：

你厅《关于贯彻职业病诊断与鉴定管理办法有关问题的请示》（×卫发〔2014〕14号）收悉，经研究，答复如下：

一、职业病诊断鉴定专家库成员应当具有职业病诊断资格。

二、申请开展职业病诊断的医疗卫生机构，应当具有“三名以上”与所申请的诊断项目相适应的有资格的诊断医师。职业病诊断机构组织开展诊断工作时，可以根据需要，聘请其他单位有资格的职业病诊断医师参与诊断，受聘的医师参与诊断结论的讨论，并在《职业病诊断证明书》上署名。

三、有关的“证书”等印刷品，由各省按照我部规定的统一格式自行印制。

四、我部目前正在研究制定职业病诊断医师的管理规定，有关职业病诊断医师管理的具体问题将在规定中予以明确。

此复。

××部

2014年8月2日

（注：本文摘自法律教育网，http://www.chinalawedu.com/news/1200/22598/22621/22909/2006/3/zh/20723834171360028128-0.htm，内容格式有改动。）

13. 议案

(1) 议案的概念。

议案适用于各级人民政府按照法律程序向同级人民代表大会或者人民代表大会常务委员会提请审议事项。

(2) 议案的分类。

议案这种公文比较特殊，根据提出方式，可分为由各级人民政府提出的提请审议事项的议案和由提案人（人民代表）提出的建议、批评和意见性的议案。

①由各级人民政府提出的提请审议事项的议案。按照我国《宪法》、《全国人民代表大会组织法》、《国务院组织法》、《地方各级人民代表大会和地方各级人民政府组织法》、《全国人民代表大会常务委员会议事规则》、《全国人民代表大会议事规则》等有关法律的规定，有权向全国人民代表大会提出议案的是：全国人民代表大会主席团、全国人民代表大会常务委员会、全国人民代表大会各专门委员会、国务院、中央军事委员会、最高人民

法院、最高人民检察院；有权向全国人民代表大会常务委员会提出议案的是：全国人民代表大会委员长会议、国务院、中央军事委员会、最高人民法院、最高人民检察院、全国人民代表大会专门委员会；有权向地方各级人民代表大会提出议案的是：地方各级人民代表大会主席团、常务委员会、各专门委员会、本级人民政府，以上均可向本级人民代表大会提出议案。

②由提案人（人民代表）提出的建议、批评和意见性的议案。这类议案有人数要求：全国人民代表大会30人以上的代表；全国人民代表大会常务委员会10人以上联名；地方各级（省、市、县）人民代表大会10人以上联名；乡镇的人民代表大会代表5人以上联名，均可向本级人民代表大会提出议案。

（3）议案的特点。

①作者的法定性。议案的作者只能是法定机关和符合法定人数的人民代表。政府机关的各个直属机构和工作部门以及其他组织或个人均无权提出议案，也不能使用议案这一文种。

②内容的特定性。要依照国家法律规定的职权范围行文。如果该事项的审议权属于同级人民代表大会及其常务委员会，则必须将其作为议案提出，如果该事项可在政府职权范围内处理，则不必提出议案。

③内容的单一性。一事一案，即一个议案只写一个内容。

④规定的时效性。议案必须在人民代表大会规定的时间内送交，否则不能列为议案。

⑤议案建议的可行性。所提议案要科学合理，有被政府采纳实施的可能性。

（4）议案的内容要素。

①各级人民政府提出的提请审议事项的议案一般由标题、主送机关、正文、附件、签署机关和签署日期构成。

标题：一种是“发文机关+内容+文种”，如《国务院关于提请审议〈中华人民共和国对外贸易法（修订草案）〉的议案》；第二种通常由“会议全称+‘议案’一词”组成，标明提议案人的身份和文体种类，如《第十届全国人大三次会议关于制定〈村民委员会议事规则（条例）〉的议案》。

主送机关：本级人大会议，一般为某次人大会议。

正文：由案由、案据、方案组成。案由是指提出该议案的理由，就是为什么要提出该议案及人大通过该议案的必要性；案据是指提出该议案的理论和事实根据，该议案的合理性、可行性等；方案就是议案必须要有解决问题的具体办法。具体方案是议案的核心内容，是要交付表决的内容。

附件：附属材料。有时这项省略。

签署机关：签署机关名称，要写全称。

签署日期：写明成文时间，使用规范的阿拉伯数字。

②提案人（人民代表）提出的议案一般由标题、署名、正文、签署人和签署日期构成。

标题：一般采用文章式标题，如《发展新型农村合作医疗，构建和谐社会主义新农村》。

署名：各代表一并署名在标题之下。

正文：一般由案由、案据、方案组成。案由是指提出该议案的理由，就是为什么要提出该议案及人大通过该议案的必要性；案据是指提出该议案的理论和事实根据，该议案的合理性、可行性等；方案就是议案必须要有解决问题的具体办法。具体方案是议案的核心内容，是要交付表决的内容。

签署人：略。

签署日期：写明成文具体时间，使用规范的阿拉伯数字。

（5）写作要求及注意事项。

第一，所提问题比较重要且已具备解决条件，人大会议审议的应当是全局性、影响大的事项，能议而不能决的不能提出。

第二，注意提出的权限和时限，在各级大会的审议权限范围内，在大会规定的截止日期前。

第三，要熟悉办理程序，以便操作顺畅。

（6）议案的例文。

关于加快社会信用体系配套法制建设的建议

全国人大代表　王凤英

概要："诚实守信"是中华民族的传统美德，也是西方社会现代契约文明的重要组成部分。而近年来，社会信用缺失的不和谐音却极大影响了我国社会经济发展，甚至影响着国家的对外形象和软实力。建议借鉴西方成熟的信用管理经验，结合我国国情进行创新，推进我国社会信用体系配套法制建设，建立完备的社会信用监管法律体系；增强法律对信用缺失行为惩处力度；明确各方监管责任，确保信用执法过程的公平公正；加强社会信用管理的创新建设，创造国家信用体系正常运转的法律环境。大幅提升个人和法人的失信违法成本，从根本上消除"不诚信有红利"的社会环境，使全社会（包括法人和个人）在各领域的行为回到诚实守信的正道上来，提升国家综合竞争力。

背景：信用制度体系建设落后于社会经济发展的需要。

随着社会经济的快速发展，社会信用体系建设备受重视。《中共中央关于完善社会主义市场经济体制若干问题的决定》提出要建立健全社会信用体系，形成以道德为支撑、产权为基础、法律为保障的社会信用制度，是建设现代市场体系的必要条件，也是规范市场经济秩序的治本之策。党的十八大报告提出，深入开展道德领域突出问题专项教育治理，加强政务诚信、商务诚信、社会诚信和司法公信建设。

2014 年 1 月 15 日，李克强总理主持召开国务院常务会议，部署加快建设社会信用体系、构筑诚实守信的经济社会环境。会议原则通过了《社会信用体系建设规划纲要（2014—2020 年）》，并要求，构建信息共享机制，在保护涉及公共安全、商业秘密、个人隐私等信用信息的基础上，依法使各类社会主体的信用状况透明、可核查，让失信行为无处藏身。

这些都为我们国家信用体系的建设打下良好的基础。但是随着中国经济的快速发展，我国的社会信用体系建设呈现一定的滞后性，缺少相应的法律保障。再加上国内信用监督机制不健全、失信成本过低等因素，社会信用缺失的状况屡有发生，如恶意拖欠和逃废银行债务、逃骗偷税、制假售假、非法集资等屡禁不止，已经成为阻碍市场经济体制完善、制约经济社会持续协调发展的重大问题。

由于历史条件和原有体制等因素的影响，我国的企业和个人缺乏信用意识与信用观念，社会信用体系的基础十分薄弱，建立和完善社会信用体系是一项艰巨的任务，还有很长的路要走。但我国经济持续健康发展的客观要求和国际竞争格局的变化，迫切要求我们必须从现在开始，加快信用体系建设。

问题：社会信用体系配套法制建设滞后导致信用监管成难题。

随着我国市场经济的发展和逐渐成熟，企业之间的信用交易已成为现代市场流通的基本特征之一，信用经济的雏形开始形成。社会对信用工具的需求越来越大。与此同时，各类信用交易规模迅速扩大，信贷消费和刷卡结算已成为消费人群的新时尚。然而，当前我国社会诚信缺失问题也日益突出，商业欺诈、制假售假、虚报冒领、恶意透支等现象时有发生，而这其中，重要的一环就是监管不力，为信用缺失泛滥打开了缺口。

1. 建设社会信用体系的相关立法不完善。为了加强社会信用体系建设，我国已出台不少相关法律法规，但仍存在立法不全问题，致使对不少信用缺失问题整治无法可依。由于相关的法律法规和失信惩罚机制不健全，使得很多企业对诚信经营的重要性认识不足，导致企业对产品质量把控不严、掺假造假行为、品牌信誉度低下、售后保障服务缺失等不良现象屡有发生。

另一方面，信用缺失的企业善钻法律漏洞，并且获取了短期的经济效益，给社会带来了极大的负面效应。例如，针对恶意欠薪问题，我们国家已有相关立法，但是对恶意欠债问题，至今没有引起法制部门的注意，致使恶意欠债问题十分严重。在立法不全方面还有，例如我国的《食品卫生法》不包括养殖过程、《产品质量法》不包括初级产品等。

2. 已有立法对信用缺失的惩罚力度不够。对信用缺失造成的问题本来应该给予严厉打击，目前我国在不少方面虽有立法，但惩罚力度明显不够。现有的诚实守信的法律法规不足以对社会或企业的各种失信行为形成强有力的法律约束，对一些失信案件的处理不能得到应有的经济和道德惩罚。

因此，守信者得不到有效激励，失信者得不到应有惩罚。企业进行信用风险管理得不到信息和服务的支持，信用风险无法有效地化解和转移。最终必然导致企业大量账款无法及时收回、坏账过高、拖欠成风和整个市场经济秩序严重紊乱。目前我国市场上出现的其他秩序混乱现象，如制假贩假、坑蒙拐骗、逃税骗税、走私骗汇等违法犯罪行为，归根到底也是对失信行为的法律惩处力度不够。

3. 社会信用体系法制建设中执法不严。改革开放30多年来，我国的法制建设取得长足发展，但执法与司法方面的问题仍然客观存在，成为导致我国现行法律信用缺失的重要原因。对社会信用缺失的惩罚，即使有的已经有立法，但在执行过程中执法不严现象十分突出。如在对很多地方偷偷排污、违法违规的污染企业的处理中，讲情的、找关系的、打招呼的等等各种现象都会出现，而在地方保护主义的庇护下，最终导致以情代法、以钱代法、以政代法、以言代法，使大事化小、小事化了，最后不了了之。

综上所述，目前社会信用体系配套法制建设的滞后，严重制约了信用交易规模的扩大和信用管理行业的发展，甚至影响了我国扩大内需和对外开放政策的执行，可以说，社会信用体系配套法制建设已到了迫在眉睫的地步。

目标：完善社会信用体系建设，提高社会经济运行效率。

1. 完备的法律法规和国家标准体系，是社会信用体系建设的保障，因此首要目标是建立完备的社会信用监管法律体系，避免惩处社会信用缺失现象时无法可依的尴尬现状。

2. 通过社会信用体系配套法制建设，对企业、个人失信行为进行明晰界定，同时明确监管责任，确保信用执法过程的公平公正。

3. 建立全国范围信贷征信机构与社会征信机构并存、服务各具特色的征信机构体系，最终形成体系完整、分工明确、运行高效、监管有力的社会信用体系基本框架和运行机制。

4. 加强配套法规建设只是完善社会信用体系的方法，最终目标则是通过法律层面的约束与道德层面的提倡，形成人人自律、人人守信的讲信用的社会风尚。

建议：建立完善的社会信用体系配套法制管理

在法律的重要作用日益凸显、法治已经成为当代社会主旋律的时代背景下，社会信用的维系和提升需要法律的保障。社会各领域信用的缺失与我国信用法制建设存在缺陷有着密切联系。古人说，治乱世，用重典。当前社会各领域的信用严重缺失，只有通过加强法制，才能得到根本有效的扭转。在此建议：

1. 建议全国人大制定《中华人民共和国信用管理法》，并以此为基础修订、完善相关的法律法规。市场经济是建立在法律基础上的信用经济，目前，针对个人、企业和政府信用的管理，全国人大和得到授权的政府机关出台过多部法律法规，但在这个法律体系中尚缺少一部基本法，使得法律体系不够严密，不同法规之间也有相悖之处，影响了信用法治社会建设。具体表现是，我国尚未制定一部专门针对个人信用的法律，也缺少针对企业信用的基本法律法规，以及针对政府信用的制度规范。

全国人大应根据在市场经济运行过程中暴露出来与信用有关的问题，对现有法律法规进行修改或调整。在相关诚信立法中要加大对违法违规行为的处罚力度，提高失信成本；同时，还应该增强法律的执行力，对失信企业能在最短的时间进行法律惩罚。只有这样，才能真正有效地打击心存侥幸的失信者。

2. 建立全国统一的征信系统和信用信息使用法律保障机制。建议政府以推进落实《社会信用体系建设规划纲要（2014—2020 年）》为契机，以社会成员信用信息的记录、整合和应用为重点，建设覆盖全社会的征信系统。目前我国除人民银行的征信系统外，工商部门这几年建立起来的企业经济户口信息库应当为建立企业社会信用提供了很好的基础数据库，可以考虑对企业的信用信息由专业化的独立的征信机构依法采集、调查、整理，并结合政府职能部门对企业动态监管的相关信息进行全面的整理评价，建立起企业社会信用数据库。

在建立征信系统、推动信用信息在全国范围互联互通的同时，应制定相应的法律来维护和使用数据库内的信用信息，为规范信息共享建立法律保障，充分发挥信用信息对失信行为的监督和约束作用。

3. 借鉴西方成熟的信用社会制度经验，结合中国实情适度创新，并制定具体的执行举措，从根本上消除“不诚信有红利”的社会环境。以1860年美国纽约布鲁克林成立第一家信用局为标志，西方国家建立信用制度已有150多年的历史，形成了较为完备的征信系统和信用体系，这其中也有较为成熟的社会信用法律制度与管理方式，自然可以为我国社会诚信建设所借鉴、批判和吸收，进行中国化的改造。

作为企业文化核心要素，“诚信”在长城汽车股份有限公司内得到贯彻推行，也成为“哈弗”品牌建设的重要支点。但有些企业并不注重诚信建设，失信行为非常常见。对于这种情况，欧美等国外发达国家会对有不良信用记录的企业设置信用警示，同时利用信用共享提高不良信用企业运营成本，即通过外部的强制性措施促使企业重视诚信建设，加强信用自律，奠定法制建设的自觉意识基础。

因此建议我国政府建立失信约束和惩罚机制，对社会信用体系加强法制监管。政府相关部门应大力监督对外公开的有关信用信息是否真实有效，保护公平公正，对失信违法的行为应严惩。在此背景下，通过推行社会信用管理法治模式，以加强社会征信立法与强化社会信用执法等方式来维系和保障社会信用，成为社会和谐发展的内在需要。

4. 大幅提升个人和法人的失信违法成本，使全民在各领域的行为回到诚实守信的正道上来。

首先，要建立“失信成本”远远高于“守信成本”惩治机制，通过增大失信行为的法律成本和经济成本，改变“可以从失信中获利”的惯性思维，将失信者淘汰出局或让失信者得不偿失。其次，国家职责部门应牵头搭建有权威性的信用曝光平台，注重消费者对企业的信用评价，弘扬宣传诚信企业，揭露失信企业。最后，加大对该类案件宣传力度，通过对失信行为的揭露、传播、预警，让失信者付出沉重代价，让守信者获益，在社会上营造守信光荣、失信可耻的舆论氛围。

5. 建议政府进一步加强政务诚信建设，不断提高领导水平。按主体不同，社会诚信可分为政务诚信、商务诚信、个人诚信三部分，其中政务诚信在社会信用体系中处于核心地位。这是因为政府不仅是社会信用制度的制定者、执行者和维护者，也是公共信用的示范者。如果政府不讲诚信，企业诚信就难以做到，个人诚信就更无从谈起。通过加强政务诚信建设，不断提高领导水平，并以此推动企业建立和完善内部信用管理体系，并以诚信经营作为企业文化的基础组成成分，切实提升企业和个人的信用能力，完善社会诚信建设。

6. 建议国家加强社会诚信建设，培育信用文化和信用道德。法律制度和道德是相互依存，相互促进的。国家在建设社会信用的法律体系的同时，还应该加强社会信用的道德建设，将诚信视为社会和谐稳定的基础条件之一，在全社会大力倡导诚信为本、操守为重，加强诚信法制建设，加大对失信行为惩戒力度，广泛形成守信光荣、失信可耻的氛围。

（注：本文摘自人民网，http：//auto. people. com. cn/n/2014/0306/c-1005-24542662. html，内容格式有改动。）

14. 函

（1）函的概念。

函适用于不相隶属机关之间商洽工作、询问和答复问题、请求批准和答复审批事项。

函的内容大多简明直接，形式短小精悍，行文灵活多样。函作为公文中唯一的一个平行文种，其适用的范围相当广泛。在行文方向上，不仅可以在平行机关之间行文，也可以在不相隶属的机关之间行文，还可以向上级机关或者下级机关行文。在适用内容方面，它除了主要用于不相隶属机关之间相互商洽工作外，也可以向有关主管部门请求批准事项、向上级机关询问具体事项，还可以用于上级机关答复下级机关的询问或请求批准事项，以及上级机关催办的有关事宜，如要求下级机关函报报表、材料、统计数字等。

（2）函的分类。

按照内容的不同，函可分为商洽函、问答函、请批函、告知函等。

①商洽函。商洽函用于平行机关或不相隶属机关之间商洽工作，如联系参观、培训、学习、业务指导、请求帮助支持、干部人事调动等。

②问答函。问答函是询问函和答复函的合称。问答函用于机关或部门之间相互询问和答复问题。有不明确的问题向有关机关和部门询问，用询问函；回答对方询问事项则用答复函。询问函不包括以商洽工作、请求主管部门批准为主而附带有要求回答的函，否则，答复函与商洽函、请批函就会混淆。另外，下级机关答复上级机关的询问，如涉及的内容重大，应以“报告”行文，不能用“函”。

③请批函。请批函用于向平行或不相隶属机关的有关主管部门请求批准事项。

④告知函。告知函亦即通报函，是将某一活动或事项告知对方。这种函类似于知照性通知，由于没有隶属关系，用“通知”不妥，所以宜用“函”。告知函不要求对方回复。

（3）函的特点。

①使用的广泛性。函的使用不受级别高低、单位大小的限制，收发函件的单位均以比较平等的身份进行联系。上至国务院，下至基层组织、企事业单位、社会团体都广泛地使用函。

②行文的多向性。函可以上行，也可以下行，但大多数函只作平行文使用。

③用语的谦敬性。不论什么类型的函，用语都要注重谦恭有礼，尊重对方，力求得到对方更多的理解和支持。函是最注重使用文言词汇的公文，也是公文中最富有文学性的文种。

（4）函的内容要素。

由于函的类别较多，从制作格式到内容表述均有一定的机动灵活性。下面主要介绍规范性公函的结构、内容和写法。

公函一般由标题、主送机关、正文、发函机关名称和成文日期构成。

①标题。标题一般有两种形式，一种是“发函机关名称＋事由＋文种”的形式，如《辽宁省办公厅关于××质量问题的函》；另一种是“事由＋文种”的形式，如《关于××进口问题的函》。正式的函，要标注发文字号。

②主送机关。主送机关即受文并办理来函事项的机关单位，于文首顶格写明全称或者规范化简称，其后用冒号。

主送机关只能写一个，即请求给予答复或批准的机关。

③正文。一般由开头、主体、结尾构成。

开头：主要写明发函的缘由。一般要求概括交代发函的目的、根据、原因等内容，然后用“现将有关问题说明如下”、“现将有关事项函复如下”等承启语转入下文。如果是复函，缘由部分一般首先引叙来函的日期、标题、发文字号，然后再交代内容根据，用以说明复函发文的缘由。

主体：这是函的核心部分，主要写明询问、商洽、请求或答复的事项。一般情况下，函的事项部分内容单一，即一函一事，行文要直陈其事，无论是洽谈工作、询问或答复问题，还是向有关主管部门请求批准事项等，都要用简洁得体的语言把需要告知对方的问题、意见叙写清楚。如果是复函，还要注意答复事项的针对性和明确性。

结尾：一般用礼仪性语言，向对方提出希望和请对方协助解决某一问题，或请对方及时复函，或请对方提出意见，或请主管部门批准等。发函用“盼复”、“即请函复”，复函用“此复”“特此函复”等。有的函也可以不用结束语，如便函，则可以像普通信件一样，使用“此致”、“敬礼”。

④发函机关名称。写明发函机关单位全称，并加盖公章。

⑤成文日期。写明成文时间，使用规范的阿拉伯数字。

（5）写作要求及注意事项。

第一，行文简洁明确。拟写函，文字应简短明快，表述要具体明确。

第二，用语要把握分寸。无论是平行机关或者是不相隶属机关的行文，都要注意语气平和有礼，不要仗势压人或强人所难，也不必逢迎恭维、曲意客套。至于复函，则要注意行文的针对性，答复的明确性。

第三，函有时效性的问题，特别是复函应该迅速、及时。像对待其他公文一样，要及时处理函件，以保证公务活动的正常进行。

第四，注意公函和私函的区别。公函谈公务，主要内容常用标题揭示；而一般私函谈的是个人私事，无标题。

第五，注意批复和复函的区别。

行文关系不同。批复是上级机关向下级机关答复用文，属于下行文。复函一般是向不相隶属机关答复用文，属于平行文。

行文内容有差异。批复大多是对重大原则和政策性问题做出批示、答复。复函多用于对一般事项的回复。

第六，要注意请批函与请示的区别。请批函与请示都有“请求批准”的意愿，但二者适用对象不同。请示的适用对象是有隶属关系的直接上级，属上行文。请批函的适用对象是无隶属关系的主管或有关部门，属平行文。所谓有关部门，指对请批的事项有决定权和批准权的部门。

（6）函的例文。

2014年夏季人才交流大会邀请函

为进一步实施人才强市战略，更好地发挥人才市场配置人才资源的主渠道作用，满足我市企事业单位对人才的需求，镇江市人力资源和社会保障局定于2014年7月12日（周六）在苏南人力资源市场举办“镇江市2014年夏季人才交流大会”。现将有关事项通知如下：

一、主办单位：镇江市人力资源和社会保障局

二、承办单位：镇江市人才服务中心、苏南人力资源市场

三、时间地点

时间：2014年7月12日（周六）8：30—12：00

地点：江苏省苏南人力资源市场（镇江市运河路100号）

四、媒体支持：《京江晚报》、《镇江日报》、《镇江壹周》、人才在线（www. hrol. cn）

五、参会对象及规模

参会对象：主要包括2014年应届优秀毕业生和社会各类在职人才。

大会规模：拟设展位130个。

六、参会办法

用人单位凭组织机构代码证、营业执照副本（或相关成立的批复、文件）的复印件及加盖单位印章的人才需求信息表（附件），向镇江市人才服务中心预约展位，并可通过登陆镇江人才在线（www. hrol. cn）进行网上预订。为充分保证用人单位招聘信息的发布效果，企业报名截止日期为2014年7月9日，展位有限，额满即止。

七、收费标准

（一）每个展位费用400元（含信息费），所有用人单位需在2014年7月11日前将展位费缴纳至镇江市人才服务中心（用人单位可汇款、网上支付，汇款或支付后请致电确认）。

（二）为了给用人单位提供宣传自身形象的机会，本次大会诚征大会独家冠名单位。

八、提供服务

（一）在镇江市人力资源和社会保障局网、江苏人事人才公共服务网、镇江新闻网及镇江高校网站发布单位需求信息；

（二）为每个招聘单位提供两份午餐、两瓶矿泉水。

九、联系方式

咨询电话：0511－8441×××××、8440××××

联系人：陈××、葛×

传真：0511－8441××××

预定地址：苏南人力资源市场2楼大厅（4、6号柜台）

网址：http：//www. hrol. cn

账户信息：

户名：镇江人才市场　开户行：江苏银行镇江××支行

账号：7013018845004××××

镇江市人才服务中心

2014年6月25日

（注：本文摘自镇江人才在线，http：//www. hrol. cn/zhicheng/zhicheng-show. php?id＝16&cid＝1007&type_id＝94，内容格式有改动。）

15. 纪要

(1) 纪要的概念。

纪要适用于记载会议主要情况和议定事项，实际上就是会议纪要，本节内容均以会议纪要为例。

会议纪要是根据会议的主要精神及会议的原始记录整理而成的。会议纪要具有高度概括性，可以作为一种历史凭证，供有关人员查阅；可以上呈下达；可以根据纪要精神要求下级机关贯彻执行；可以作为文件向上级机关报告，让上级机关了解下属单位的工作情况。有的纪要还可以在媒体上公开发表。

(2) 纪要的分类。

根据会议类型的不同，会议纪要可分为工作会议纪要、研讨与座谈会议纪要两种类型。

①工作会议纪要。可以分为专题工作会议纪要和例行办公会议纪要。专题工作会议是为了解决或协调工作中的某些实际问题而召开的会议，记载这种会议的讨论情况和议定事项的文字材料，就是专题工作会议纪要。这种会议纪要约束性很强，具有明确的指示性。例行办公会议纪要是根据机关研究日常工作、日常事务的会议拟写的，由于定时办公，会议内容较复杂，在形成纪要时要把做出的决定和决议，按重要程度逐项或分若干部分进行概述。工作会议纪要约束性很强，具有明确的指示性。

②研讨与座谈会议纪要。侧重于研究讨论、汇集情况、交流经验，带有研究探索的性质。学术性会议用得最多，带有较强的专门性、专题性。纪要除表明发言人的姓名、身份或职务外，还要对会议的结论加以阐述，具有一定的说理性。

(3) 纪要的特点。

①内容的纪实性。会议纪要要如实反映会议内容，人为拔高就会失去其内容的客观真实性，违反纪实的要求。

②内容的概括性。会议纪要必须围绕会议主旨及主要成果来整理、提炼和概括，以简洁精练的文字高度概括会议的内容和结论。既要反映与会者的一致意见，又可兼顾个别同志有价值的看法。某些会议纪要，还要有一定的分析说理。

③称谓的特殊性。会议纪要一般采用第三人称写法。由于会议纪要反映的是与会人员的集体意志和意向，常以“会议”作为表述主体，“会议认为”、“会议指出”、“会议决定”、“会议要求”、“会议号召”等就是称谓特殊性的表现。

(4) 纪要的内容要素。

会议纪要一般由标题、正文、发文机关、成文日期和抄送范围构成。其各部分的写作要求如下：

①标题。会议纪要的标题通常由“会议名称＋文种”构成，如《沈阳市××现场经验交流会纪要》、《城市经济体制改革试点工作座谈会议纪要》等；也有的由“发文机关＋会议名称＋文种”构成，如《××集团公司提高销售额度会议纪要》、《省经贸委关于企业扭亏为盈会议纪要》等。

②正文。会议纪要正文由导言、主体和结尾构成。

导言：导言概括交代会议的名称、时间、地点、主持人、参加人员、主要议程、会议形式、会议议题以及会议的主要成果，然后用“现将本次会议研究的几个问题纪要如下”或“现将会议主要精神纪要如下”等语句转入下文。这项内容主要用以简述会议的基本概况，文字必须十分简练。

主体：主体是会议纪要的核心内容，包括会议所讨论、研究的问题，对过去工作的评价及会议所做出的决定。主体主要记载会议具体情况和会议结果，写作时要紧紧围绕中心议题，把会议的基本精神、会议形成的决定、决议准确地表达清楚，对有争议的问题和不同意见，必须如实反映。在主体部分，通常使用“会议指出”、“会议认为”、“会议经过充分商议，作如下决定”等惯用语。

不同类型的会议纪要，主体部分在写法上各有不同。

综合式会议纪要，将会议讨论、研究的问题综合概括起来。这种方法适用于所讨论、研究的问题比较集中，看法比较统一，参加人数不多的中小型会议。主体内容则侧重于突显会议的指导思想，全面介绍会议的基本情况。

条款式会议纪要，把会议所讨论、研究的问题进行分类，将同一性质的问题归纳在一起，然后列出条款进行一一阐述。这种写法适用于大型会议，这类会议参加人数较多，讨论、研究问题比较复杂，运用这种方法易于写出比较全面的会议纪要。

记录式会议纪要，按顺序把每个人发言的主要内容记录下来，与会议记录很相似，优点是及时、真实地反映发言者的意见及会议进程，缺点是系统性不强。

这三种形式，都抓住了会议纪要的特点，即从“要”字上做文章，简明扼要，在原始记录的基础上，选取精华，加以归纳总结，使会议的主要精神充分地体现在纪要中，让人看后一目了然。

结尾：一般是向受文单位提出希望和要求，以便让有关机关、单位更好地贯彻执行。有的会议纪要则没有这部分，主体内容写完，全文即告结束，要视具体情况而定。

③发文机关。发文机关署名只用于办公会议纪要，要写明召开会议的机关单位名称。一般会议纪要则不需要署名，不加盖公章。

④成文日期。在署名之后写上日期，一般是会议通过的时间或领导人签发的时间，使用阿拉伯数字拟写年、月、日。如果标题下居中位置已标明，此处可省略。

⑤抄送范围。有的会议纪要还有抄送范围，就是说，如果会议纪要作为公文发布或上呈下达，务必按党政机关公文的格式要求注明抄送范围。

（5）写作要求及注意事项。

第一，详尽占有材料。为使会议纪要能忠实反映发言者的本意，拟写者应该自始至终参加或列席会议，以便掌握会议的全部情况。同时拟写者应该全面搜集会议的各种文件资料，以便使会议纪要的内容更加完整、准确。

第二，要突出重点。会议纪要不是对会议所有情况有闻必录，而是就会议的重要情况和研究解决的重大问题、决策意见，摘其要点进行整理，概括出会议的主要精神。概括要全面，要如实反映会议内容。不得随意取舍，不得以偏概全，不能是自己赞同的就多写，不赞同的就略写或不写。表述要做到重点突出，条理清晰，文字简练，不要写成流水账。

第三，要一并报送。会议纪要报送上级时，会议主办单位需另拟一份报送报告，与会议纪要一并报上。

第四，注意与会议记录的差别。会议纪要以会议记录为基础和依据，表现会议的主要内容。会议记录则是如实记录。另外会议记录只作为机关单位内部存查使用的文书，不对外公布，会议纪要则在一定范围内公布传达，作为正式行政公文使用。

（6）纪要的例文。

江西××中机有限公司工作会议纪要

一、会议主持人

姜×

二、参会人员

邱××、周××、李××、熊××、周××、程××、郎××、黄××、季××、罗××、肖××等部门负责人及市场、销售、服务部员工（出差人员除外）

三、会议地点

办公楼第一会议室

四、会议时间

2014年2月6日上午9：00

五、会议内容纪要

（一）广州动车不落轮车床招标事件通报

2013年末，公司在广州动车不落轮车床招标工作中出现重大失误，造成设备竞标工作被动局面，这是由于市场部员工齐亮、部门经理熊建春工作失职、工作粗心造成的，对这起严重的工作事故公司将做出严肃的处理。今后决不允许再出现类似事件发生。市场存在严重的管理问题：部门经理没有市场嗅觉敏感，对市场营销工作和形势缺乏清醒的认识和思考，对市场销售工作没有意见、建议和想法，日常管理粗放。部分员工缺乏主动工作精神，缺乏钻劲，缺乏与客户打成一片、交真正朋友、好朋友的意识，工作依赖他人、依赖领导现象严重。

为此要求：

1. 我们的大堤别人在挖洞，为了不让自己的堤坝毁于一旦，我们要有高度的警觉性，市场、销售、服务及安装调试人员，从用户那听到、看到的信息，都要求在第一时间内向部门或姜总报告，因为这些信息，对公司市场营销非常重要。

2. 亡羊补牢，为时不晚。现各部门工作都要围绕市场营销、服务工作来开展，服务工作在任何时候都要排在第一位，要大牌的人员，公司坚决不留情，对用户的要求，公司全体员工要在第一时间内给予积极响应和回复，不能因我们的失误造成问题的出现。市场、销售人员要在用户地树几个铁哥们，和他们建立起血浓于水的关系，要建立这种关系，重要的是要花时间，对客户的要求一定满足。

3. 动车市场对公司来说非常重要，一旦动车市场缺口被其他设备制造厂打开，对公司来说就是一个大的悲剧和灾难，最终导致的就是价格战。所以我们要牢牢守住这块市场，一个订单也不能丢。另外，对市场营销中遇到的不正常事件，要多问几个为什么，不要轻易相信。

4. 年后，公司中层以上干部及市场销售人员（包括内勤人员）每天晚半个小时下班，综合管理部要做好考勤。

5. 对外打交道，要多长个心眼，奇怪、不正常的事情要多核实，市场竞争中什么手段都会使出来，不要轻易相信。

6. 市场、销售、服务部人员，下午要开会，回顾以前的工作，采取措施，有洞补洞，无洞加固，会议内容要向姜总汇报。服务队伍要以老带新，加强监督管理，部门管理者要想想带好服务队伍的办法。

（二）生产进度和工作要求

设计开发部：

8011C、8011D、2087 机床图纸本月底发放，设计人员加班加点完成设计和图纸审核发放工作。

制造部：

1. 西安东的 2051E 机床床身在常州加工，2 月 15 日完成。要做好现场服务工作，各部门要全力以赴，确保进度。

2. 南昌机务 2077A 整改的零件比较多，上托装置下星期可以完成。活动导轨要在 3 月份完成。

3. 8011D 要求 5 月份入库，但图纸还没有下发。

4. 今年投产的不落轮车床已在按计划进行生产。

5. 大修的 1832 床身已转南京去磨，其中一块镶钢钢板加工完成后要安排人员到南京安装。

6. 2060C 夹具体要等扬州的床身来后刮研，再进行后续工序的加工。

质量部：

1. 做好外检、内检工作，主动出击，做好质检跟踪工作。

2. 制造、装配过程中出现的质量问题，要及时汇报、通报，否则就是失职。

装配部：

1. 现场安装。西宁的已装完，正在进行调试，2077 第八台已进行精调，乌鲁木齐市的双机已立起，第九台 2077 已铺装。

2. 今后的装配工作中，装配部人员要仔细仔细再仔细，加强培训，要在措施上多想办法；要建立装配组长责任制，关键部件要互检。

3. 液压油要采购正规厂家的，机床液压油要用过滤网（强制执行，违者重处）。

服务部：

工作重点：找差距，与用户沟通好，春节期间，已安排部分人员出差，服务无止境，人员要到位，去年招的人员要尽快充实到服务部。

销售部、市场部：

采取措施，做好销售工作，增强风险意识。

（三）姜总要求

1. 要守住动车不落轮车床的市场，这是个战略问题，全体员工要振作起来，认真做好每一件事，要团结协作，全公司像一盘棋，说到做到。

2. 市场部一定要将广州、贵阳订单承接的事做好。

3. 服务部要做好方方面面的工作，提出措施，落实责任人。

4. 新年里公司将举全公司之力，做好市场营销工作，通过努力，不存在纰漏。

5. 各部门经理要加强执行力，要说到做到、实实在在。

江西××中机有限公司

2014 年 2 月 6 日

（注：本文摘自百度文库，http：//wenku.？ url = b8p3erm5nIOCYI9x-mR，内容略有改动。）

（二）党政机关公文的审核与签发

根据《党政机关公文处理工作条例》规定，公文拟制的第二、三个环节为审核与签发。

1. 党政机关公文的审核

《条例》第二十条、二十一条规定，公文文稿签发前，应当由发文机关办公厅（室）进行审核。审核的重点是：

行文理由是否充分，行文依据是否准确；内容是否符合党的理论路线方针政策和国家法律法规；是否完整准确地体现出发文机关的意图；是否同现行有关公文相衔接；所提政策措施和办法是否切实可行；涉及有关地区或者部门职权范围内的事项是否经过充分协商并达成一致意见；文种是否正确，格式是否规范；人名、地名、时间、数字、段落顺序、引文等是否准确；文字、数字、计量单位和标点符号等用法是否规范；其他内容是否符合公文起草的有关要求。

需要发文机关审议的重要公文文稿，审议前由发文机关办公厅（室）进行初核。经审核不宜发文的公文文稿，应当退回起草单位并说明理由；符合发文条件但内容需作进一步研究和修改的，由起草单位修改后重新报送。

2. 党政机关公文的签发

《条例》第二十二条规定，公文应当经本机关负责人审批签发。重要公文和上行文由机关主要负责人签发。党委、政府的办公厅（室）根据党委、政府授权制发的公文，由受权机关主要负责人签发或者按照有关规定签发。签发人签发公文，应当签署意见、姓名和完整日期；圈阅或者签名的，视为同意。联合发文由所有联署机关的负责人会签。

第二节　党政机关公文办理

一、党政机关公文办理的概念

党政机关公文办理指党政机关公文在党政机关内部从形成到运转处理所必须经过的一系列相互关联、衔接有序的工作环节。

二、党政机关公文办理程序

公文办理程序包括收文办理、发文办理和整理归档。

（一）收文办理

收文办理的程序是：签收→登记→初审→承办→传阅→催办→答复。

签收。对收到的公文应当逐件清点，核对无误后签字或者盖章，并注明签收时间。

登记。对公文的主要信息和办理情况应当详细记载。

初审。对收到的公文应当进行初审。初审的重点是：是否应当由本机关办理，是否符合行文规则，文种、格式是否符合要求，涉及其他地区或者部门职权范围内的事项是否已经协商、会签，是否符合公文起草的其他要求。经初审不符合规定的公文，应当及时退回来文单位并说明理由。

承办。阅知性公文应当根据公文内容、要求和工作需要确定范围后分送。批办性公文应当提出拟办意见报送本机关负责人批示或者转有关部门办理；需要两个以上部门办理的，应当明确主办部门。紧急公文应当明确办理时限。承办部门对交办的公文应当及时办理，有明确办理时限要求的应当在规定时限内办理完毕。

传阅。根据领导批示和工作需要将公文及时送传阅对象阅知或者批示。办理公文传阅应当随时掌握公文去向，不得漏传、误传、延误。

催办。及时了解掌握公文的办理进展情况，督促承办部门按期办结。紧急公文或者重要公文应当由专人负责催办。

答复。公文的办理结果应当及时答复来文单位，并根据需要告知相关单位。

（二）发文办理

发文办理主要程序是：复核→登记→印制→核发。

复核。已经由发文机关负责人签批的公文，印发前应当对公文的审批手续、内容、文种、格式等进行复核；需作实质性修改的，应当报原签批人复审。

登记。对复核后的公文，应当确定发文字号、分送范围和印制份数并详细记载。

印制。公文印制必须确保质量和时效。涉密公文应当在符合保密要求的场所印制。

核发。公文印制完毕，应当对公文的文字、格式和印刷质量进行检查后分发。

（三）整理归档

涉密公文应当通过机要交通、邮政机要通信、城市机要文件交换站或者收发件机关机要收发人员进行传递，通过密码电报或者符合国家保密规定的计算机信息系统进行传输。

需要归档的公文及有关材料，应当根据有关档案法律法规以及机关档案管理规定，及时收集齐全、整理归档。两个以上机关联合办理的公文，原件由主办机关归档，相关机关保存复制件。机关负责人兼任其他机关职务的，在履行所兼职务过程中形成的公文，由其兼职机关归档。

第三节　党政机关公文管理

《党政机关公文处理工作条例》规定：

一、各级党政机关应当建立健全本机关公文管理制度，确保管理严格规范，充分发挥公文效用。

二、党政机关公文由文秘部门或者专人统一管理。设立党委（党组）的县级以上单位应当建立机要保密室和机要阅文室，并按照有关保密规定配备工作人员和必要的安全保密设施设备。

三、公文确定密级前，应当按照拟定的密级先行采取保密措施。确定密级后，应当按照所定密级严格管理。绝密级公文应当由专人管理。

公文的密级需要变更或者解除的，由原确定密级的机关或者其上级机关决定。

四、公文的印发传达范围应当按照发文机关的要求执行；需要变更的，应当经发文机关批准。

涉密公文公开发布前应当履行解密程序。公开发布的时间、形式和渠道，由发文机关确定。

经批准公开发布的公文，同发文机关正式印发的公文具有同等效力。

五、复制、汇编机密级、秘密级公文，应当符合有关规定并经本机关负责人批准。绝密级公文一般不得复制、汇编，确有工作需要的，应当经发文机关或者其上级机关批准。复制、汇编的公文视同原件管理。

复制件应当加盖复制机关戳记。翻印件应当注明翻印的机关名称、日期。汇编本的密级按照编入公文的最高密级标注。

六、公文的撤销和废止，由发文机关、上级机关或者权力机关根据职权范围和有关法律法规决定。公文被撤销的，视为自始无效；公文被废止的，视为自废止之日起失效。

七、涉密公文应当按照发文机关的要求和有关规定进行清退或者销毁。

八、不具备归档和保存价值的公文，经批准后可以销毁。销毁涉密公文必须严格按照有关规定履行审批登记手续，确保不丢失、不漏销。个人不得私自销毁、留存涉密公文。

九、机关合并时，全部公文应当随之合并管理；机关撤销时，需要归档的公文经整理后按照有关规定移交档案管理部门。

工作人员离岗离职时，所在机关应当督促其将暂存、借用的公文按照有关规定移交、清退。

十、新设立的机关应当向本级党委、政府的办公厅（室）提出发文立户申请。经审查符合条件的，列为发文单位，机关合并或者撤销时，相应进行调整。

第八章　秘书工作的办公自动化

第一节　办公自动化工作

科学技术的发展和社会的进步，先进办公设备的使用，极大地提高了秘书的工作效率，也更好地实现了其为领导服务的目的。

一、办公自动化概述

（一）办公自动化

1. 办公自动化的概念

办公自动化是利用先进的科学技术，使人的办公业务活动物化于人以外的各种设备中，并由这些设备与办公室工作人员构成服务于某种目标的人、机、信息处理系统。办公自动化正在改变着过去复杂、低效的手工办公方式，提高了工作质量与效率。

办公自动化的关键要素是：办公人员、办公活动、科学技术、办公设备、人机处理系统、质量与效率。

办公自动化产生于20世纪上半叶的美国。当初，美国有些企业尝试着使用机器来处理办公室的具体业务，办公效率因此大大提高。当时人们将这种手段称为“办公室自动化”，英文写作 Office Automation，简称 OA。如今，随着全球经济、技术，特别是计算机科学和信息科学的飞速发展，办公自动化远远超出了狭义的办公室范围，实现了更广阔的“办公室自动化”。

我国办公自动化发展较晚，自 20 世纪下半叶至今，大致经历了三个阶段：第一个阶段的主要标志是办公过程中使用了现代化办公设备，如电话、复印机等；第二个阶段的主要标志是办公过程中增加了电脑、打印机和传真机，通过电脑和打印机进行文字处理、表格处理，通过传真发送文件等；第三个阶段的主要标志是办公过程中除了使用现代化办公设备外，网络技术也普遍使用，此时的办公设备的功能比起前两个阶段已经得到很大提升。今天的办公自动化已是一个包括文字处理系统、办公事务处理系统、数据处理系统、管理信息系统和决策支持系统在内的综合一体化的办公自动化系统。

2. 办公自动化的核心技术

办公自动化是一个发展着的动态概念。显而易见，如今的办公自动化已经不是 20 世纪美国“使用机器”、处理“办公室事务”的偏狭概念了，而是以计算机技术、数据库技术、通信技术、网络技术为核心的支撑平台。当今的网络平台实现了真正的资源共享，人们可以在任何地方，访问、查询或使用网络上的庞大信息资源，在提高办公质量、效率的同时，可以尽情地享用着办公自动化发展带来的方便快捷的工作方式。

（二）办公自动化的功能

实现办公自动化的目的要视其总体办公活动目标而定，还要根据不同的技术要求配置相应的设备和软件。办公自动化是一项通用的综合性技术，在办公领域的应用中，其可靠、规范和快速的优点，让用户受益匪浅，现已广泛应用于国家党政机关、企事业单位和社会团体等诸多办公领域。

1. 办公自动化的功能

办公自动化的强大功能在于实现办公过程自动化、信息获取快速化、数据处理分析智能化、数据传输网络化、资源利用共享化、办公业务流程规范化、辅助决策科学化、信息发布迅速化。

2. 办公自动化的应用业务范围

（1）文字处理。办公业务中大量的工作是文字处理，包括对文字识别、编辑、排版、存储、打印等。

（2）数据处理。对数据的采集、存储、检索、加工、变换和传输等。

（3）资料处理。包括对各种文档资料进行分类、登记、索引、转存、查询和检索等。

（4）行政事务处理。包括管理日常办公杂务、人力资源、工资、财务、基建和办公用品等。

（5）表格、图形、图像处理。包括对表格、图形和图像的输入、编辑、存储、检索、识别和输出等。

（6）语音处理。包括实现语音的输入、存储和输出、语音识别与合成以及语音与文字之间的转换等功能。

（7）网络通信处理。沟通系统内部各部门之间、系统与外部的联系，实现信息交流，使办公人员更有效地共享办公自动化系统的资源。

（8）信息管理。包括对信息搜索、查询、输入、储存、加工、整合、保护、传播、发布和监控等。

（9）辅助决策管理。具有在对大量信息进行分析的基础上，分析制订出各种优化解决方案提供给决策者的功能。

（10）建立中枢神经系统。集文字、数据、声音、图像等多种信息为一体，构建公文管理、决策分析系统等办公业务为一体的中枢神经系统。

（三）办公自动化系统的构成要素

办公自动化系统是由计算机、通信网络、办公设备以及相应的软件所组成的人机信息处理系统，并将“计算机技术”、“机械技术”、“电子技术”与“人智技术”的紧密结合。

办公自动化是多技术、多学科的综合应用。它以先进的科学技术为基础，涉及行为科学、管理科学、社会科学、信息科学、系统工程以及人机工程学等，并直接利用了计算机技术、通信技术、自动化技术，它是在计算机、网络、办公设备及应用软件较普遍应用，办公业务比较繁忙的情形下产生效用的。

办公自动化意味着对包括语音、数据、图像、文字在内的信息的一体化处理，它必须借助有机组合起来的各种办公设备，以使办公活动具有综合处理的功能。

办公自动化是一个“人、机与信息”一体化的处理系统。办公自动化综合体现了人、设备、信息资源三者的关系。人是加工信息过程的策划者、使用者和决策者，设备是加工的工具，信息是加工的对象。首先，办公自动化是一种信息处理系统，办公自动化的基本环节是包括声音、文字、数据、图像等在内的信息的采集、信息的加工、信息的传输和存储；其次，办公自动化是一个“人、机”处理系统，任何信息处理系统都是为人服务的，由人判断情况并调用设备，由人干预系统的运行，选择所需要的结果，最终将其转化为行动。

办公自动化是人们为了产生更高价值的行动目标而采取的一种辅助功能手段。办公自动化程度高低的评判标准最终以工作效率和质量来判断。

（四）办公自动化的特点

集成化。软硬件及网络的集成，人与系统的集成，单一办公系统同社会公众信息系统的集成，由此组成“无缝集成”的开放式系统。

智能化。面向日常办公事务处理，辅助人们完成智能性劳动，如对公文内容的理解和深层处理、辅助决策等。

多媒体化。包括对数字、文字、图像、声音和动画的综合处理。

电子数据互换化。通过网络在计算机间进行交换和自动化处理。

二、秘书人员的办公自动化能力要求

（一）秘书人员的办公自动化的概念

秘书人员的办公自动化指秘书人员在办公活动中，利用先进的科学技术，构成一个服务于办公业务的“人、机”处理系统，通过使用机器设备和先进的技术，利用信息资源进行办公事务的处理，从而提高办公效率和质量水平。

精通办公业务、熟悉办公程序、遵循办公规范、懂得辅助管理、具备科技意识和设备操作能力是对秘书人员的办公自动化业务素质的基本要求。

（二）秘书人员的办公自动化能力要求

办公自动化对秘书人员素质的要求也会随着时代的发展、科技的进步而变化，不同层次的办公自动化系统对人员的要求也不同。20 世纪的办公自动化是个体工作的自动化，并没有要求所有的秘书人员都要掌握计算机、网络和办公设备的操作技能，而 21 世纪的今天，只掌握简单的办公设备操作已远远不够了，对于习惯于传统办公方式的秘书人员来说，突然转变成基于计算机与通信化的电子办公，还需要相当强的适应能力和基本知识与技能，这包括对整个办公自动化系统的认知和使用，好在“人”是生产力要素中最活跃、最有灵性的因素，能经过培训和自我学习培养适应办公自动化的必备能力。具体包括：

1. 计算机应用技术能力

使用计算机是一种办公行为，而“计算机应用”是一种综合性的技术，主要内容表现为电子技术、计算机技术与办公活动的紧密结合。计算机是办公自动化系统的核心设备，作为办公自动化系统中的秘书人员，必须掌握相应的计算机应用基础常识和使用技术，如使用计算机与网络结构的知识；检测与转换的基本知识，如读表、制表、读图、制图的基本技能等。

2. 文字处理设备使用技术能力

要求掌握电脑速记、速录机听打录入、文字自行校对、打印等基本技能，熟练使用各种现代化办公设备进行文字识别、创建文档模板、规范化设计的操作；数据的录入、提取与统计；信息与情报的管理，包括采集、存储、检索、处理、分析、利用与监督；使用印刷设备、视频音频设备、信息采集设备、语音文字输入、输出设备和其他配套的办公器具；常用办公设备安装、调试、维修与保养方面的各项基本知识与技能等。

3. 电子通信技术能力

信息社会要求通信高速、高效和准确。办公自动化系统的重要功能之一就是现代化的通信。为此，秘书人员必须熟练掌握各种通信技术，如 E-mail、QQ、MSN、ICQ、传真、浏览器等网络软件的操作使用。

4. 软件应用技术能力

办公自动化软件分为办公信息、办公程序、办公环境和办公设施四个板块。要求秘书人员能够使用计算机办公软件，如常用的 Office 软件中 word、excel、powerpoint 等一系列的应用程序，利用办公自动化系统进行信息采集、处理与传输的基本技能，也包括专业性软件，如电工技术等。

（三）网络化办公的能力

网络具有高速、大容量、宽带的传输功能，如果单位存在跨地域的关系，且彼此之间的信息和数据传递频繁，就可利用网络技术，在数秒之内即可处理数以千万计的信息，达到网络办公的高效便捷，以此可让秘书人员在系统内部的局域网、广域网中进行远程办公。

第二节　办公设备与器具

办公手段现代化是把计算机、通信技术系统科学与行为科学应用于办公活动，使办公室各项业务实现高智能化、电子化、自动化等。我国秘书部门办公手段现代化起步晚于西方，但发展迅速，尤其到了 21 世纪，各种智能办公设备与器具普遍进入党政机关、企事业单位、社会团体等的秘书部门，基本实现了现代化办公模式。

一、常用办公设备与器具的种类

秘书部门常用的办公设备与器具有：

文字处理设备：计算机、打印机、扫描仪、复印机、速印机、一体机等。

信息传输设备：电话机、传真机、局域网、电视传输等。

信息存储设备：照相机、光盘、光碟、磁盘、U 盘、移动硬盘等。

图形图像处理设备：扫描仪、摄像机、录像机、图形显示器、图形打印机等。

会议支持设备：电话会议系统、电视会议系统、录音机、录音笔等。

通信处理设备：计算机、传真机、信件开封机、封口机、折叠机、装订机、自动编号机等。

办公安全设备：碎纸机、密码保险柜、红外线感应器、电子监控器等。

其他办公设备：考勤机、饮水机、电冰箱、空调机等。

二、办公设备与器具的保养规范

要让办公设备与器具长期、高效为秘书部门办公服务，秘书人员一定不能忽视对它们的保养管理。办公设备与器具的日常保养如下：

设备与器具在使用过程中，不能随意拆卸，一旦出现故障一定要找单位专业人员进行修理，仍然修理不好的话，即送当地专业维修店处理。

大型的办公设备都应在无尘的环境下使用，要经常使用柔软的干抹布擦拭，保持机器的干净清洁，应在使用完毕后用防尘罩把机器遮盖起来，以防落入灰尘。

平常工作中要谨防液体流入机器中，雨天过后要开窗通风，时间较长的节假日要回到办公室给机器通电，以防潮湿空气损坏电路和器件。

办公设备要远离太阳直射的地方，否则要安装防紫外线窗帘，这样既防止机器的长期受热损伤，又防止秘书人员工作时被灼热的紫外线伤害到眼睛。

遇雷暴天气时，机器应暂停使用，并立刻拔掉电话、传真线和机器电源线，以免雷击造成机器的损坏和对秘书人员的人身安全造成威胁。

不要将杂物堆放在机器上，以免因压坏机器零件而使机器的工作质量和服务寿命降低。

要按着不同机器操作手册的说明开启和关闭相应机器程序，拔插电源线和信号线前，应先关闭机器电源，以免电流猛击损坏机器，机器使用完毕切忌直接关掉电源，以防损伤机器零件和电路。

打印、复印、传送纸质文件时，要仔细检查是否附着异物，以免划伤、硌伤机器通道零件，使机器提前老化。同时要检查纸张是否潮湿，墨水、脱水是否晾干，以免弄脏机器零件，影响文件的美观和质量。

较大型的设备要选择放置的地点，放置要平稳，以防机器工作时晃动损坏机器，以致工作质量受影响，同时防止噪音过大而影响工作人员的心情。

各大办公设置要配备优质的耗材用品，库存保证供应充足。

较小的办公器具要归类存储，有序放置，整洁干净，随用随取。

办公设备尽量放置在靠墙一侧，不要围绕在秘书人员的四周，最好使用防辐射装置。

鉴于教材内容特点，本节只能粗浅笼统地讲解办公设备与器具的保养管理，至于如何使用就要借助于专业课程教材。

附 件

党政机关公文处理工作条例

第一章 总 则

第一条 为了适应中国共产党机关和国家行政机关（以下简称党政机关）工作需要，推进党政机关公文处理工作科学化、制度化、规范化，制定本条例。

第二条 本条例适用于各级党政机关公文处理工作。

第三条 党政机关公文是党政机关实施领导、履行职能、处理公务的具有特定效力和规范体式的文书，是传达贯彻党和国家的方针政策，公布法规和规章，指导、布置和商洽工作，请示和答复问题，报告、通报和交流情况等的重要工具。

第四条 公文处理工作是指公文拟制、办理、管理等一系列相互关联、衔接有序的工作。

第五条 公文处理工作应当坚持实事求是、准确规范、精简高效、安全保密的原则。

第六条 各级党政机关应当高度重视公文处理工作，加强组织领导，强化队伍建设，设立文秘部门或者由专人负责公文处理工作。

第七条 各级党政机关办公厅（室）主管本机关的公文处理工作，并对下级机关的公文处理工作进行业务指导和督促检查。

第二章 公文种类

第八条 公文种类主要有：

（一）决议。适用于会议讨论通过的重大决策事项。

（二）决定。适用于对重要事项作出决策和部署、奖惩有关单位和人员、变更或者撤销下级机关不适当的决定事项。

（三）命令（令）。适用于公布行政法规和规章、宣布施行重大强制性措施、批准授予和晋升衔级、嘉奖有关单位和人员。

（四）公报。适用于公布重要决定或者重大事项。

（五）公告。适用于向国内外宣布重要事项或者法定事项。

（六）通告。适用于在一定范围内公布应当遵守或者周知的事项。

（七）意见。适用于对重要问题提出见解和处理办法。

（八）通知。适用于发布、传达要求下级机关执行和有关单位周知或者执行的事项，批转、转发公文。

（九）通报。适用于表彰先进、批评错误、传达重要精神和告知重要情况。

（十）报告。适用于向上级机关汇报工作、反映情况，回复上级机关的询问。

（十一）请示。适用于向上级机关请求指示、批准。

（十二）批复。适用于答复下级机关请示事项。

（十三）议案。适用于各级人民政府按照法律程序向同级人民代表大会或者人民代表大会常务委员会提请审议事项。

（十四）函。适用于不相隶属机关之间商洽工作、询问和答复问题、请求批准和答复审批事项。

（十五）纪要。适用于记载会议主要情况和议定事项。

第三章　公文格式

第九条　公文一般由份号、密级和保密期限、紧急程度、发文机关标志、发文字号、签发人、标题、主送机关、正文、附件说明、发文机关署名、成文日期、印章、附注、附件、抄送机关、印发机关和印发日期、页码等组成。

（一）份号。公文印制份数的顺序号。涉密公文应当标注份号。

（二）密级和保密期限。公文的秘密等级和保密的期限。涉密公文应当根据涉密程度分别标注“绝密”“机密”“秘密”和保密期限。

（三）紧急程度。公文送达和办理的时限要求。根据紧急程度，紧急公文应当分别标注“特急”“加急”，电报应当分别标注“特提”“特急”“加急”“平急”。

（四）发文机关标志。由发文机关全称或者规范化简称加“文件”二字组成，也可以使用发文机关全称或者规范化简称。联合行文时，发文机关标志可以并用联合发文机关名称，也可以单独用主办机关名称。

（五）发文字号。由发文机关代字、年份、发文顺序号组成。联合行文时，使用主办机关的发文字号。

（六）签发人。上行文应当标注签发人姓名。

（七）标题。由发文机关名称、事由和文种组成。

（八）主送机关。公文的主要受理机关，应当使用机关全称、规范化简称或者同类型机关统称。

（九）正文。公文的主体，用来表述公文的内容。

（十）附件说明。公文附件的顺序号和名称。

（十一）发文机关署名。署发文机关全称或者规范化简称。

（十二）成文日期。署会议通过或者发文机关负责人签发的日期。联合行文时，署最后签发机关负责人签发的日期。

（十三）印章。公文中有发文机关署名的，应当加盖发文机关印章，并与署名机关相符。有特定发文机关标志的普发性公文和电报可以不加盖印章。

（十四）附注。公文印发传达范围等需要说明的事项。

（十五）附件。公文正文的说明、补充或者参考资料。

（十六）抄送机关。除主送机关外需要执行或者知晓公文内容的其他机关，应当使用机关全称、规范化简称或者同类型机关统称。

（十七）印发机关和印发日期。公文的送印机关和送印日期。

（十八）页码。公文页数顺序号。

第十条　公文的版式按照《党政机关公文格式》国家标准执行。

第十一条　公文使用的汉字、数字、外文字符、计量单位和标点符号等，按照有关国家标准和规定执行。民族自治地方的公文，可以并用汉字和当地通用的少数民族文字。

第十二条　公文用纸幅面采用国际标准 A4 型。特殊形式的公文用纸幅面，根据实际需要确定。

第四章　行文规则

第十三条　行文应当确有必要，讲求实效，注重针对性和可操作性。

第十四条　行文关系根据隶属关系和职权范围确定。一般不得越级行文，特殊情况需要越级行文的，应当同时抄送被越过的机关。

第十五条　向上级机关行文，应当遵循以下规则：

（一）原则上主送一个上级机关，根据需要同时抄送相关上级机关和同级机关，不抄送下级机关。

（二）党委、政府的部门向上级主管部门请示、报告重大事项，应当经本级党委、政府同意或者授权；属于部门职权范围内的事项应当直接报送上级主管部门。

（三）下级机关的请示事项，如需以本机关名义向上级机关请示，应当提出倾向性意见后上报，不得原文转报上级机关。

（四）请示应当一文一事。不得在报告等非请示性公文中夹带请示事项。

（五）除上级机关负责人直接交办事项外，不得以本机关名义向上级机关负责人报送公文，不得以本机关负责人名义向上级机关报送公文。

（六）受双重领导的机关向一个上级机关行文，必要时抄送另一个上级机关。

第十六条　向下级机关行文，应当遵循以下规则：

（一）主送受理机关，根据需要抄送相关机关。重要行文应当同时抄送发文机关的直接上级机关。

（二）党委、政府的办公厅（室）根据本级党委、政府授权，可以向下级党委、政府行文，其他部门和单位不得向下级党委、政府发布指令性公文或者在公文中向下级党委、政府提出指令性要求。需经政府审批的具体事项，经政府同意后可以由政府职能部门行文，文中须注明已经政府同意。

（三）党委、政府的部门在各自职权范围内可以向下级党委、政府的相关部门行文。

（四）涉及多个部门职权范围内的事务，部门之间未协商一致的，不得向下行文；擅自行文的，上级机关应当责令其纠正或者撤销。

（五）上级机关向受双重领导的下级机关行文，必要时抄送该下级机关的另一个上级机关。

第十七条　同级党政机关、党政机关与其他同级机关必要时可以联合行文。属于党委、政府各自职权范围内的工作，不得联合行文。

党委、政府的部门依据职权可以相互行文。

部门内设机构除办公厅（室）外不得对外正式行文。

第五章　公文拟制

第十八条　公文拟制包括公文的起草、审核、签发等程序。

第十九条　公文起草应当做到：

（一）符合党的理论路线方针政策和国家法律法规，完整准确体现发文机关意图，并同现行有关公文相衔接。

（二）一切从实际出发，分析问题实事求是，所提政策措施和办法切实可行。

（三）内容简洁，主题突出，观点鲜明，结构严谨，表述准确，文字精练。

（四）文种正确，格式规范。

（五）深入调查研究，充分进行论证，广泛听取意见。

（六）公文涉及其他地区或者部门职权范围内的事项，起草单位必须征求相关地区或者部门意见，力求达成一致。

（七）机关负责人应当主持、指导重要公文起草工作。

第二十条　公文文稿签发前，应当由发文机关办公厅（室）进行审核。审核的重点是：

（一）行文理由是否充分，行文依据是否准确。

（二）内容是否符合党的理论路线方针政策和国家法律法规；是否完整准确体现发文机关意图；是否同现行有关公文相衔接；所提政策措施和办法是否切实可行。

（三）涉及有关地区或者部门职权范围内的事项是否经过充分协商并达成一致意见。

（四）文种是否正确，格式是否规范；人名、地名、时间、数字、段落顺序、引文等是否准确；文字、数字、计量单位和标点符号等用法是否规范。

（五）其他内容是否符合公文起草的有关要求。

需要发文机关审议的重要公文文稿，审议前由发文机关办公厅（室）进行初核。

第二十一条　经审核不宜发文的公文文稿，应当退回起草单位并说明理由；符合发文条件但内容需作进一步研究和修改的，由起草单位修改后重新报送。

第二十二条　公文应当经本机关负责人审批签发。重要公文和上行文由机关主要负责人签发。党委、政府的办公厅（室）根据党委、政府授权制发的公文，由受权机关主要负责人签发或者按照有关规定签发。签发人签发公文，应当签署意见、姓名和完整日期；圈阅或者签名的，视为同意。联合发文由所有联署机关的负责人会签。

第六章　公文办理

第二十三条　公文办理包括收文办理、发文办理和整理归档。

第二十四条　收文办理主要程序是：

（一）签收。对收到的公文应当逐件清点，核对无误后签字或者盖章，并注明签收时间。

（二）登记。对公文的主要信息和办理情况应当详细记载。

（三）初审。对收到的公文应当进行初审。初审的重点是：是否应当由本机关办理，是否符合行文规则，文种、格式是否符合要求，涉及其他地区或者部门职权范围内的事项是否已经协商、会签，是否符合公文起草的其他要求。经初审不符合规定的公文，应当及时退回来文单位并说明理由。

（四）承办。阅知性公文应当根据公文内容、要求和工作需要确定范围后分送。批办性公文应当提出拟办意见报本机关负责人批示或者转有关部门办理；需要两个以上部门办理的，应当明确主办部门。紧急公文应当明确办理时限。承办部门对交办的公文应当及时办理，有明确办理时限要求的应当在规定时限内办理完毕。

（五）传阅。根据领导批示和工作需要将公文及时送传阅对象阅知或者批示。办理公文传阅应当随时掌握公文去向，不得漏传、误传、延误。

（六）催办。及时了解掌握公文的办理进展情况，督促承办部门按期办结。紧急公文或者重要公文应当由专人负责催办。

（七）答复。公文的办理结果应当及时答复来文单位，并根据需要告知相关单位。

第二十五条　发文办理主要程序是：

（一）复核。已经发文机关负责人签批的公文，印发前应当对公文的审批手续、内容、文种、格式等进行复核；需作实质性修改的，应当报原签批人复审。

（二）登记。对复核后的公文，应当确定发文字号、分送范围和印制份数并详细记载。

（三）印制。公文印制必须确保质量和时效。涉密公文应当在符合保密要求的场所印制。

（四）核发。公文印制完毕，应当对公文的文字、格式和印刷质量进行检查后分发。

第二十六条　涉密公文应当通过机要交通、邮政机要通信、城市机要文件交换站或者收发件机关机要收发人员进行传递，通过密码电报或者符合国家保密规定的计算机信息系统进行传输。

第二十七条　需要归档的公文及有关材料，应当根据有关档案法律法规以及机关档案管理规定，及时收集齐全、整理归档。两个以上机关联合办理的公文，原件由主办机关归档，相关机关保存复制件。机关负责人兼任其他机关职务的，在履行所兼职务过程中形成的公文，由其兼职机关归档。

第七章　公文管理

第二十八条　各级党政机关应当建立健全本机关公文管理制度，确保管理严格规范，充分发挥公文效用。

第二十九条　党政机关公文由文秘部门或者专人统一管理。设立党委（党组）的县级以上单位应当建立机要保密室和机要阅文室，并按照有关保密规定配备工作人员和必要的安全保密设施设备。

第三十条　公文确定密级前，应当按照拟定的密级先行采取保密措施。确定密级后，应当按照所定密级严格管理。绝密级公文应当由专人管理。

公文的密级需要变更或者解除的，由原确定密级的机关或者其上级机关决定。

第三十一条　公文的印发传达范围应当按照发文机关的要求执行；需要变更的，应当经发文机关批准。

涉密公文公开发布前应当履行解密程序。公开发布的时间、形式和渠道，由发文机关确定。

经批准公开发布的公文，同发文机关正式印发的公文具有同等效力。

第三十二条　复制、汇编机密级、秘密级公文，应当符合有关规定并经本机关负责人批准。绝密级公文一般不得复制、汇编，确有工作需要的，应当经发文机关或者其上级机关批准。复制、汇编的公文视同原件管理。

复制件应当加盖复制机关戳记。翻印件应当注明翻印的机关名称、日期。汇编本的密级按照编入公文的最高密级标注。

第三十三条　公文的撤销和废止，由发文机关、上级机关或者权力机关根据职权范围和有关法律法规决定。公文被撤销的，视为自始无效；公文被废止的，视为自废止之日起失效。

第三十四条　涉密公文应当按照发文机关的要求和有关规定进行清退或者销毁。

第三十五条　不具备归档和保存价值的公文，经批准后可以销毁。销毁涉密公文必须严格按照有关规定履行审批登记手续，确保不丢失、不漏销。个人不得私自销毁、留存涉密公文。

第三十六条　机关合并时，全部公文应当随之合并管理；机关撤销时，需要归档的公文经整理后按照有关规定移交档案管理部门。

工作人员离岗离职时，所在机关应当督促其将暂存、借用的公文按照有关规定移交、清退。

第三十七条　新设立的机关应当向本级党委、政府的办公厅（室）提出发文立户申请。经审查符合条件的，列为发文单位，机关合并或者撤销时，相应进行调整。

第八章　附　则

第三十八条　党政机关公文含电子公文。电子公文处理工作的具体办法另行制定。

第三十九条　法规、规章方面的公文，依照有关规定处理。外事方面的公文，依照外事主管部门的有关规定处理。

第四十条　其他机关和单位的公文处理工作，可以参照本条例执行。

第四十一条　本条例由中共中央办公厅、国务院办公厅负责解释。

第四十二条　本条例自2012年7月1日起施行。1996年5月3日中共中央办公厅发布的《中国共产党机关公文处理条例》和2000年8月24日国务院发布的《国家行政机关公文处理办法》停止执行。

参考文献

[1] 朱传忠、叶明主编：《秘书理论与实务》，杭州：杭州大学出版社 1995 年版。
[2] 詹银才：《涉外秘书学》，杭州：杭州大学出版社 1996 年版。
[3] 杨剑宇编：《涉外秘书概论》，沈阳：辽宁大学出版社 2000 年版。
[4] 聂中东主编：《中国秘书史》，郑州：中州古籍出版社 2000 年版。
[5] 周志俊：《试论我国秘书工作的历史嬗变》，《景德镇高专学报》，2000 年第 1 期。
[6] 杨景生：《"秘书"概念的历史演变与现代界说》，《现代语文》，2000 年第 2 期。
[7] 许威汉、陈秋祥主编：《汉字古今义合解字典》，上海：上海教育出版社 2002 年版。
[8] 陈合宜：《秘书学》，广州：暨南大学出版社 2005 年版。
[9] 中国就业培训技术指导中心编：《秘书国家职业资格鉴定培训教程》（五、四、三、二级），北京：中央广播电视大学出版社 2006 年版。
[10] 杨剑宇：《中国秘书史》，上海：上海人民出版社 2007 年版。
[11] 张丽琍主编：《涉外秘书实务》，北京：首都经济贸易大学出版社 2008 年版。
[12] 金常德主编：《办公室事务》，大连：大连理工大学出版社 2009 年版。
[13] 金常德主编：《秘书学概论》，大连：大连理工大学出版社 2014 年版。
[14] 孙荣编著：《秘书学概要》，上海：上海社会科学院出版社 2006 年版。
[15] 孙汝建主编：《社交礼仪》，重庆：重庆大学出版社 2010 年版。
[16] 杨群欢：《秘书理论与实务》，重庆：重庆大学出版社 2010 年版。
[17] 中国就业培训技术指导中心，《秘书国家职业标准》，北京：中国劳动社会保障出版社 2006 年版。
[18] 廖金泽：《秘书规范》，广州：中山大学出版社 2011 年版。
[19] 孙汝建：《实战情境中的秘书写作——我为自己当秘书》，大连：大连理工大学出版社 2012 年版。
[20] 张家平：《党政机关公文式样与公文格式的关系》，《秘书之友》，2013 年第 4 期。
[21] 孟庆荣、李辉主编：《秘书理论与实务》，北京：北京大学出版社 2009 年版。
[22] 张斓：《秘书思维的特征与培养》，《秘书工作》，2014 年第 5 期。
[23] 孟庆荣：《秘书实用写作》，广州：暨南大学出版社 2014 年版。